Salama Inge Heinrichs

Körpersprache

als Schlüssel zur Seele

Dieses Buch beschreibt den Körperausdruck als Schlüssel zur Seele. Hier geht es nicht um Gestik oder Mimik, sondern um den Körper selbst. Um das, was wir durch unser körperliches Sein ausdrücken, was sich in uns verkörpert hat und schicksalhaft auswirken kann. Was ist die unbewusste Botschaft die ich aussende und wie reagieren meine Mitmenschen darauf? Was heißt es, groß, klein, dick, dünn, gerade oder gebeugt zu sein? Was bedeutet Über- und Untergewicht, ein Hohlkreuz oder ein Rundrücken...?

Dieser Ratgeber mit vielen praktischen Übungen hilft, die Botschaften des Körpers zu entschlüsseln als Wegweiser zur Selbsterkenntnis und Selbstwahrnehmung. Angelehnt an die Körpertypen, die in den 1930er Jahren von Alexander Lowen und Wilhelm Reich bestimmt wurden, kann sich jeder Leser mit diesem Buch seine eigenen Muster und Verhaltensweisen erklären und lernt, auch seine Mitmenschen besser zu verstehen.

Die Autorin Salama Inge Heinrichs, Jahrgang 1922, unterstützte bis zu ins hohe Alter von 91 Jahren, Menschen in ihrer individuellen Entfaltung und Entwicklung. Ihr erstes Buch: *»Das Geheimnis der Lebendigkeit«* erschien erstmals 2001 im Kösel Verlag, München und ist heute im Eigenverlag über *»print on demand by amazon«* erhältlich. Sie gründete das „heinrichs-swoboda institut für expressiv emotionale entlastung und psychotherapie", das heute von ihren Töchtern Caroline und Henriette Heinrichs, so wie Christoph Swoboda weiter geleitet wird. **www.heinrichs-swoboda.de**

Inhalt

VORWORT

In diesem Buch geht es nicht um Gestik oder Mimik, auch nicht um Urteil oder Korrektur, sondern um das Erkennen und die grundsätzlichen Entscheidungen, die wir getroffen haben, als wir zu Welt kamen und die sich in unserem Körper manifestiert haben. Diese Entscheidungen, diese inneren Haltungen bestimmen unser Schicksal.

Es geht um die Selbsterkenntnis, die notwendig ist, wenn sich unser Bewusstsein erweitern will, denn erst das Erkennen von Verhaltensmustern und Automatismen gibt uns die Möglichkeit sie zu verändern und zu entscheiden, ob und wie wir der aktuellen Wirklichkeit begegnen wollen – ob mit der Perspektive eines Kindes, oder mit der Verantwortlichkeit einer reifen Identität.

Es scheint mir wichtig dieses Gebiet des Selbsterkennens soweit zu erforschen, als es in dieser Weltsituation überhaupt möglich ist. Unsere Wissenschaftsgeschichte (Wissenschaft schafft Wissen!) zeigt uns, dass es keine endgültigen Resultate gibt, dass die Forschung immer noch tiefere Schichten aufspüren und ans Licht bringen kann. So sind meine Anregungen hier gemeint: Mitzuarbeiten am Erkenntnisprozess, der mit der Entwicklung der Psychologie so hoffnungsvoll begonnen hat und uns in immer tiefere Bereiche des Wahrnehmens und des Wissens tragen kann.

Denn – hier möchte ich ein Wort aus der Kabbala anführen und als Leitmotiv dieses Buches zu verstehen geben:

„Wer sich selbst erkannt hat, hat Gott erkannt."

1 Die Weisheit des Körpers

In unserem Körper, in jeder seiner Zellen ist die Weisheit des Universums gespeichert. Diese allem Leben innewohnende Kraft kann sich nur durch Bewusstwerdung, durch bewusstes Sein oder vielmehr durch den Prozess des bewussten Wahrnehmens offenbaren. Das heißt, das Sein in der Materie, im Körper, ist unsere Chance, um uns selbst zu erkennen, um Zugang zu den Ebenen des universellen Bewusstseins, zur Weisheit, zu erlangen. Unser Körper ist der Schlüssel. Er lügt nicht, er kann nicht lügen, denn seine Zellen sind der Wahrhaftigkeit verpflichtet. Sie sind kein Privateigentum, sondern gehören als unverwechselbare Bodenstation dem Universum an. Unser Körper ist unser Medium und unsere Basis.

Er ist die Basis unserer Begegnung und Auseinandersetzung mit den Bedingungen der Erde und mit unseren Mitmenschen, Geliebten, Freunden und Feinden. Mit der Sprache unseres Körpers teilen wir uns ohne Worte mit, meist unbewusst. Die Menschen reagieren auf diese Sprache mit Gefühlen, mit Akzeptanz oder Misstrauen, mit Liebe oder Hass, je nach der „Betroffenheit" oder besser gesagt: der „Getroffenheit" ihrer eigenen Seele. Das heißt, wir werden immer dort getroffen und reagieren betroffen – ob positiv oder negativ – wo eine alte Wunde oder ein altes Muster angesprochen worden ist.

Unser Körper ist aber auch der Ort, an dem sich Geist in Materie und Materie in Geist verwandelt; durch den Prozess der Menschwerdung und der Verwandlung. Er ist der individuelle Transformator, der mit gestaltet, mit verarbeitet, mit verantwortet, wenn auch als winziges Teilchen, was sowohl im Kleinen als auch im Großen in uns, auf der Erde und im Universum geschieht. Zur gleichen Zeit ist er den Mächten und Gesetzen unterworfen und verpflichtet, die das All bestimmen und die wir das Göttliche oder

Gott nennen. Er ist die Antenne für kosmische Ströme, Schwingungen und Botschaften, und er ist ein Sender, der ebenfalls Informationen und Nachrichten weitergibt. Wirklichkeit ist das was wirkt, Wahrheit ist das was wir wahrnehmen - für wahr nehmen. Unsere Wahrheit ist unsere Wirklichkeit, unsere Wirklichkeit ist unsere Wahrheit. Je unverstellter und umfassender wir unsere Wirklichkeit wahrnehmen können, um so genauer werden wir auf unsere Umwelt reagieren, mit ihr kommunizieren und um so näher kommen wir der universellen Wahrheit.

Das Wahrnehmen unserer Realität ist abhängig von der Funktionalität unseres Sensoriums. Die materielle Ebene des Sensoriums sind unsere Sinnesorgane, die geistige Ebene sind die feinstofflichen Antennen, die ihre Wurzeln in den Zellen haben. Unsere Zellen wiederum sind die Kontaktorgane für feinstoffliche Realität, auch Schwingung, genannt.

Wir unterscheiden zwischen dem inneren und dem äußeren Universum, beide Dimensionen sind unendlich und führen in den überpersönlichen Raum der Schöpfung. Unser Körper ist die Zwischenstation, das Relais, in welchem sich Energien treffen und transformieren und in welchem Bewusstsein entsteht.

Unser Sensorium gibt uns Mitteilung nicht nur von außen, sondern auch von innen. Seine Reaktionen auf die Außenwelt sind Gefühle, seine inneren Botschaften sind Empfindungen. Wenn Gefühle, z.B. aus Angst nicht wahrgenommen werden wollen, setzen sie sich in Empfindungen um. Gefühle sind Liebe, Hass, Lust, Angst, Trauer, Wut, Freude. Empfindungen sind Schmerz, Druck, Spannung, Entspannung, Jucken, Kitzeln, Krämpfe, Zuckungen, Zittern usw. Oft wird beides gleichzeitig wahrgenommen, denn Gefühle haben ihren bestimmten Platz im Körper und wirken sich auf die Funktionen der jeweiligen Gewebe oder Organe aus. So kann das Herz als Ort der Liebe laut oder übermäßig zu klopfen beginnen, wenn es verletzt, verkannt, verleugnet, überfordert oder erschreckt oder jedenfalls getroffen worden ist, also auch aus Freude und Glück.

Unser Körper gibt uns ständig Botschaften. Wenn wir seine Signale für längere Zeit missachten, reagiert er mit Schmerz, Krankheit oder mit Unfall oder anderen Komplikationen, mit denen unsere Seele uns darauf aufmerksam machen will, dass etwas nicht in Ordnung ist.

Die Wahrnehmung des Körpers, also seiner Energie und seiner Signale ist die Basis für Bewusstsein, für bewusstes SEIN. Um den einwandfreien Empfang zu gewährleisten, müssen die Sinne funktionsfähig und von mentalen oder traumatischen Einschränkungen und Einflüssen befreit sein. Dazu brauchen wir bewusstes Wahrnehmen unserer Befindlichkeit im Hier und Jetzt, so abgedroschen diese Begriffe auch sein mögen.

Unser Körper ist ein Mini-Universum, in welchem sich das Maxi-Universum kleinformatig wiederholt. Er spiegelt und repräsentiert die Wirklichkeit und er beeinflusst sie.

Übung:
Stell dich vor einen großen Spiegel und schaue dir deinen Körper an. Wie stehst du da? Was fällt dir auf? Haben deine Schultern verschiedene Höhen? Welche Teile sehen besonders stabil aus, welche besonders empfindlich?

Hier, gleich zu Anfang möchte ich betonen, dass Haltungen und verschobene Körperteile keine Katastrophe sind, sondern mit wachsendem Bewusstsein und fortschreitender Liebe zu sich selbst und zum Leben, durchaus verändert bzw. korrigiert werden können. Es ist so, dass gerade in den zartesten und verletzlichsten Körperteilen auch die größten Heilungskräfte verborgen sind und die Verletztheit erlöst werden kann.

Das was wir Seele nennen, hat zwei Aspekte. Der erste ist der Anteil des universellen Seins, dessen Wurzeln und Antennen im

Ganzen verankert sind, von dort ausgesandt und energetisch versorgt, auch dorthin wieder zurückkehren werden. Der zweite Anteil ist das, was wir Psyche nennen, nämlich die vom Geschehen abhängigen Zustände des Gemüts, das in dauerndem Kontakt bzw. Austausch mit dem Schicksal, Gefühle produziert.

Unser Körper gibt auch nach außen ständig Botschaften, nicht nur durch Mimik oder Gestik, sondern auch durch seine Haltung, seine unverwechselbare Struktur, sein Gewachsensein. Wir wissen heute, dass 90 % des Verhaltenscomputers im 1. Lebensjahr entstehen, einer Zeit, an die wir uns meist nicht erinnern können. Die weiteren 10 % entstehen im Laufe der nächsten vier Jahre und dann ist der Verhaltenscomputer programmiert, d.h. der Charakter ist in seinen Grundfesten manifestiert. Von da an beantworten wir alle uns bewegenden Geschehnisse mit den von uns damals entwickelten Reaktionen. Wer Kinder hat, macht sehr schnell die Erfahrung, wie schnell sie herausgefunden haben, wie sie das bekommen, was sie haben wollen und was sie anstellen müssen, um uns „rumzukriegen". Diese Methoden sind ein fester Bestandteil des Verhaltenscomputers, den wir erst wieder verändern oder beeinflussen können, wenn wir seine Mechanismen durchschaut haben.

Diese Verhaltensweisen bestimmen, da sie ein Resultat unserer inneren Haltung der Welt gegenüber darstellen, die Haltung unseres Körpers und die Struktur, die sich aus diesen Haltungen ergibt. Wenn z.B. die Geburtsangst oder auch eine später wirkende Angst nicht besänftigt worden ist, wird dieses Kind seine Schultern hochziehen. Hochgezogene Schultern bewirken, dass die Sehnen- bzw. Muskelstränge, welche die Schultern mit der Wirbelsäule verbinden, in Dauerspannung sind und das Wachstum dieser Muskeln und Sehnen verhindern, die Schultern bleiben hoch gezogen. Oder wenn das Becken zurückgezogen wird aus irgendeinem Trauma heraus, so gibt das ein Hohlkreuz.

Detaillierte Beschreibungen dazu finden Sie in den dazugehörenden Kapiteln dieses Buches.

Fest steht, dass der Körper die Haltung einnimmt und beibehält, die er damals eingenommen hat, um sich zu schützen. Der Embryo nimmt bereits im Mutterleib die Gefühle und Empfindungen seiner Mutter wahr, er hat bereits Ohren die hören und ein Sensorium, das empfinden kann. Das wissen wir aus vielen Therapieerfahrungen durch Methoden, die in diese Zustände zurück führen können. Die Eltern haben ihrerseits bestimmte Einstellungen, die aus dem gesamten geistigen Raum ihrer Kultur und Zivilisation kommen. D.h. das Kind wird in eine ganz bestimmte geistigen Raum hinein geboren, in welchem seine Eltern sich bewegen und durch den sie bewegt werden. Die Haltung der Eltern wirkt auf den kindlichen Organismus, es reagiert darauf mit seinen eigenen Kräften und Erkenntnissen. Es hat also eigentlich keine Wahl, es muss kreativ werden und sich seine Welt zurecht zimmern nach seinen Möglichkeiten. Daraus ergibt sich der Verhaltenscomputer. Dass es mit diesen Entscheidungen recht hatte, wird durch sein Überleben bewiesen.

Wir wissen heute, dass Embryos und Neugeborene keineswegs stumpf vor sich hin dämmern, sondern dass ihr Seelensensus höchst ausgebildet ist und empfindlich reagiert; und dass in diesem Zustand Entscheidungen getroffen werden, die ein ganzes Leben lang fortwirken können, wenn sie nicht erkannt und bewusst verarbeitet werden. Diese Entscheidungen werden nicht in Sprache verpackt, denn diese steht noch nicht zur Verfügung, sondern sie geschehen in jenem sensorischen Zwischenraum, in dem die Seele mit der Welt kommuniziert und die sich in nonverbalen Gefühlsfeldern manifestieren, die wir getrost die Sprache der Seele nennen können. Diese nonverbale Sprache, dieses elektromagnetische Schwingungsfeld, kennen wir alle. Sie kann zwischen Menschen entstehen, die in einem intensiven Austausch durch Blickkontakt, durch Berührung oder Gedankenverbindung stehen. Vielerorts wird diese Fähigkeit als Gedankenlesen bezeichnet, wenn Worte nicht mehr zulänglich beschreiben können was gefühlt und wahrgenommen wird, vor allem in Notsituationen, wenn weder Zeit zum Austausch noch genügend Atem für Stimme vorhanden ist. Z.B. bei Katastrophen, in Kriegs- und Notsituationen und bei Geburts- und Sterbevorgängen. Jeder Mensch ist unter bestimmten Voraussetzungen zu solchen übersinnlichen Wahrnehmungen und Begegnungen fähig, zunächst meist durch intensive Schmerz- oder Gefühlserfahrungen. Der Zugang in diese Räume kann aber auch erlernt werden.

Diese Bewusstseinserweiterung ist durch die Arbeit am Bewusstsein möglich. Übersinnlich heißt hier: Über die Sinne etwas wahrnehmen, das über die Sinne hinaus in den Schwingungsraum führt, in welchem sich Gedanken und Seelenbilder feinstofflich formulieren.

Gurdjief zum Verhaltenscomputer: „Was rechtzeitig aufgezeichnet werden konnte (als Erfahrung), bleibt als ein Repertoire von Haltungen das ganze Leben hindurch bestehen".

Um was es uns hier geht ist die Sprache des Körpers, die über eine schematische Einordnung hinausgeht, um ganz individuell selbst die Eigenarten und Abweichungen von der Norm, selbst die unscheinbarsten Manifestationen, in ein Charakterbild einzuordnen, das unverwechselbar nur dieser einen Person zugeordnet werden kann. Denn wir sind uns zwar alle ähnlich, wir haben alle dieselben Organe und Körperteile, aber wie wir sie gebrauchen und wie sie unser Schicksal beeinflussen, das hängt von der Eigenart und der Einmaligkeit jedes einzelnen Menschen ab. Von daher können wir sagen: Jeder Mensch hat durch seinen einmaligen und ganz bestimmten Ausdruck eine einmalige Botschaft zu vermitteln, die ausschließlich durch ihn vermittelt werden kann und die wichtig ist, nicht nur für ihn selbst, sondern auch für Andere, für die Welt und die Zukunft.

Die Sprache anderer Körper können wir erst dann verstehen, wenn wir die unseres eigenen Körpers verstanden haben. Auch das ist ein Gesetz, das Gesetz der Resonanz, welches besagt: Eine Botschaft kommt nur an, wenn sie auf eine annähernd ähnliche Substanz trifft. Ein Telefongespräch kann nur stattfinden, wenn beide Teilnehmer mit einander verbunden sind. Oder ein Echo gibt es nur, wenn Wände vorhanden sind, die es zurückwerfen können. Oder: Eine Fliege erkennt eine andere Fliege, weil sie selbst eine Fliege ist. D.h. ein Gefühl kann nur dann auf einen anderen Menschen „übertragen" werden, wenn es bei diesem auf ein Seelenfeld trifft, das eine alte Wunde oder schmerzliche Erfahrungen beherbergt, die noch nicht genug verheilt, nicht ganz verarbeitet worden sind – oder auf die gleiche erfahrene Freude und Erfüllung trifft, die wir erlebt haben - und deshalb antwortet.

Nonverbale Kommunikation findet immer statt, sie ist das Fundament unserer Bewusstseinsentwicklung. Was uns vom Tier unterscheidet, ist die Möglichkeit der verbalen Kommunikation, die eine Basis ist von Begegnungen, Lernprozessen und Heilung.

Jeder Mensch muss von seiner eigenen Wahrnehmung ausgehen, sie zeigt ihm den Weg. Jeder Mensch geht einen ganz speziellen und einmaligen Weg, der nur ihm möglich ist. Damit ist er auch ein ganz spezieller Wahrheitsträger, der, um der Wahrheit näherzukommen, seine Wahrnehmung kommunizieren muss. Nur durch Kommunikation lernen wir von anderen und andere von uns oder durch uns. Der Körper ist ein empfindliches, verletzliches und sich unablässig veränderndes Stück Materie, in dem unsere Seele wohnt. Seine Erkundung ist mindestens ebenso wichtig wie die Erforschung der Himmelskörper, denn: "Wie oben so unten, wie innen so außen" sagt die Gnosis, jene Wissenschaft, der auf der Suche nach Gott bislang nur die Intuition zur Verfügung stand, jene menschlich-geistige Eigenschaft, die das Fundament aller Religionen ist und die Menschheit dahin begleitet und gelenkt hat, wo sie jetzt ist.

Wozu wir letztendlich bestimmt sind, wissen wir nicht. Was aber sicher ist, ist die Tatsache, dass zunehmendes Wissen irgendwann zur Weisheit führt, und dass Weisheit der wahrscheinlich einzige Zustand ist, der immer wieder und letztlich auf Dauer frei, unabhängig und glücklich macht. "Wer sich selbst erkannt hat, hat Gott erkannt" sagt die Kabbala. (Die Kabbala ist eine Weisheitssammlung aus den Anfängen der Menschheit, die sich in der jüdischen Mystik formuliert und die Weisheit des Christentums maßgeblich beeinflusst hat).

Die Kabbala sagt z.B. auch "Gott ist in seinem Wesen nicht erkennbar, aber in seinen Offenbarungen ist er erkennbar, das Universum bildet seinen Körper."

In unserer heutigen Welt werden den Menschen fast nur materialistische Werte vermittelt. Da aber Jugend, Schönheit, Besitz und Beziehungen der Verwandlung unterworfen sind, bleibt uns eines Tages nichts anderes übrig, als nach bleibenden Werten Ausschau zu halten. Alle Religionen bieten den Weg in höhere Dimensionen an: Exerzitien, Meditationen, Gebete. Was in den vergangenen zwei Jahrhunderten dazugekommen ist, ist die Erforschung der Seele, das Wissen um psychische Zusammenhänge und Entwicklungen.

Daraus haben sich Methoden ergeben, die seelische Zustände beeinflussen und verändern können und vor allem, wie die Menschen zur Selbstwahrnehmung und damit zur Wahrnehmung ihres höheren Selbst kommen, einer Wesensqualität oder Schwingung, die unabänderbar und unsterblich ist. Der Verstand ist und war notwendig um Kulturen und Zivilisationen zu schaffen. Wenn er sich aber in die Erfahrungen des Sensoriums einmischt ist er hinderlich, denn er ist ein Speicher, eine Registratur, ein Kombinator, ein Instrument um zu verstehen und zu planen, aber kein Genius. Unser Bewusstsein ist auf die Wahrnehmung der Wirklichkeit angewiesen und dazu gehört auch die Intuition, die Botschaften aus den geistigen Sphären. Wie diese allerdings verstanden werden, hängt davon ab, welchen Bewusstseinsgrad sie antreffen. Deshalb sind nicht alle Botschaften für jeden geeignet, denn verstanden werden kann nur, was selbst erfahren worden ist. Siehe die Botschaften von Jesus und anderen Weisheitslehrern, die ihre Nachrichten oft verschlüsselt haben, in Gleichnissen gesprochen haben, die dann verschieden verstanden und ausgelegt werden können, je nach dem Bewusstseinsstand der Schüler.

Die Erforschung des Körpers durch die Medizin diente bisher der Heilung körperlicher Krankheiten. Weder wurde der Sitz der Seele noch die Antennen für transpersonale Botschaften ermittelt. Einfach deshalb, weil geistige Phänomene nicht festzumachen und nicht wiederholbar sind, wie materielle Phänomene im Versuchslabor.

Schon in der jüdischen Mystik, eine der Säulen des Christentums, darf Gott nicht mit Namen genannt werden, denn das würde ihn nicht repräsentieren. Er ist das Ganze und in allem Seienden enthalten. "Spaltet das Holz und ich bin da. Hebt den Stein auf und ihr werdet mich finden" (Koptisches Thomasevangelium).

In unserer materialistischen Weltsicht haben diese Wahrheiten keinen Platz. Indessen wird vielen Menschen, vielen Suchern immer deutlicher, dass es Welten gibt und sich öffnen können, die bisher nur geahnt, gechannelt und auch missverstanden worden sind. Welten die zu erforschen sich lohnt und die den Frieden versprechen, die den Lebenssinn entschlüsseln. Welten, die eine wirkliche Begegnung mit der Wahrheit erlauben, soweit es in diesem Körper überhaupt möglich ist. Als Antenne und Sender zugleich muss er den Anspruch der Schöpfung erfüllen, sich den Gesetzen beugen, sich der Entwicklung anheim geben. Und er darf sich dabei selbst erfahren und sogar genießen, um einem Begriff aus der Konsumgesellschaft einen neuen Inhalt zu geben.

Die beiden Wahrnehmungsorgane: Unser Körper als Sensorium und die Seele als Kontaktstelle zur geistigen Welt, bestimmen die

Qualität unseres Bewusstseins. Unser Bewusstsein bestimmt unser Leben. Es scheint so zu sein, als würde erst im Menschen die Möglichkeit entwickelt worden sein, zu verstehen. Wir wissen allerdings noch nicht - aber wir ahnen es und Wissenschaftler arbeiten daran, ob und wie weit auch Tiere und Pflanzen Bewusstsein besitzen. Ja sogar Steine und die Erde selbst scheinen Wesen zu sein, die in ihrer Form und ihrer Gestaltung einen tieferen Zugang zur Quelle haben, als unser menschliches Bewusstsein ahnen kann, das vernebelt von jahrhundertealten Spekulationen seinen Weg durch den Wirrwarr von Ideologien, Dogmen, Religionen und Weltbildern finden musste. Aber gerade dieser Weg durch das Labyrinth scheint für die heutige Welt wieder angesagt zu sein.

Das Labyrinth als Symbol der Selbstfindung. Aus der griechischen Mythologie kennen wir die Geschichte von Minotaurus: Ariadne gibt Theseus den roten Faden mit, damit er aus dem Irrweg wieder herausfindet (Der rote Faden: Symbol für Zielfindung, für Rettung). Herausfinden ist doppeldeutig = der tatsächliche Weg, der heraus, in die Freiheit führt, und der Weg um das Geheimnis herauszufinden, das im Labyrinth verborgen ist. Das heißt in der psychologischen Deutung: Der weibliche, der intuitive Anteil einer Persönlichkeit gibt dem männlichen Anteil, dem aktiven Sucher, die Sicherheit, um den Minotaurus zu erledigen und wieder zurückzufinden in die Welt. Der Minotaurus ist ein Symbol einer geistigen Kraft, die von einem vitalen und gefährlichen Tier bewacht wird. Das heißt, der Sinn, der in der Tiefe des Labyrinths gesucht wird, steckt in einem Ungeheuer. Hier kann sich jeder Leser ausdenken, was hier wohl gemeint sein kann und was sein persönliches Ungeheuer ist, mit dem er kämpft und zu kämpfen hat. Der Sucher muss sich auf jeden Fall in das Labyrinth wagen, um dem Geheimnis auf die Spur zu kommen und das ist „ungeheuerlich"! Dabei gibt es viele Irrwege, aus denen nur der Faden der Ariadne heraus führen kann, Ariadne als Symbol für Intuition und Verinnerlichung. Der Minotaurus ist der Hüter der Schwelle. Der Kampf mit ihm bedeutet den Kampf mit allem, was uns hindert in unsere eigene Mitte zu kommen. Wie immer wieder beschrieben, ob im Buddhismus oder bei Jesus, geht es darum, den eigenen Schweinehund zu überwinden, oder besser ausgedrückt – das Ego zu überwinden. Das Ego ist der Anteil der Persönlichkeit, der sich durchsetzen muss, um das Leben zu finanzieren, also um die materielle Grundlage zu schaffen. Wenn das Ego aber die Hauptperson ist, kann sich das Eigentliche am Menschen, die Seele, nicht realisieren, so wie sie es braucht. Also muss daran gearbeitet werden, dass das Ego zum Diener wird und es aufgibt, Seele und Geist zu beherrschen. Erst dann öffnet sich das Tor zur Wirklichkeit und damit zur spirituellen Ebene des Daseins. Was der Sucher findet, kann und soll er formulieren und seine Erfahrungen in Worte umsetzen und manifestieren. Das Wort als der in Materie umgesetzte Geist. "Und das Wort ist Fleisch geworden und hat unter uns gewohnt". Womöglich ist der so sehr erwartete Messias kein einzelner Mensch, sondern das Fleisch gewordene Wort, die Sprache der Erkenntnis, die Sprache der Wahrheit, der wir langsam, schrittweise, über viele Stolpersteine hinweg, näherkommen können.

Unser Bewusstsein braucht Herausforderung, deshalb stürzt uns unser Unterbewusstsein in Konflikte.

2 Der Körper als Brücke zu seelischen Blockaden

Da wir nun im menschlichen Körper hausen, können wir nur von ihm ausgehen. Wenn die Weisheit in der Zelle sitzt, wie kommen wir zu dieser Weisheit?

Wenn unser Körper unsere innere Haltung ausdrückt, wie können wir sie erkennen und – falls sie uns blockiert oder schadet – verändern? Gewiss nicht nur mit dem Verstand oder mit Übungen. Ein Hohlkreuz kann sich zwar ein wenig ausgleichen, aber wenn der ursprüngliche Verhaltenszwang nicht durch Verarbeitung der Ursache aufgelöst wird, kann sich das Problem verschieben, wir nennen das dann eine Symptomverschiebung, d.h. ein anderer Körperteil übernimmt die Spannung.

Die Zelle als Bestandteil des Körpers kann ihre Informationen nur freigeben, wenn Spannungen, die das Gewebe blockieren, aufgelöst worden sind. Die grundlegenden Verspannungs- und Verkrampfungsursachen sind sowohl schmerzliche Erfahrungen als auch die Angst vor Schmerz. Spannungen im Muskel- und Organgewebe schränken nicht nur die Wahrnehmungs- und Handlungsfähigkeit, sondern auch die Ausdruckskraft ein. So sind die Hände zum Handeln da, symbolisch stehen sie für unsere Handlungsfähigkeit, praktisch reagieren sie auf die inneren Impulse. Wenn die Handlungsfähigkeit eingeschränkt ist, können wir nicht unserem Wesen gemäß handeln. Das geht oft so weit, dass wir in Berufen landen, die uns nicht entsprechen, dass wir uns nicht wehren können, wenn wir angegriffen oder beleidigt werden, oder dass wir Leid auf uns nehmen und es auch noch unbewusst als Opfer deklarieren, um wenigstens noch ein Mindestmaß an Sinn in unserem Leben erkennen zu können und uns die Würde zugestehen, über uns selbst verfügen zu können. Das ist der seelische Vorgang.

Der physikalisch-chemische Prozess ist folgendermaßen: Spannung im Gewebe verhindert den Austausch von Lymphflüssigkeit, welche die Zelle durchflutet und reinigen soll. Da in jeder Spannung eine Geschichte, ein Schmerz begraben ist, können die entsprechenden Muskel- oder Gewebe-Partien erst entspannen, wenn diese Geschichte ans Licht gekommen und der Schmerz verarbeitet worden ist.

Wenn die reinigende Lymphflüssigkeit nicht durchgelassen wird, bilden sich Giftstoffe in den Zellen, die den ganzen Körperhaushalt belasten und Müdigkeit verursachen. Nichts ist anstrengender als Spannung im Körper aufrecht zu erhalten und Gefühle zu unterdrücken, zu verdrängen oder zu verschweigen. Erst durch Entspannung können diese Giftstoffe ausgeschieden werden. Sie kommen in den Kreislauf und finden ihren Weg heraus durch Schweißabsonderungen, Ausatmen, Husten, Schreien, Tränen, Schleim usw. Jedenfalls durch körperliche Ausscheidungen in Verbindung mit emotionalem Ausdruck, nach dem Gesetz: Was hineinkommt, muss auch wieder heraus, wie es auch täglich mit der Nahrung passiert. Bei diesem Entleerungsprozess kommt schließlich die Ursache der Spannung als Schmerz ins Bewusstsein, die eigentliche Geschichte wird erinnert, Bilder tauchen auf. Durch den Ausdruck und die Auseinandersetzung mit den beteiligten Personen der Vergangenheit kann diese verarbeitet werden.

Dieser Vorgang hat zwei Inhalte:

1. Die Reinigung der Zelle und des ganzen Muskelgewebes, was Entspannung mit sich bringt.

2. Die Bewusstwerdung von Geschichte, von alten Mustern und Blockaden und die Möglichkeit ihrer Verarbeitung durch bewusste Verhaltensänderung.

Entspannung kann auch durch Sport und übermäßige Körperbelastung herbeigeführt werden. Wenn jedoch die in der Verspannung liegende und sie verursachende Vergangenheit nicht aufgearbeitet wird, kommt die Spannung in voller Härte zurück und der eigentliche Inhalt setzt sich womöglich in noch tieferen Schichten des Unterbewusstseins fest.

Die Aufarbeitung dieser programmierten Altlasten kann oft Jahre dauern. Bewusstseinsprozesse können nicht immer im Alleingang bewältigt werden, es ist ratsam, sich dabei Hilfe zu holen. Es ist manchmal wirklich ein Weg durch die Hölle, der aber garantiert in den Himmel führt, wenn wir ihn konsequent verfolgen und nicht davonlaufen, sondern mit unserer ganzen Bereitschaft zur Selbsterkenntnis daran arbeiten. Dann passiert nämlich folgendes: Die Entspannung setzt ein, wenn Schmerz, Trauer, Verzweiflung oder Wut, oder was sonst noch hochkommt, ausgedrückt worden ist. Dadurch beginnt die Lymphe zu fließen und überwältigende Empfindungen des Fließens und des Loslassens überschwemmen uns. Physiologisch passiert dabei folgendes: Die Endorphine, die so genannten Glückshormone, in den Nebennieren produziert, werden freigesetzt und vermitteln ein neues, oft unbekanntes Lebens- und Glücksgefühl. Wir können anfangen unsere Probleme mit Abstand zu sehen und Strategien entwerfen, um unsere Muster zu löschen und neue Verhaltensweisen auszuprobieren.

Der Weg in die Verdrängung, in die Verbannung von Gefühlen und aller negativen Erfahrungen ist derselbe, den das Bewusstsein passieren muss, um die Verspannung zu lösen. Es ist der Weg der Wahrnehmung, die sich der Spannung bewusst wird. Viele Leute gehen zum Masseur und fühlen sich hinterher auch wohl, aber, ähnlich wie beim Sport, kann die Entspannung nur vorübergehend sein, wenn die Ursache der Spannung nicht ans Licht kommt und verarbeitet, das heißt - verstanden worden ist. Mit verarbeiten ist gemeint: Ausdrücken was schmerzt,

Auseinandersetzung mit den Personen der Vergangenheit unter Umständen in einem therapeutischen Prozess, und schließlich die Erkenntnis: „Ich hab es überstanden, ich muss nichts mehr verdrängen, sondern kann - als nunmehr erwachsener und bewusster Mensch, in einer aktuellen Situation, mein Unbehagen – meinen Schmerz und meine Gefühle ausdrücken, bevor sie in die Verdrängung abwandern und neue Krampfzustände produzieren. Und vor allem – bevor sie als Aggression oder Gewalt zum Ausdruck kommen".

Diese der Entspannung innewohnenden Glückszustände sind Vorgänge, die vielen Menschen heute durch Drogeneinnahme provozieren. Das gelingt auch, nur kann der Auslöser für geistige Erfahrungen nicht Chemie sein, die von außen kommt, sondern es muss mit einem Erfahrungsprozess einhergehen, der durch die Bewegungen der inneren Chemie ausgelöst wird. Erst dann können echte Wachstumsprozesse stattfinden und die Basis für neue und höher führende Prozesse darstellen. Dazu muss die Entscheidung getroffen werden, sich auf sein Inneres einzulassen.

Dann können wir die Kräfte, die bisher dazu benutzt worden sind, um unsere Gefühle und unseren Ausdruck zurückzuhalten, dafür benutzen, um unser Leben mit Energie und Kreativität zu gestalten und es zu genießen. Genießen können wir immer nur im Zustand der Entspannung. Auch der Prozess des „sich-selbst-therapierens" kann über kurz oder lang zu diesen Ergebnissen führen, wenn wir uns auf die Problematik einlassen, es ist nur eine Frage: Wieviel Zeit hast du?

Übung:
Leg dich auf den Rücken und strecke deine Beine gerade nach oben. Dies wird Spannung in der Beinmuskulatur auslösen, vielleicht möchtest du mit den Beinen in die Luft stoßen = Frage: Wen oder was willst du loswerden?

Oder vielleicht möchtest du strampeln = Frage: Was ist dir zu viel?

Vielleicht kommt auch eine Erinnerung an den das Baby, das du einmal warst und das in seinem Bettchen alleine war und geschrien hat?

Hier kann man sich die Frage stellen: Was hab ich wohl damals beschlossen, wenn sie mich alleine gelassen haben? Der Satz der dann kommt, kann durchaus ein Schlüsselsatz sein, der immer wieder durch Verlassenseinängste ausgelöst wird und heute noch dein Verhalten bestimmt oder jedenfalls beeinflusst.

3 Eindruck braucht Ausdruck

Es ist ein Gesetz, dass alles was in uns hineinkommt wie Nahrung, Gefühle, Sensationen - alles was wir "schlucken", auch wieder heraus muss, wenn es nicht verdaut und für den Körper verwendet werden kann. Dies gilt vor allem auch für seelische Vorgänge. Der Verdauungs- und der Gefühlskanal ist identisch. Alles was in uns hineinkommt, muss verdaut, verarbeitet werden. Was nicht verdaut werden kann oder verarbeitet wird, muss auf irgendeine Weise den Körper wieder verlassen. Dieses Gesetz gehört zu den Naturgesetzen, die wir weder umgehen noch verhindern können. Wenn seelische Probleme nicht erkannt und ausgedrückt werden, rumoren sie so lange in unsrem Körper, bis sie ein Ventil finden. Entweder gibt es körperliche Probleme in Form von Krankheiten, oder sie kommen ungewollt als Launen, als hysterische Reaktionen, als Wutanfälle, die in keinem Verhältnis zum Anlass stehen, oder als unkontrollierte Motorik zum Ausdruck. Wenn der Druck zu groß ist, können auch seelische Krankheiten, Neurosen oder Psychosen ausbrechen. Auf jeden Fall gibt es Beziehungsprobleme. Wir suchen und finden den oder die Schuldigen ohne zu ahnen, dass das Hass- oder Wut- Potential aus viel tieferen Schichten des Unterbewusstseins auftaucht, sich in den aktuellen Konflikt mischt und ihn verstärkt. So müssen alle Tränen geweint werden, die nicht geweint worden sind, alle Verletzungen weitergegeben werden. Sie kommen entweder als Bosheit oder als Sticheleien, als Ironie oder Sarkasmus, als Streitereien um Nichtigkeiten, als Intrige, Ungerechtigkeit zum Ausdruck, alles Ausdrucksvariationen von versteckten Aggressionen.

Fast jede Krankheit ist ein auto-aggressiver Akt. Die zurückgehaltene Energie richtet sich gegen den eigenen Körper.

In jeder unserer Körperhaltungen verraten sich unsere inneren Haltungen. In jeder Bewegung zeigen sich die Entscheidungen die wir getroffen haben, wie wir der Welt begegnen wollen. In jedem Tonfall unserer Stimme verrät sich die augenblickliche Grundstimmung unserer Seele und damit auch die generelle Einstellung unseres Charakters.

Selbsterforschung ist nicht beruhigend, sondern hoch aufregend, in jeder Hinsicht. Es gibt einen Spruch im Alten Testament: „Wer sucht, der findet und wer findet, der wird erschüttert werden und wer erschüttert wird, der landet bei sich selbst". Wie weit ein Mensch in seiner „Erleuchtung" bzw. Erkenntnis gekommen ist und wo er steht, ist nicht daran zu erkennen was er redet, sondern einzig daran, wie er ist, wie er sich verhält, wie sich sein Körper „hält", welches Beispiel er gibt mit seinem Sein, wie er mit der Welt und den Menschen seiner Umgebung umgeht, und - wie z.B. seine Knie beschaffen sind, als die Instrumente und die Zeugnisse der Hingabe und der Demut.

Die Erfahrung vieler körperorientierter Therapeuten, die sich mit der Reinigung der Körperstruktur befassen, wissen, dass Schmerz nicht vermieden werden kann, denn er ist der große Bewusstmacher schiefgelaufener Prozesse. Der Schmerz verschwindet, wenn wir seine Ursachen erkannt oder wahrgenommen, verstanden und verarbeitet haben. Es nützt z.B. wenig einem Kind zu sagen: Fasse nicht ins Feuer, es ist heiß und tut weh. Erst wenn es sich die Finger verbrannt hat, hat es begriffen. Schmerz macht wach, Verbote hingegen vernebeln das Sensorium. Die Eltern versuchen mit Logik etwas zu beweisen, was zuerst sinnlich – d.h. über die Sinne, erfahren werden muss, bevor es in die Schubladen des Verstandes eingeordnet werden und zu unserem Erfahrungsschatz werden kann. Aber auch in den Kategorien des Verstandes darf es keine unumstößlichen Standards geben, die nicht mehr hinterfragt werden können, denn was festgelegt ist, kann sich nicht mehr weiter entwickeln.

Es wird auch oft verkündet, dass es genügt, einfach untätig da zu sein und zu akzeptieren was kommt, dass wir nichts zu tun brauchen und auch gar nicht können. Aber wenn ich Tee trinken will, muss ich ihn mir kochen oder dafür sorgen, dass ihn jemand für mich kocht. Jedenfalls müssen wir zur Befriedigung unserer Bedürfnisse und Notwendigkeiten etwas beitragen. Und wir müssen unsere Angelegenheiten selbst klären im Sinne von: „Hilf dir selbst, dann hilft dir Gott".

Es ist richtig, dass meist die großen Erlösungsvisionen oder Satoris auftauchen, wenn wir gerade in diesem Augenblick nichts Direktes dafür getan haben. Aber ebenso richtig ist, dass wir etwas unternehmen müssen, um überhaupt empfänglich zu werden für die Offenbarungen der Wahrheit.

Satori ist ein Zustand höchsten Gewahrseins, das in tiefer Meditation auftauchen kann, oder nach einer intensiven Aufräumarbeit im seelischen Raum, nach einer Katharsis oder auch nach erschütternden Erlebnissen. Katharsis nennen wir die Reinigungsarbeit, die durch intensiven Ausdruck Probleme auflösen kann und Einsichten in Zusammenhänge der eigenen Geschichte gewährt.

Wahrheit kann erbarmungslos sein und kann eine unbedarfte und unvorbereitete Seele in den Abgrund stoßen. Dieser Zustand wird auch „die dunkle Nacht der Seele" genannt, wenn wir aus unserem tranceartigen Alltagsbewusstseins aufwachen und eine Welt vorfinden, in der wir nicht gelernt haben, uns zu bewegen. Aber gerade in diesem Zustand ist eine Neuorientierung möglich, weil sie notwendig wird. Aus dem Chaos kann das Neue geboren werden. Um aus diesem Zustand wieder herauszufinden, brauchen wir Begleiter, entweder Lehrer, Freunde oder Engel, wie wir jene Wesen nennen, die den Schwingungsraum des Ewigen bevölkern, und denen wir zunächst immer erst die Gestalt andichten, die wir von uns selbst kennen – Menschengestalt. Engel und Teufel sind indessen nichts anderes als die personifizierten

Schwingungsstrukturen aus den alles durchdringenden und alles bestimmenden morphogenetischen Feldern, die um den Erdball kreisen. Morphogenetische Felder sind die von Ruppert Sheldrake entdeckten und beschriebenen geistigen Kraftfelder, über welche Gedankenformationen und Erfahrungsinhalte nonverbal übermittelt werden. Z.B. wurde die Technik des Kartoffelwaschens von Affen, die auf einer Insel lebten, von Affen auf entfernten Inseln „wahrgenommen" ohne technische Kommunikationsmöglichkeiten wie Post oder Telefon. Gedanken sind Energiefelder, die sich über Kontinente ausbreiten können und wirken – wie wir an der Ausbreitung von Philosophien, Religionen, Weltbilder und Gesellschaftsformen immer wieder erleben. Die Wahrnehmung dieser Schwingungsebenen nennen wir heute nicht mehr Geister, Engel, Teufel oder Dämonen, sondern Intuition. Da jeder Mensch seinen eigenen Zugang zu diesen Ebenen hat, nämlich den, der seinem Bewusstsein entspricht, gibt es immer noch Erscheinungen, in denen Gedankenfelder Gestalt annehmen und als Bilder wahrgenommen werden. Auch Bilder und Symbole aus dem kollektiven Unterbewusstsein können sich auf diese Weise formulieren. Solange wir an Engel und Teufel glauben, geben wir den Strömungen und Energien unserer eigenen unbewussten Dämonie Raum, das heißt wir suchen und finden Schuldige, oder Retter, jedenfalls Verursacher oder Kräfte, für die wir glauben keine Verantwortung zu haben, die mit uns nichts zu tun haben. Wir werden diesen Kräften solange begegnen, bis wir uns selbst als den Ort des Geschehens und der Ursachen erkannt haben. Engel und Teufel sind in uns selbst vertreten, sie sind die abgespaltenen Kräfte der Seele, die wir nicht akzeptieren wollen, weil sie entweder zu bösartig für unser Selbstbild sind, oder zu hoch für unsere Minderwertigkeitsgefühle.

Diese Wesen können Gestalt annehmen, wie auch Bilder und Symbole aus dem kollektiven Unterbewusstsein Gestalt annehmen können. Wie wir heute wissen, werden nur Bilder und Gestalten sichtbar, die aus unserem eigenen Kulturkreis stammen, so wird z.B. Buddha nur einem Buddhisten erscheinen und die Madonna nur einem Christen. Man kann es der Imaginationsfähigkeit des Gehirns zuschreiben. Eine plausiblere Erklärung ist jedoch die Erfahrung, dass Menschen dazu fähig sind, ihren Astralkörper auszustülpen und mit ihm den imaginären Inhalten ihres Unterbewusstseins eine Gestalt verleihen können, die oft nebelhaft von Anderen wahrgenommen wird.

Der Begriff Astralkörper kommt aus der östlichen Weisheitslehre und beschreibt eine feinstoffliche atomare Substanz mit den Inhalten: Karma, Sehnsüchte, Erwartungen, Ambitionen, Begierden, Verstrickungen, Intelligenz, Inspiration, Kausalität und Dualität. Kurz – eine Verbindung schicksalsbewirkender Seelenzustände, die sowohl aus den persönlichen, als auch aus den kollektiven Unterbewusstseinszuständen gespeist werden.

Die Zeiten denen wir entgegengehen fordern eine ganz neue Art von Bewusstsein und wir werden anfangen müssen, uns diesen neuen Erfordernissen unverzüglich zu öffnen, um neue Verhaltensweisen und Seinsmöglichkeiten zu verwirklichen. Dazu brauchen wir Offenheit und die Bereitschaft, alte und liebgewordene Erkenntnisse und Ansichten über Bord zu werfen. Das erfordert offene Kommunikation, um uns gegenseitig aus den jeweiligen individuellen Erfahrungen in neue Räume der Erkenntnis zu begleiten. Es darf keine Geheimnisse mehr geben. Intimität darf kein Thema mehr sein, denn sie ist ein Gebot vergangener Jahrhunderte, in denen die Individualität zu Egozentrik hochgezüchtet und der Einzelne immer mehr in die Einsamkeit der Seele getrieben worden ist. Es sollte wieder verstanden und erkannt werden, dass wir uns im Wesentlichen nicht von einander unterscheiden, dass wir dieselben Organe und dieselben Eigenschaften haben und dass wir uns nur in der Beschaffenheit unserer Trips und Ticks, unserer Neurosen und Psychosen von einander unterscheiden. Individualität ist nur insofern noch wichtig, als ihre Offenbarungen uns lehren das Leben in allen seinen Facetten zu erkennen, zu erleben und auch noch zu genießen. Erst wenn wir alle Möglichkeiten der Wahrnehmung benutzen lernen, kommen wir dem „Geh-heim-wissen" näher, das in uns verborgen ist. Geh-heim heißt in diesem Falle: Heimgehen = zu sich selbst kommen, zu unserem innersten Wesenskern heimgehen.

Die Zeiten der einsamen Genies sind vorbei, die ihren Geist buchstäblich in den Weltraum explodieren ließen und eine Welt geschaffen haben - wie sie eben heute ist. Eine Welt von Einzelgängern und Idealisten, die kaum noch fähig sind in Beziehungen zu leben und sich nur mehr im Internet austauschen, ohne sinnliche Berührung. Wesen, die keinen Sinn mehr finden können in ihrem Sein, als ihre Bestätigung in Ruhm oder Reichtum zu suchen, um der Stumpfsinnigkeit der Oberfläche wenigstens noch den Reiz der Besonderheit entgegen zu setzen und eine Sensationsflut zu produzieren, die immer mehr Unheil stiftet.

Was wir brauchen ist Erweiterung des Bewusstseins, um in jene Bereiche der Erkenntnis vorzustoßen, in denen sich Verhaltens- und Handlungsweisen entwickeln können, die uns und der Erde dienen, statt weiteren Schaden anzurichten und die Erde letztlich zu zerstören. Selbsterkenntnis ist die wichtigste Türe in jene Räume, in denen sich unser Weltbild und unsere Weltsicht erweitern und verändern kann.

Ein Weg zur Selbsterkenntnis ist das erlernen und verstehen der Körpersprache, der eigenen und damit auch die der anderen Menschen.

Ich möchte diese Arbeit am Bewusstsein auch nicht Therapie nennen, sondern sie als eine Lernaufgabe sehen, die nicht nur uns selbst, sondern auch unseren Mitmenschen, ja der ganzen Welt zugute kommen kann. Je mehr Menschen sich selbst erkennen und damit auch Augen und Ohren für Andere bekommen, um so bewusster können wir miteinander umgehen und Zerstörungen in jeder Hinsicht vermeiden. Um so bewusster können wir daran mitwirken, die Verheerungen, die unser Unverstand mit der Erde angerichtet hat, zu heilen, und eine Welt zu gestalten, in welcher sich Frieden und Liebe ausbreiten und in welcher Verstand und Intuition zusammenarbeiten. Eine Welt, in der eine Gottes-Erfahrung möglich ist. Mit Gotteserfahrung ist hier nicht eine Geistererscheinung gemeint, sondern die glückhafte Gewissheit des Eingebettetseins in den kosmischen Raum, eine Erfahrung, die sich einstellen kann, wenn das Körpergewebe bis in jede einzelne Zelle frei von Schlacken sich entspannen und unsere Aufmerksamkeit sich der großen Einheit zuwenden kann. Nur in diesem Zustand kann die Gewissheit Platz ergreifen, ein Aspekt der Schöpfung zu sein, einfach weil es gespürt und bis in die tiefsten Regionen des eigenen Wesens erfahren wird. Dann wissen wir: Ich bin nicht mein Körper, nicht meine Gedanken, Wünsche, Sehnsüchte oder Hoffnungen. Ich bin was ich kreiere, ich bin ein Funke des Bewusstseins, von dem das All durchströmt ist. Und ich bin in diesem Zustand auch nicht mehr ICH, sondern eine Anwesenheit des Lebens, eine Manifestation des Geistes der Schöpfung, ein Aspekt Gottes. Dann stellt sich von selbst die Verantwortung ein, die wir für unseren Körper und für seinen Schauplatz - die Erde - haben, und wir können die Kräfte, die unseren Körper durchströmen, benutzen und weitergeben.

Unser Körper funktioniert dabei wie eine Membrane, die in diesem Schwingungsfeld reagiert, die Informationen verarbeitet und weitergibt. Wenn dieses Schwingungsfeld nur von persönlichen Belangen, Meinungen und Denkmustern bestimmt wird, ist sowohl der Empfang als die Weitergabe fehlerhaft und der so genannte Zeitgeist, jene Manifestation der Massenmeinung, setzt sich durch – d.h. die Spinnereien und Phantasien unseres Ego blasen sich zu Persönlichkeiten auf, welche die Welt bestimmen wollen, was wir oft in der Politik erleben. Aber auch das sind

Stationen und Lernaufgaben für die Entwicklung und Ausbreitung unseres Bewusstseins in den Raum der Wahrheit, die keinem Urteil mehr unterliegt.

Das sind nun meine Worte und meine Erfahrungen, die nur in dieser Zeit und in diesem, meinem Körper möglich sind. Indessen muss jeder Mensch seinen eigenen Weg gehen, seine eigenen Erfahrungen machen, seine eigenen Worte finden um seine Zustände mitzuteilen, soweit das überhaupt möglich ist. Erst an dieser Stelle kann eine andere Art von Kommunikation beginnen, eine Verständigung, die über Worte hinaus, über das Begriffliche hinaus sich im gestaltlosen Raum der Schöpfung ausbreitet und der wir nur noch die Bezeichnung LIEBE geben können.

Übung:
Stell dich hin und lege deine Hände auf dein Herz. Schau nach – spür hin – was du fühlst und was du glaubst. Versuche jetzt nicht eine Lösung zu finden, sondern werde dir einfach bewusst: Was sagt mein Herz?

Dein Herz, einzig dein Herz ist „dein Wegweiser". Auch wenn der Weg vorübergehend in die „Irre" führt: Es ist dein Weg und deine Aufgabe deiner innerer Wahrheit zu folgen.

4 Erbschaft – Vergangenheit und Zukunft

Nun wird der Ausdruck unseres Körpers nicht nur von unserer Geschichte in dieser Inkarnation bestimmt, sondern auch von unserer Erbschaft. Unser Erbe geht zurück bis zu den Anfängen der Menschheit. Erbschaft ist sowohl Segen als auch Fluch. Segen ist, dass die Erfahrungen der Menschheit uns im Blut stecken. Sie sind das Potential, aus dem wir schöpfen und das uns nährt. Sie sind der Boden des kollektiven Unterbewusstseins und die Urquelle von Intuition und Weisheit. Fluch ist, dass die Resultate dieser Erfahrungen als Philosophien, Dogmen und Glaubenssätzen verfestigt worden sind und die Bewusstseinsebenen indoktrinieren, und oft in unbrauchbaren Verhaltensmustern festhalten, was sich eigentlich an den lebendigen Erfahrungen der Gegenwart entzünden sollte und die Bewusstseinsbasis erweitern könnte.

Das Erbe, das in unseren Knochen sitzt und sich in unserer Haltung ausdrückt, vermischt sich mit den neuen Erfahrungen nur insoweit, als es von vorherrschenden Glaubens- und Erwartungshaltungen akzeptiert werden kann. Wenn beispielsweise immer noch die mosaischen Gesetze über Sexualität, Beziehungen, Eheverträge und Standesbewusstsein in unseren Köpfen schwirren, ist es schwer, dem Trend der Moderne nach Befreiung der Persönlichkeit und Eigenverantwortung zu folgen. So gesehen ist es durchaus notwendig sich mit Symbolen zu beschäftigen, bevor man sie benutzt. So wie es wünschenswert wäre, auch die Sprache der Körper, in denen sich ein Geist manifestiert hat, zu erkennen. Und wer erkannt hat und keine Konsequenzen daraus zieht, hat die Konsequenzen dennoch zu tragen.

Wenn Gedanken von Sünde und Erbsünde noch ihren Nährboden in unbewussten und unterbewussten Seelenstrukturen und Gedankenfeldern finden, kann eine neue und zeitgemäße und vor allem, auch politisch notwendige Einstellung zu diesen Bereichen nicht realisiert werden.

Andererseits wird eine radikale Befreiung von gesellschaftlichen und religiösen Mustern und Gesetzen in die Anarchie führen, wenn nicht die Wahrnehmung unserer inneren Realität eine Besinnung herbeiführt, die eine neue, zeitgemäße und dem Bewusstsein entsprechende Neuordnung mit einbezieht. Ohne das Erkennen der Ursachen und ihrer Folgen in unseren Körpern und natürlich in unseren Seelen, ist weder eine Entscheidung noch eine relevante Neuordnung möglich. Das ist, wie wenn man einen vom Holzwurm befallenen Baum mit Blattlausvernichtungsmitteln bespritzt, obwohl man weiß, dass er Holzwürmer hat.

Ob dieses Schiff, das gerade in die Zukunft aufgebrochen ist und allenthalben nach neuen Ufern sucht und neue Ordnungen schaffen will, in den Abgrund fährt oder in einen vernünftigen und friedlichen Hafen der weltweiten Zusammenarbeit, ist noch nicht entschieden. Jeder Mensch trägt dabei seinen Teil der Verantwortung und es ist Not-wendig, die Not wendend, sich dafür einzusetzen, statt nur am eigenen Erfolg zu stricken, der auf jeden Fall in die Isolation und die Zusammenhangslosigkeit führt. Die Weichen können jederzeit neu gestellt werden, aber es kann auch zu spät sein. Beispiele dafür gibt es genügend in der Geschichte.

5 Körperausdruck oder: So spricht mein Körper

Folgendes nun basiert auf Wilhelm Reich (1879-1957) und Alexander Lowen (geb. 1910), die in den 1930er Jahren fünf Körpertypen beschrieben und deren Typisierung man getrost auch heute noch gebrauchen kann. Meinen Ansatz möchte ich als Erweiterung betrachtet sehen.

Körperstrukturen sind nicht zu ändern. Wer groß und lang geworden ist, kann nicht klein werden, aber die Grundvoraussetzungen, die Entscheidungen, die zu diesen Strukturen geführt haben, können erkannt und umgeschaltet werden. D.h. wir können uns nicht wirklich von Grund auf verändern, aber wir können uns erweitern, unser Bewusstsein kann sich ausdehnen, so dass sich unser Verhaltensrepertoire erweitern kann. Wenn z.B. ein Schlüsselsatz lautet: „Es hat ja doch alles keinen Sinn" kann und sollte daran gearbeitet werden und der Satz kann umgewandelt werden in: „Es hat alles einen Sinn". Dabei müssen wir unterscheiden lernen, was Sinn macht und was nicht, dass es nämlich keinen Sinn hat gegen Naturgesetze anzugehen, aber absolut wichtig ist, die eigene und selbst gebastelte Einstellung zu hinterfragen. Es genügt jedoch nicht einen solchen Satz ein paar mal auszusprechen. Er muss immer und immer wiederholt werden, so dass er langsam in unseren Unterbewusstseins- und Bewusstseinsstrukturen einen Platz findet und in Situationen auftauchen kann, in denen keine Zeit zu verlieren ist – in Notfällen.

Was sich körperlich ändern kann ist die Haltung der Wirbelsäule, sie kann sich strecken, sich ausgleichen – auspendeln und somit auch nach Außen einen anderen Ausdruck vermitteln. Auch die Verdickung durch Fett oder Muskeln kann sich ändern, darüber wird noch gesprochen werden.

Bewusstseinserweiterungen gehen meist langsam vor sich, weil es eine Zeit dauert, bis unser System verstanden hat und sich umpolen kann. Es kann aber auch sprunghaft passieren, nämlich dann, wenn Katastrophen uns keine Wahl lassen und wir sofort reagieren und handeln müssen. Aber auch das muss verstanden werden, dass Katastrophen meist nur dann passieren, wenn wir sie durch unbewusstes Handeln unbewusst heraufbeschworen haben. Das sagt dann, dass unsere Seele in Not ist, die sowieso alles weiß und uns auf diese Weise zu erreichen sucht. Sie stellt unseren Verstand, unseren Mind und unser Ego in Frage. Erst durch Erkennen des Hintergrunds ist Änderung unserer Haltung und damit unseres Schicksals möglich.

Die Darstellung und Analyse der Körpersprache, die hier vorgestellt wird, hat für jeden Leser Konsequenzen. Auch wenn er noch nicht von dieser Sichtweise überzeugt ist, wird es ihn beschäftigen und anregen, künftig aufmerksamer hinzuschauen. Die Wahrheiten, die ans Licht kommen, sind nicht immer angenehm. Hier soll nicht nur Wissen vermittelt werden, sondern Praxis. Wer die Zusammenhänge seiner Struktur mit seinem Schicksal nicht erfahren oder wahrhaben will, bleibt an der Oberfläche einer Theorie hängen, über die man streiten kann. Dies hier ist keine Theorie sondern nachprüfbare Erfahrung. Jeder kann sie praktizieren, wenn er sich auf die Vorschläge, die hier gemacht werden, einlässt. Einlassen ist notwendig, "denn wer sich einlässt - der wird eingelassen". Selbst wenn manchen Lesern das hier absurd, hergeholt und simpel erscheint, können diese Ausführungen dennoch dazu betragen, die Phantasie anzuregen, eigene Erkenntnisse zu erarbeiten – oder einfach mal in den eigenen Körper mehr als sonst hinein zu horchen.

Unsere Körpersprache hat zwei Ausdrucksdimensionen:

1. Was sagt mein Körper mir?
2. Was sagt mein Körper Anderen?

Für unser Bewusstsein und unser geistiges Wachstum sind beide wichtig. Unser Körper spiegelt in allen seinen Einzelheiten die vielfältigen Erfahrungen und Entscheidungen wieder, die uns geprägt, bestimmt und begleitet haben, die uns bewegen und motivieren, und die letztlich unser Schicksal mitbestimmen. Die Sprache unseres Körpers will verstanden werden, denn wozu ist sie da?

Mit Körpersprache ist hier nicht nur Gestik und Mimik gemeint, darüber ist schon viel erkannt, gesagt und räsoniert worden, sondern die Ausdrucksmanifestationen unseres inneren Geschehens und unserer Entscheidungen, deren wir uns nicht bewusst sind, die wir deshalb nicht in der Hand haben, die wir weder beeinflussen noch vertuschen oder manipulieren können. Auch der beste Schauspielunterricht schafft das nicht. Es geht um Körperhaltungen und Formen die gewachsen und nur aus ihrer Geschichte heraus zu verstehen sind, ja – die Ausdruck unserer Geschichte und Folgen unserer Entscheidungen sind.

Was sagt mein Körper mir?

Wie erkenne ich seine Botschaften? Durch aufmerksame Wahrnehmung von Empfindungen wie Wohlbehagen, Spannung und Entspannung, Schmerz, Druck, Schwäche, Kribbeln, Zucken, Krämpfe, Kitzeln, Empfindungslosigkeit, Unruhe, Lähmung, Aktivität, Lebendigkeit usw.

Es geht bei der Betrachtung der eigenen Körpersprache immer zuerst um die Frage: Was bedeutet dieser Körperteil der mir gerade auffällt? Welcher Körperteil empfindet was? Welche Arbeit hat dieser Körperteil zu verrichten, wozu dient er mir, wie verrichtet er seine Arbeit und was bedeuten seine Signale? Sie haben auf jeden Fall etwas mit seiner Funktion zu tun, z.B. die Füße mit stehen, gehen, usw.

Es ist wichtig, bei Wahrnehmungsversuchen den Atem zu vertiefen, denn er facht die Lebensenergie an und macht bewusster.

Dann können wir den entsprechenden Körperteil befragen, ein Gespräch mit ihm führen. "Was willst du mir sagen, bitte gib mir eine Information". Er wird antworten, wenn deine Frage wirklich aus dem Herzen kommt und wenn deine Bereitschaft, die Antwort zu ertragen, offensichtlich ist. Er wird schweigen, wenn noch ein tiefes Misstrauen deine Aufnahmebereitschaft betreffend besteht oder die tieferen Ebenen des Seins und der Intuition noch nicht akzeptiert worden sind oder auch wenn Angst, Zweifel oder eingefleischte Verhaltensmuster das Bewusstwerden verhindern.

Zweifel ist immer eine Intervention des Verstandes, der in diesem Fall nicht wahrnehmen - für wahr nehmen will, was schmerzt, oder wofür wir uns schämen.

Wahr-Nehmen ist annehmen der Wahrheit. Der Körper lügt nicht, er kann nur die Wahrheit sagen, und er antwortet, wenn wir ihn darum bitten. Wenn es wirklich unser Anliegen ist etwas über uns zu erfahren, und wenn wir dieses Anliegen mit unserer ganzen Intensität, unserer ganzen Sehnsucht nach Erkenntnis und Erlösung vortragen, muss er antworten. Wenn er schweigt, frag ihn, weshalb er nicht antworten will. Wenn auch dies ohne Antwort bleibt, dann geh in dich und frage dich selbst nach der Ernsthaftigkeit deines Wissenwollens. Wenn du nur neugierig bist, ohne emotionalen Anteil, wenn du sowieso zweifelst und dieser ganzen "fragwürdigen und unwissenschaftlichen Angelegenheit" misstraust, wirst du keinen Zugang zu deiner inneren Wahrheit finden. Das Schweigen deines Körper besagt dann vielleicht: „Ich sage dir nichts, weil kein Vertrauen in dir ist", oder „es ist sinnlos mit dir Kontakt aufzunehmen, denn du hörst nicht zu und bist nicht bereit, dich zu öffnen". Das heißt, dass dein Körper nicht mehr mitmacht und es besteht höchste Gefahr, dass dein Unterbewusstsein, um dich wachzurütteln, schwerere Geschütze auffahren muss, wie Krankheit, Unfall oder "bloß" Beziehungsschwierigkeiten oder sexuellen Notstand. Und dann wird es immer schwerer deinem Körper zu begegnen und ihn zu verstehen, denn er ist beleidigt - du hast ihm das Leid der Nichtbeachtung zugefügt: Und wie reagierst du mit Nichtbeachtung in deinem Leben? Welche Reaktionen treten auf? Bist du gekränkt und ziehst dich zurück? Oder machst du alle möglichen Anstrengungen und Eskapaden um gesehen zu werden? Krankheiten und Unfälle sind bequeme Entschuldigungen, die wir den "schicksalhaften Eingriffen einer rätselhaften Vorsehung" zuschreiben, oder einfach nur dem Zufall, für den niemand verantwortlich ist. Es gibt in diesem Sinn keinen „Zufall", sondern nur das Geschehen, das wir unbewusst produzieren – das uns zufällt. Im Glück werden diese höheren „Schicksals-Instanzen" meist vergessen und wir brüsten uns mit Eigen-Erfolgen. Auch Gebete, die uns meist nur einfallen bei Unglück und Pech, sind Versuche eine ominöse Gottheit zu bestechen oder zu überreden uns doch beizustehen, zu retten oder wenigstens nicht zu vergessen. Wenn wir erst einmal wahrgenommen haben, dass wir unser Schicksal selbst mitverursacht und eigenhändig mitbestimmt haben, ja dass selbst "unverschuldete" Unfälle auf eine ominöse Weise mit unserer Aufmerksamkeit zu tun haben und dass wir jedenfalls immer beteiligt sind, werden wir aufhören um Rettung zu flehen oder um Gnade zu heischen und anfangen, bewusster mit unserem Leben umzugehen und unsere Handlungen der Klugheit zu unterstellen. Denn: „Die Klugheit wohnt neben der Weisheit" - sagte schon Salomon.

Um die Wirklichkeit zu erkennen und zur Wahrheit zu finden ist unser Körper die wichtigste Antenne. Und um die Wahrheit anzunehmen bedarf es unter anderem der Demut.

Was sagt mein Körper anderen?

„Was sagt mein Körper anderen" – das kann sich durch Befragen unseres Badezimmerspiegels nur teilweise offenbaren. Erst durch die Befragung der Anderen erfahren wir etwas über unsere Wirkung auf die Welt, wenn auch hier immer bedacht werden muss, dass jede Menge Projektionen stattfinden können, denn man kann im Anderen immer nur das erkennen, was man von sich selbst kennt. Dennoch ist es gut hinzuhören und anzunehmen, was uns dabei gesagt oder gezeigt wird. Meist machen wir uns selbst etwas vor und finden Entschuldigungen.

Das was unser Körper anderen sagt, ist mit unserem Willen weder zu beeinflussen noch zu ändern. Selbst wenn durch Schauspielunterricht andere und neue Ausdrucksweisen erlernt worden sind, so wird das Symptom sich auf andere und weniger kontrollierte Körperteile übertragen, es gibt eine Symptom-Verschiebung. Unser Körperausdruck hängt nicht nur mit Haltung zusammen, sondern auch und vor allem mit der Struktur, die so gut wie unveränderbar ist: Wie sieht das Knochensystem aus, welche Verschiebungen gibt es, wie versuchen Fleisch und Muskelgewebe die Verschiebungen oder Fehlhaltungen auszugleichen und was bedeutet das alles?

Übung:
Wenn du dich jetzt vor einen Spiegel stellst: Was fällt dir auf, wie ist die Haltung deines Körpers? Ist sie aufrecht, neigt sich dein Körper nach einer Seite, nach vorne oder hinten?

Jede Neigung bedeutet entweder eine Ermüdung oder eine Verdrängung oder beides. Nur der gerade Blick, die gerade Haltung zeigt die Bereitschaft der Welt und den Menschen offen zu begegnen, ohne Angst, ohne Vorbehalte, ohne Rückendeckung.

Jeder Mensch kann die Körpersprache sehen. Auch wenn sie nicht gedeutet werden kann, reagieren wir auf sie mit Gefühlen: Wir finden diese Person nett oder doof, wir mögen sie oder nicht, wir verlieben uns oder fühlen uns abgestoßen, oder sie geht uns nichts an. Das heißt, wir projizieren auf sie. Projektionen basieren auf alten Erinnerungen. Wir sehen eine bestimmte Körperform, eine Nase oder einen Mund, die uns in ähnlicher Form schon einmal begegnet sind. Und schon dichten wir dieser Nase oder diesem Mund die Eigenschaft an, die wir von den Menschen kennen, mit der ähnlichen oder gleichen Nase, die uns einmal verletzt oder erfreut haben. Die Körpersprache ist auch bei der Partnerwahl von wesentlicher Bedeutung. Wir verlieben uns, weil die Ausstrahlung uns fasziniert, weil etwas Bekanntes herüber kommt, "so als ob wir uns schon immer kennen" oder "so als ob wir für einander bestimmt sind." Wer kennt nicht diese Verzauberung der ersten Verliebtseinsphase, die allerdings abklingt, je näher wir einander kommen, die aber durchaus zur Liebe werden kann oder auch zur Enttäuschung. Je bewusster wir werden, umso deutlicher erfahren wir, dass die wahre Ursache unserer Partnerentscheidung in dem intuitiven Wissen liegt, dass wir etwas miteinander zu erledigen haben und miteinander lernen dürfen, dass wir in der Partnerauseinandersetzung alte Verletzungen heilen können und neue Lernprozesse sich anbieten. Dieser Satz: „Als ob wir uns schon immer kennen" – kommt aus der kollektiven Ebene unseres Unterbewusstseins, in welchem sowohl jede einzelne individuelle Geschichte, als auch die Geschichte der ganzen Menschheit, ja die Geschichte des

Universums gespeichert ist und in dem Zustand erhöhter Wahrnehmungsintensität Bilder oder Ahnungen aus dieser sonst verschlossenen Welt hoch geschwemmt werden können.

Projektion sagt: Ich glaube in einer bestimmten Form, Ausdruck oder Handlungsweise einen bestimmten Charakter zu erkennen, die ich von bestimmten Menschen meiner Vergangenheit kenne - und die ich dann diesem mir bis jetzt unbekannten Menschen andichte. Projektionen sind nur nützlich, wenn wir sie als solche erkennen. Wir können dann Vermutungen anstellen und nachforschen, ob sie stimmen. Wir können sie aber auch weglegen und auf die Informationen achten und vertrauen, die jetzt, in diesem Lebensaugenblick passieren. Auch die Analyse der Körpersprache kann natürlich zu Fehlurteilen führen, denen besonders begeisterte Anfänger zuerst oft unterliegen. Deshalb ist es notwendig mehr Bewusstsein über uns selbst zu erlangen, den Verstand von Verallgemeinerungen zu befreien und vor voreiligen Beschlüssen zu bewahren. Z.B. sah ich neulich einen bekannten Fernsehmoderator, der mit seiner Gestik und seinem Witz gut umgehen konnte. Nichts hätte auf einen übersensiblen, ja geradezu schüchternen Menschen hingewiesen, wenn er nicht seine Füße in einer Stellung untergebracht hätte, die auf Probleme im Bereich des zu sich selbst Stehens hindeuten würden. Also, eine gewisse Unsicherheit wird überspielt durch besonders freche und provokative Verhaltensweisen. Beim Sitzen stand sein rechter Fuß nur mit der Außenseite auf dem Boden, während sein linker Fuß auf der Innenkante seines rechten Fußes stand. Es ist immer eine gute Übung eine Haltung nachzumachen, um zu verstehen oder wenigstens zu ahnen was dahinter steckt. Dabei immer, wie bei jeder Übung, tiefer atmen, denn der tiefere Atem erlaubt und ermöglicht uns tiefer wahrzunehmen und zu erleben.

Wenn ein Fuß von dem anderen Fuß festgehalten, blockiert oder unterdrückt wird, ist anzunehmen, dass diese Wesensseite entweder beschützt oder zurückgehalten werden will, um unangenehme, schockierende, schmerzhafte oder peinliche Ausdrücke zu vermeiden.

Im Fall unseres Moderators bedeutet das, dass der rechte Fuß, die rechte Seite also, von der linken Seite, dem linken Fuß herunter gehalten, womöglich unterdrückt, auf jeden Fall blockiert wird. Der linke Fuß sagt: „Halte deine rationale Seite zurück, denke nicht darüber nach. Du weißt, dass sowieso alles Quatsch ist, aber gerade davon lebst du, folge meiner Weisung, deinen Gefühlen, deiner Intuition, denn darauf kannst du dich verlassen und du weißt es". Da die übrige Haltung und der etwas massive Körperausdruck Selbstbewusstsein anzeigen und den Hang sich breit zu machen, ist zu vermuten, dass eine ständige innere Auseinandersetzung stattfindet: „Wie weit soll ich gehen, was soll ich zeigen, wie frech darf ich sein? Egal, alles kann heraus, was dir einfällt, basta!" Dieser Kampf führt zu überhöhter Aufmerksamkeit und gerade deshalb wird der Vortrag so überzeugend, witzig, nachvollziehbar, denn er ist lebendig und kommt aus der Kreativität einer humorvollen frechen, ja geradezu respektlosen Authentizität, die besonders junge Leute anspricht, die gerne selbst so sein wollen. Und diese Mischung bringt Erfolg. Dieser Mensch ist eigentlich ein Seelchen, das seine Empfindsamkeit und seine Tragik hinter seiner Maske, seinem Witz, seinem Humor durchscheinen lässt und ihn liebenswert macht, auch wenn er den größten Blödsinn verzapft. Dies scheint Absicht: Alles in Frage stellen, denn wenn alles in Frage gestellt wird, können neue Einsichten passieren und sich neue Verhaltensweisen ergeben und ausprobiert werden.

Bei allen Deutungen müssen wir uns immer wieder fragen: Woher kenne ich diese Haltung, diesen Ausdruck? Was wird angesprochen – mein Verstand, meine Gefühle, meine Seele?

Der Verstand bildet unsere Meinung, die von bestimmten gesellschaftlichen und kulturellen Einflüssen geprägt worden ist, die auch unser Ego beeinflussen. Es ist wichtig, diese Wesensanteile zu kennen und auseinander zu halten, damit sie uns nicht überwältigen, damit unsere Seele, bzw. unser wahres Selbst sich unabhängig und unberührt erleben kann.

Nur die Gesamtheit des körperlichen Ausdrucks zeigt das wahre Ich. Da jeder Mensch beide Seiten hat, hat er auch beide Eigenschaften. So ist in jedem Mann eine weibliche und in jeder Frau eine männliche Seite vorhanden, die gelebt werden muss. Männlich bedeutet aktiv, rational, verantwortlich, Standvermögen, weiblich bedeutet passiv gefühlsbestimmt, intuitiv, Hingabefähigkeit (siehe Kap. 7 Die Verteilung der Wesenskräfte).

6 Die Körperproportionen – Die Wesenskräfte des Oben und Unten

An den Proportionen ist zu erkennen, wo Energie lebendig, fließend ist oder blockiert, lahmgelegt und verpackt worden ist, und zu Erschlaffung und Schwäche geführt hat. Es ist ein Unterschied zwischen Erschlaffung und Lähmung. Erschlaffung besagt, dass die Energie sehr wohl innerlich arbeitet – wütet und auf ihre Stunde wartet. Lähmung besagt, dass ein grundsätzliches NEIN besteht, diese Kraft als die eigene überhaupt anzuerkennen, als solche anzuwenden und zu verantworten. Bei Fettansammlungen kann beides vorhanden sein. Die Entscheidung, wie dieser innere Kampf ausgetragen wird, hängt aber von der Fähigkeit ab, die wesenseigene Intelligenz zu erlauben und zu entwickeln.

Energie ist immer in ausreichendem Maße vorhanden, wie sie aber im Körper verteilt wird und zum Ausdruck kommt, das ist bei verschiedenen Menschen sehr unterschiedlich. Sie kann in manchen Körperteilen mehr fließen als in anderen, sie kann total blockiert sein, was immer bedeutet, dass sie sich ansammelt, verdichtet und eines Tages zum Ausdruck oder Ausbruch kommen kann und unkontrolliert Schaden anrichtet, entweder im Außen oder im eigenen Körper. Im Außen sind es die Beziehungskrisen und Kämpfe, die wie Bomben explodieren. Oder wie sie sich auf gesellschaftlicher Ebene austragen, als Revolution oder Attentat oder Krieg. Im Innern sind es Spannungen, Krankheiten, Einschränkungen der Gefühle und der Tatkraft, Müdigkeit und Antriebsschwäche.

Um die Wesenskräfte zu erkennen und zu unterscheiden, teilen wir den Körper zunächst mal in oben und unten.

Zwischen oben und unten ist die Trennung die Gürtellinie. Hier kann man sehen, wie die beiden Bereiche zusammenpassen und miteinander korrespondieren.

Der obere Teil repräsentiert den geistigen Überbau, die Zugehörigkeit zu den höheren Ebenen des Seins sowie zu den Errungenschaften von Kultur, Philosophie und Ethik. Er enthält die „edlen" Organe, das Gehirn als Denk- und Entscheidungskapazität, das Herz als das Symbol für Liebe, die Lungen als die Symbole für Austausch und Kommunikation und den Magen, einschließlich der Leber und der Galle, als Aufnahmeorgane und Verdauungsvorbereitung für Nahrung und Geschlucktes.

Der untere Teil repräsentiert den Geist der Materie, die Zugehörigkeit zu den irdischen Notwendigkeiten und Bedürfnissen. Er enthält die „unedlen" Organe, die mit Verdauung, Sexualität, Instinkten und Trieben zu tun haben und mehr von materiellen Bedürfnissen bestimmt werden. Diese Region produziert auch Gerüche, die von der Gesellschaft verschwiegen werden möchten.

Beide Teile, oben und unten symbolisieren somit Himmel und Hölle. Wenn wir uns auf das Gesetz der Dualität einlassen: Wo das eine ist, befindet sich auch das Gegenteil, - wo Licht ist, ist auch Schatten.

Schatten ist hier nicht negativ gemeint, sondern bezeichnet einfach nur die andere Seite, die im Dunkeln liegt und entdeckt werden kann. Energie ist gleich Masse, wie in der Physik und umgekehrt. Wenn in einem Körper die Masse ungleich verteilt ist, so ist das ein Energieproblem. In der Mitte des Körpers kann man erkennen, wie die beiden Energiebündel – oben – unten – zusammenkommen oder zusammenarbeiten. Wenn es da einen Block oder einen zu engen Durchgang gibt, ist das ein Zeichen, dass die beiden Energien oben – unten = Geist und Materie – nicht oder nur mangelhaft korrespondieren und das ergibt oft massive

Lebens-, Verhaltens-, Kommunikations- und Partnerschaftsprobleme. Wenn der geistige Bereich sich über den materiellen Bereich stellt, „überheblich" ist, kann der materielle Boden nicht gut funktionieren, wie ein Sklave mit einem Herrscher nicht wirklich zusammenarbeiten kann. Wenn der materielle Bereich zu stark ist, wenn also die materielle Basis den geistigen Bereich nicht anerkennt oder gar nicht kennt, kann auch da keine Zusammenarbeit stattfinden. Das ist als ob ein Despot auch die Gedanken und die Sinnzusammenhänge seiner „Spinner" nicht anerkennen kann, sie verachtet oder fürchtet: Keine Korrespondenz.

Das Oben

Wenn die Energie nach oben gerutscht ist, also der Oberkörper massiver ist als der Unterkörper, wenn die Schultern sehr ausgeprägt sind und der ganze obere Teil wie aufgeblasen aussieht, sagt das, dass diese Menschen gerne Täter sein und bestimmen wollen (nach der Körpertypenlehre von Wilhelm Reich und Alexander Lowen gehört dieser Mensch den psychopatischen Typ an. Einer ihrer Schlüsselsätze ist: „Ich liebe dich nur, wenn du tust, was ich will". Sie wollen Macht haben über andere, sie wollen Untertanen.

Ihre Impulse kommen aber – wenn auch meist unbewusst – aus dem Drang zu höheren Ebenen, wo sie die Argumente finden zum Wohle der Gemeinschaft. Allerdings signalisieren ihre meist dünnen Beine und schwächlichen Beingelenke einen Mangel an Erdung, d.h. der Realitätssinn ist meist unterentwickelt. Sie haben oft keinen Boden unter den Füßen und demonstrieren oder täuschen ihre Bedeutsamkeit durch übertriebenen Ausdruck vor. So müssen manche Leute, wie z.B. Franz Josef Strauss, sich beim Sprechen immer wieder auf die Zehen heben, dabei wippen um damit ihrem Ausdruck mehr Gewicht zu verleihen. Diese Menschen haben ihr Herz zuwachsen lassen, es ist eingebettet in Fett und Muskeln und ist schwer zu erreichen. Sie atmen zu wenig aus und neigen zu Herzkrankheiten. Sie haben auch wenig Selbstwahrnehmung, ihr Oberkörper ist wie eine Festung, die nichts rein- und nichts rauslässt. Sie scheitern oft im zwischenmenschlichen Geschehen, weil sie sich schwer zurücknehmen können. Dahinter steht die Angst vor Überwältigung, vor Übergriffen, sie tun es lieber selbst, als es über sich ergehen zu lassen. Sie möchten gerne Chefs sein, haben allerdings nicht immer Glück, denn sie vereinsamen innerlich und äußerlich: Mit seinen Untergebenen kann man nicht Freund sein. Ich beschreibe hier die Extremformen, natürlich gibt es in der Realität jede Menge Mischformen.

Der überentwickelte männliche Oberkörper. Die Masse ist ungleich verteilt.

Die Herzenswärme und Liebesfähigkeit kann erlöst werden, wenn sie von ihrem hohen Ross heruntersteigen, die Einsamkeit ihrer Position erkennen und der Sehnsucht ihres Herzens folgen und sich einfügen. Ihre Herrscher-Impulse können Anregung werden für ein funktionierendes Zusammensein, wenn sie gelernt haben, auch andere Strukturen zu verstehen, zu schätzen und damit begreifen und akzeptieren, dass eine Gemeinschaft viele unterschiedliche Teilnehmer braucht – um allen Bedürfnissen und Notwendigkeiten gerecht zu werden.

Eine ihrer Botschaften ist: „Ich muss mich aufblasen, damit mich überhaupt jemand beachtet". D.h. das Kind wurde übersehen, manipuliert, verführt von manipulativen Eltern, es wurde in seinen Tendenzen sich darzustellen unterdrückt, nicht ernst genommen, oder aber auch zur Schau gestellt: „Seht her was für ein großartiges Kind wir haben". Eine andere Botschaft ist: „Ich meine es doch nur gut mit euch, ich habe Schreckliches erfahren und will euch davor schützen. Im Grunde brauche ich Respekt, Achtung und Anteilnahme". Wenn es Menschen gelingt, mit dieser Struktur ihre Machtbedürfnisse als Schwäche zu erkennen und umzuwandeln in Güte und Gerechtigkeit, werden sie weise Chefs und Lehrer.

In jeder Struktur, in jeder Blockade, Verkümmerung, Verkleinerung ist das Gegenteil begraben. In dieser Struktur ist die Demut unterdrückt oder vergessen. Demut ist nicht zu verwechseln mit Unterordnung. Sie kann nicht anerzogen noch aufgezwungen werden, sie ist die Entscheidung eines erwachten Verstandes, der bereit ist, sich den unabänderlichen Gesetzen zu fügen und sich einzuordnen in den gemeinsamen Wachstumsprozess der Menschheit.

Diese Körperstruktur ist eher männlich, breite Schultern – schmales Becken, was darauf hinweist, dass die Energie ins Handeln umgesetzt werden will: Hände = handeln. Die Hände sind die ausführenden Organe des Willens.

Aber auch bei Frauen findet man diese Strukturen. Sie sind dann die Bestimmerinnen, die Verfechterinnen von Prinzipien, die Kämpferinnen in Gemeinschaften. Sie haben es schwer sich hinzugeben, denn sie verwechseln Hingabe mit Unterwerfung. Sie geben um zu bekommen.

Der überentwickelte weibliche Oberkörper.

Sie haben ein großes Herz hinter ihrer Machtfassade und sind die geborenen Helferinnen. Allerdings neigen sie dazu – vornehmlich bei großen Brüsten – sich zu verausgaben, sich aussaugen zu lassen, ohne auf sich selbst zu achten. Die Quittung dafür ist dann – wie bei allen Überforderungen des Herzens – Herz-Probleme. Hier gibt es – wie auch bei der männlichen Ausgabe - Störungen, Infarkte, Blutdruckprobleme oder unverhältnismäßige Ausbrüche, nach innen als Krankheit, nach außen als cholerische „Anfälle".

Die entgegengesetzte Struktur entspricht (nach Reich und Lowen) dem rigiden Körpertyp.

Das Unten

Die untere Körperhälfte ist kräftiger, als die obere, was bei Frauen natürlich ist, denn ihr Körper hat andere Funktionen und besitzt mehr Erinnerung an die Gesetzmäßigkeiten der Erde und des Lebens, so deutet das auf mehr Realitätssinn hin. Mädchen werden anders auf das Leben vorbereitet, als Jungen, sie erfahren mehr Realität und Beziehung zu ihrem Körper durch Menstruation und die Fähigkeit gebären zu können. Sie stehen mehr auf dem Boden der Tatsachen und können auch von Natur aus dienen, denn sie wissen: Jede Sache bedingt eine andere, jede Spezies ist für etwas gut und eins dient dem anderen und alles dient dem Leben.

Wenn die Energie ganz nach unten gerutscht ist, also der Oberkörper schmal und verhungert aussieht, während der untere Teil des Körpers massiv, schwer, dicklich und unbeweglich ist, so bedeutet das, dass diese Menschen eher lethargisch sind, sie trauen sich nichts zu, haben wenig Durchsetzungskraft obwohl sie durch Becken und Po viel Sitzfleisch haben. Aber gerade das zeugt von Unbeweglichkeit. Solche Strukturen sind eher erwartend, andere sollen ihnen helfen. Sie sind eher manipulativ, suchen Retter, spielen mit erotischen Mitteln. Oft ist auch die mangelnde Verbundenheit zum oberen Bereich ein Hemmnis, zu ihrer Sexualität zu stehen, das heißt, die Erlaubnis, voll zu den Impulsen, Wünschen und Notwendigkeiten eines intensiven Gefühlslebens zu stehen, ist nicht erteilt worden.

Ihre Sexualität ist nicht voll ausgereift und wird oft von kindlichen Versorgungswünschen gestört.

Der überentwickelte weibliche Unterkörper.

Der Oberkörper drückt aus: „Ich kann nicht, ich brauche Hilfe, ich bin ja so arm", der Unterkörper: „Es ist alles so schwer, so schleppend, mir fehlt die Kraft – Hilfe!" Meist sind auch dann die

Füße klein und schmal, sie haben wenig Stand und wenig Standpunkt. Sie spielen oft kleines Mädchen oder kleiner Junge und vertreten ihren Standpunkt durch Trotz. Der Trotz sitzt in der Verdickung des Pos und der Oberschenkel. Da ihre Gefühle, vor allem Wut, Ärger usw. in der Kindheit nicht ausgedrückt werden durften, haben sie eine gewisse Dickfälligkeit einüben müssen. Sie hocken sich auf ihren dicken Po und warten, bis dem Feind die Waffen ausgehen.

Einer ihrer Schlüsselsätze ist: „Es hat sowieso alles keinen Sinn – aber irgendwie muss ich dich rumkriegen – oder du musst mich retten - oder ich bin ja bereit auf dich einzugehen, aber du musst den Anfang machen!"

Das ist die klassische Form der geheimen Machtergreifung der Frauen, die dem Patriarchat nichts entgegen zusetzen wussten, als den Trotz: „Mit mir nicht – und nicht so!" Oder: „Wenn du mir nicht hilfst, werde ich krank und du bist schuld". Sie rächen sich mit Sticheleien und Giftspritzen und erpressen durch Verweigerung. Je mehr die Frauen – oder das weibliche Element – gelernt haben, sich selbst zu realisieren mit dem ganzen Potential ihrer reichen Gefühlswelt – und nicht als gebrauchsfertige Dienerin zu agieren, sich unterzuordnen und aus dem Hinterhalt Gift zu verspritzen, um so mehr wird ihr Körper auch die Formen entwickeln, die statt Hilflosigkeit die Fähigkeit signalisieren, im Zusammenleben die Ergänzung zu werden und die Ergänzung zu fordern und anzunehmen, eine Notwendigkeit, um den Aufgaben des neuen Zeitalters mit Anstand und Würde zu begegnen.

Verhaltensweisen bedingen einander, wie im Degen-Gefecht. Jede Haltung hat eine Gegenhaltung, so wie zwischen Herrscher und Diener, wie zwischen Mann und Frau, oder im eigenen Inneren zwischen Verantwortung und Angst. Dies ist, wenigstens im weltlichen Bewusstseinsbereich der Erde, eine Frage von bewusster Selbstprüfung geworden.

Macht und Ohnmacht sind oder waren die entscheidenden Energiephänomene der Menschheitsgeschichte und ihrer Politik. Jetzt auf dem Gipfel ihrer Auswirkung, müssen sie neu formuliert werden. Das ist die Aufgabe des Wassermann-Zeitalters und mit ziemlicher Wahrscheinlichkeit die Rettung aus dem Dilemma der Unbewusstheit, durch die die Menschheit an den Rand der Selbstzerstörung gekommen ist.

Übung:
Schließe die Augen und gehe mit deiner Aufmerksamkeit in deine obere Region, vom Scheitel bis zur Gürtellinie.

Atme dort hin und betrachte diesen Teil deines Körpers. Alles was dir jetzt in den Sinn kommt, was dir einfällt, kann eine wichtige Mitteilung deines Unterbewusstseins an dich sein. Nimm es ernst.

Dann gehe mit deiner Aufmerksamkeit in deine untere Hälfte, vom Gürtel bis zur den Fußsohlen.

Atme dort hin und lass' auch hier dein Unterbewusstsein sprechen. Stell dir einfach vor, diese beiden Körperteile sind unterschiedliche Personen: Was sagen sie, wie drücken sie sich aus und was wollen sie oder wünschen sie sich von dir?

Bei allen diesen Beschreibungen muss bedacht werden, dass diese Haltungen deine Entscheidungen waren, die du zu einem Zeitpunkt getroffen hast, als du noch keine Wahl hattest. Sie waren deine Möglichkeit zu überleben und – hoch intelligent – sie haben dich gerettet. Jetzt ist nur zu fragen: „Muss ich immer noch diesen alten Entscheidungen folgen, oder kann ich neue treffen, die meiner jetzigen Situation mehr entsprechen, als die alten?"

7 Die Verteilung der Wesenskräfte oder: Rechte/Linke Körperseite

Die Zeichnung von Leonardo da Vinci, die hier benutzt wird, um die Wesenszüge beider Geschlechter zu verdeutlichen, zeigt auch das tiefe Wissen Leonardos über die Bedeutung von Kreis und Quadrat, und von der menschlichen und göttlichen Natur des Daseins. Im Quadrat steht der Mensch mit geschlossenen Beinen auf dem Boden, seine beiden Arme sind nach den Seiten ausgestreckt und bilden zusammen mit der senkrechten Linie das Zeichen des Kreuzes. Das Kreuz bedeutet – unter anderem – die Begegnung von Geist und Materie im menschlichen Körper. Das Quadrat bedeutet in diesem Zusammenhang – wie auch in der Astrologie – die Gefangenschaft des Menschen in seinen Problematiken, es ist das Zeichen für die Auseinandersetzung in der Materie und mit der Materie, mit den weltlichen Belangen.

Die zweite Haltung zeigt den Menschen mit gespreizten Beinen und etwas erhobenen Armen, so dass Hände und Füße den Kreis berühren. Der Kreis ist das Symbol für die Ganzheit und die Unendlichkeit der Existenz. Hier heißt es – wenn wir uns öffnen, haben wir Kontakt mit der Existenz, wenn wir uns verschließen, bleiben wir gefangen in unserer eingeschränkten Welt der Äußerlichkeiten. Wenn wir unsere Existenz den geistigen Mächten überantworten, sind wir angeschlossen an die Mächte, unser Wesen ist offen für die Wirklichkeit, für das Ewige, das Göttliche.

So wie es im Körper ein oben und unten gibt mit den verschiedenen Funktions- und Bedeutungsbereichen, gibt es auch eine linke und eine rechte Seite. Die rechte Seite ist die männliche, die linke Seite ist die weibliche.

Hier finden wir einen Hinweis auf die beiden sich widersprechenden und sich ewig suchenden Einheiten, männlich – weiblich, die durch die Vereinigung neues Leben schaffen, aber auch vor allem im einzelnen Menschen sich begegnen und ergänzen müssen. Wenn die beiden Körperhälften verschiedene Formen und Zustände aufweisen, ist es immer ein Zeichen, dass sie keine, wenig oder eine gestörte Verbindung haben und damit eine Zusammenarbeit gestört und die innere Einheit unterbrochen ist.

Die rechte Körperseite

Die rechte Körperseite ist die männliche Seite (im Gehirn ist es die linke Gehirnhälfte, so wie die rechte Gehirnhälfte den weiblichen Aspekt vertritt).

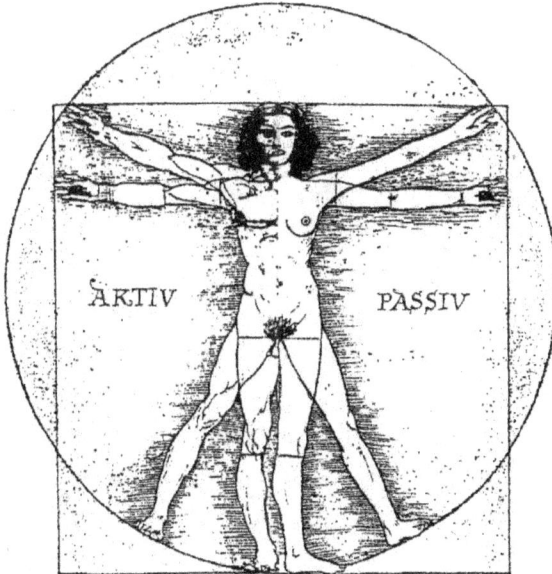

Die Verteilung der Wesenskräfte im menschlichen Körper:
männlich und weiblich – aktiv und passiv.
Männlich: Denken/Geben/Handeln. Weiblich:
Fühlen/Empfangen/Sein

Die rechte Seite repräsentiert: Geist, Verstand, Tatkraft, Durchsetzung, Verantwortung. Die treibenden Elemente sind Feuer und Luft. Feuer ist das Symbol für Begeisterung und Läuterung, Luft steht für Flexibilität und Austausch.

Wenn die männliche Seite stärker ist als die weibliche, breiter, muskulöser, massiver, so deutet das auf eine Übermacht des männlichen hin, die das weibliche unterdrückt, zurückhält und bevormundet. Dieser Mensch ist mehr vom Kopf gesteuert und hat weniger Zugang zu seinen Gefühlen. Seine Intuition ist gebremst, stattdessen gibt er mehr seinen Gedanken, Ideen, Vorstellungen, Phantasien und Entwürfen Raum. Er wird immer rationale Argumente finden und Emotionalität als weibisch oder irrational ablehnen.

Wenn die rechte Seite schmaler, kleiner oder dünner ist, als die linke heißt das, dass die männliche Seite weniger entwickelt ist. Das bedeutet eine Einschränkung der Handlungsfähigkeit, der Entschlusskraft, der Durchsetzungskraft und der Aggressivität.

Der rechte Fuß repräsentiert die rechte Seite des Körpers, die männliche Seite, das Standvermögen, das Durchhaltevermögen, das zu sich selbst und zu seinen Taten und Handlungen stehen können. Alle Assoziationen zu "Fuß" sind wichtig, wie durchstehen, dastehen vor der Welt, wie etwas ausgestanden wird usw. Das gilt natürlich für beide Beine, nur betrifft die linke Seite die weibliche Seite, die Gefühlsseite, so dass man hier fragen muss: Wie steh ich zu meinen Gefühlen? Wenn der rechte Fuß gekippt oder plattgedrückt ist, eine Haltung, die wir nicht lange durchhalten können, so ist es mit dem Durchstehen auch nicht so weit her, es besteht Unsicherheit, Versagensangst, Schüchternheit und es wird nach Hilfe gesucht.

Die linke Körperseite

Die linke Seite als die weibliche Seite, repräsentiert: Seele, Gefühl, Erdung, Rezeptivität, Intuition, Hingabefähigkeit, Imagination. Ihre treibenden Elemente sind Wasser und Erde. Wasser ist das Symbol für Hingabefähigkeit, Erde ist das Symbol für Realität und Wachstum.

Wenn die linke Seite schmäler oder dünner als die rechte ist, heißt das, dass diese Seite, die das Weibliche, die Gefühle usw. beinhaltet, weniger entwickelt, angenommen und bewusst ist. Sie ist verkleinert – d.h. nicht ernst genommen und akzeptiert und sie drückt sich so aus: „Ich kann nicht, ich darf nicht, ich will nicht sein, wie ich bin". Denn diese Seite wurde wenig beachtet und wenig gefördert. Sie macht sich klein, um sich unsichtbar zu machen. Oft ist auch eine negative Identifikation mit der Mutter vorhanden: „So wie sie, will ich nicht sein". Gleichzeitig hat es wohl kein akzeptables Vorbild gegeben, so dass das Kind nicht wusste, wie es sein soll, sein darf und sein muss. Diese Seite zeigt sich dann schwach und heischt um Mitgefühl und Gnade.

Oft werden Jammerei und Zickigkeit zur Schau gestellt, um zu erreichen, was sie nicht wagen zu zeigen und offen auszusprechen. Sie nennen die Rationalität der männlichen Wesenszüge brutal, eiskalt und berechnend. Sie rächen sich mit Intrigen und Giftspritzen, oft in Form von Ironie und Zweideutigkeiten. Sie trauen oft nicht ihrer eigenen Wahrnehmung, sondern suchen einen Beschützer und damit auch einen Bestimmer. Sie fürchten sich vor Verantwortung, was den Ausdruck ihrer Gefühle betrifft, wie ein verschrecktes Kind, das lieber brav und lieb ist, statt ausdrucksstark und nervig. Es will geliebt sein, angenommen und beschützt werden.

Die rechte Körperseite überwiegt. Die linke Körperseite ist zurück-gehalten.

Wenn die linke Seite überwiegt, stärker ist als die Rechte, heißt das, dass das Wesen von Emotionen bestimmt ist, sich von Phantasien und Projektionen leiten lässt, dass sie aus einem Gefühlsüberschwang reagieren und bestimmen wollen und sich einer rationalen Erklärung entgegenstellen – weil sie ihr nicht trauen. Hier spielt sich ein Kampf ab, wie er zwischen Paaren oft zu finden ist: Rationalität gegen Emotionalität, jeder will recht haben und dabei gibt es letztlich keine Sieger, sondern nur Verlierer.

Denn beide Energiepotentiale brauchen einander. In jedem Mann steckt eine weibliche Hälfte, in jeder Frau eine männliche. Beide müssen sich austauschen, vertragen, ausgleichen und unterstützen. Ihre kräftemäßige Ausgeglichenheit ist eine Voraussetzung für das innere Wohlbefinden sowie für das Gelingen von Partnerschaften.

Ungleichheit und Versöhnung der beiden Körperseiten – Die „mystische Hochzeit"

Wenn eine Seite weniger Energie hat, als die andere, so heißt das nicht, dass die andere dann besonders viel Energie hat, sondern, dass ohne Kommunikation und Harmonie mit der anderen keine der beiden Seiten zur vollen Entfaltung, kommen kann, denn beide Seiten brauchen einander und sind von einander abhängig.

Hier sind auch Konkurrenz- und Autoritätskonflikte angesiedelt, die – wenn sie nicht verarbeitet werden, im zwischenmenschlichen Bereich und in Partnerschaften mitwirken und stören.

Es geht bei der Verarbeitung von Konkurrenz- und Autoritäts-Schäden darum, das belastende Verhalten abzulegen, aber dennoch Autorität zu sein, nämlich authentisch und sozial, selbstbewusst und frei von Urteil und Verdammung. Diese Haltung beendet automatisch auch jeden Konkurrenzkampf.

Die Verarbeitung von Konkurrenz und Autoritätsschäden muss allerdings auch auf der seelischen Ebene stattgefunden haben, d.h. die Auseinandersetzung von Autoritätspersonen aus der Kindheit muss erledigt sein. Erst wenn wir unseren Ärger und unsere Wut über Bevormundung und Unterdrückung in unserer Kindheit verarbeitet und abgelegt haben, wird sich dieser Gefühlskomplex nicht mehr in aktuelle Situation einmischen und wir können, eigene Autorität entwickeln, ohne in unbewusste Nachahmung oder Gewissenskonflikte zu verfallen.

Unser Inneres kann erst in Harmonie sein, wenn sich die Seiten gegenseitig erkannt, anerkannt und versöhnt haben. Ein gesunder Austausch ist nötig, liebevolle Kommunikation, Harmonie und gegenseitige Unterstützung.

Dieses Phänomen der Ungleichheit der beiden Seiten ist bei fast allen Menschen zu finden. Es ist ein aus uralten Denkmustern her rührender Tatbestand, ja eine in den Anfängen der Menschheit wurzelnde Beurteilung, beeinflusst vom Matriarchat und Patriarchat, von Religionen und Politik. Dies zu erkennen ist ein großer Schritt in Richtung Bewusstsein und bewusster Arbeit an sich selbst und der bewussten Kommunikation der Wesensanteile der eigenen Struktur. Erst dann, wenn die Anteile weiblich-männlich auch im eigenen Inneren zum Austausch, zu Ausgleich und zur Harmonie kommen, werden sich unsere Beziehungen, ob nun im gesamten zwischenmenschlichen Bereich oder in Partnerschaften, bewusster gestalten lassen. Unsere inneren Entscheidungen können weder überlistet noch aufgegeben werden. Sie können nur entkräftet werden durch bewusste Wahrnehmung im aktuellen Fall und bewusste Mobilisierung unserer Verhaltensweisen, die der Sache angemessenen sind. Lebendigkeit heißt nicht Wiederholung von Verhaltensweisen, sondern Neugestaltung in jede mögliche Richtung.

Die innere Vereinigung der männlichen und weiblichen Anteile nennen die „Adepten" (Eingeweihten) die „mystische Hochzeit" und sie ist auf der Stufenleiter zum Bewusstsein eine wichtige Station.

Diese Teilung links – rechts gilt auch für Linkshänder, sie hat mit der Körperelektrizität und der Lebensenergie zu tun, die nicht an eine geschlechtsspezifische Unterscheidung gebunden ist.

Aus all diesen Gründen ist es notwendig – sowohl in einer Partnerbeziehung als auch mit dem eigenen inneren Wesenskern zu kommunizieren, und die jeweiligen Eigenschaften aufeinander abzustimmen, um einen gemeinsamen Weg zu finden.

In dieser Zusammenarbeit sollten alle Eigenschaften untereinander korrespondieren, sich unterstützen und ausgleichen, so dass jede Eigenschaft bei Bedarf eingesetzt werden kann. Die Sensitivität, Empfänglichkeit und Intuition wenn es darum geht etwas wahrzunehmen, die Tatkraft, Rationalität und Verantwortlichkeit, um das Wahrgenommene zu benennen, einzuordnen und in eine angemessene Antwort umzusetzen. Antwort hat mit Verantworten zu tun. Das heißt, wenn die beiden Seiten – männlich-weiblich – oder Mann-Frau miteinander reden, kommt es auf die Antwort an, denn ohne Antwort gibt es keine Weiterführung, keine Entwicklung und keine Verständigung. Rede und Gegenrede – Wort und Antwort führen zum Verstehen der gegenseitigen und jeweiligen Zustände, und das Verstehen führt zur Liebe. Wer verstanden werden will, muss sich verständlich machen.

Kommunikation ist die Grundvoraussetzung für jede Beziehung, ob im eigenen Inneren, ob partnerschaftlich, gesellschaftlich, freundschaftlich oder kommerziell. Authentische Kommunikation führt letztendlich zum Frieden, während Verlogenheit, Verschleierung und Verschweigen zu Auseinandersetzung und Krieg führen.

Wenn nun die beiden Wesenseinheiten im eigenen Sein sich nicht akzeptieren, nicht verstehen, sich nicht auseinander – bzw. zusammensetzen, wie soll im Körper oder auch im Leben Wohlbefinden und Frieden herrschen? Wie soll in Beziehungen zu anderen Menschen Verständnis, Einklang, Liebe und Frieden sein können, wenn im eigenen Inneren Krieg ist?

Übung:
Schließe die Augen und nimm wahr, wie du stehst, liegst oder sitzt. Atme tiefer als gewöhnlich und gehe mit deiner Aufmerksamkeit in deinen Körper. Stell dir eine Trennlinie, eine Mittellinie in deinem Körper vor, die von oben nach unten durch den ganzen Körper läuft.

Sei dir bewusst, dass du zwei Seiten hast, eine linke und eine rechte. Nun gehe mit deiner Aufmerksamkeit in deine rechte Seite, atme dort hin und nimm die Energie wahr, die dort vorherrscht. Vielleicht kommen auch Worte oder Bilder, höre zu, schaue sie dir an, sie kommen nicht aus Versehen, sondern wollen (wie Träume) verstanden werden. Dann gehe mit deiner Aufmerksamkeit in deine linke Seite und verfahre wie mit der rechten Seite. Wenn du genug gespürt, gesehen oder gehört hast, schaue nach, wie sich die Inhalte der beiden Seiten voneinander unterscheiden und lasse beide Seiten miteinander sprechen.

Anmerkung:
„Die innere Liebesgeschichte" eine Reise nach Innen ist beim heinrichs-swoboda-institut erhältlich.
www.heinrichs-swoboda.de

Übung:
Nimm deine beiden Hände symbolisch für deine beiden Seiten – linke Hand weiblich, rechte Hand männlich. Halte die Handflächen in etwa 20 cm Abstand zu einander und lasse sie miteinander reden. Sie sollen sich alles sagen, was ihnen einfällt, Gemeinheiten, Liebevolles, einfach alles. Nach vielleicht 10 Minuten lege sie zusammen und lasse sie einander spüren und zueinander sagen: „Ich liebe dich". Wiederhole diese Worte und lasse dich von ihnen berühren.

Dasselbe Spiel kann auch mit den Füßen gespielt werden, frage sie einfach wohin jeder Fuß gehen will. Mit ziemlicher Wahrscheinlichkeit hat jeder Fuß ein anderes Ziel. Lasse sie solange miteinander reden, bis sie sich gegenseitig verstanden und akzeptiert haben und vielleicht einig sind, einen gemeinsamen Weg zu suchen.

In meiner Arbeit treffe ich immer wieder Leute, welche die Körpersprache lernen wollen, um andere Menschen beurteilen zu können, beispielsweise Personalchefs. In Managertrainings wird dieses Wissen auch benutzt, um effektivere Personalpolitik betreiben zu können. Schließlich wird jede Neuerung und Entdeckung in den Wirtschaftsprozess eingebaut. Ein verständlicher Vorgang. Deshalb wäre es notwendig, dass immer mehr Menschen Fachleute auf diesem Gebiet werden, damit mit Intelligenz und Mitgefühl Menschen geführt und eingesetzt werden können zur Zufriedenheit Aller und zum Wohle der Gemeinschaft. Und gerade die Kenntnis der Ursachen von Fehlhaltungen könnte dazu führen mit dem Urteilen und Verurteilen aufzuhören, um ein neues und menschlicheres Miteinander zu ermöglichen. Auch die so genannten Verbrecher könnten in einem anderen Licht gesehen werden, z. B. als die manifestierten Erkrankungen im gesamten Menschheitskörper, oder als die Ausgestoßenen, die keine andere Möglichkeit gefunden haben, um gesehen zu werden, als spektakuläre Machenschaften zu inszenieren.

Wenn unser Menschenbild und unser Urteil darüber sich mehr nach den Gesetzen der Psychologie auspendeln könnte, wenn eingesehen würde, dass kein Phänomen aus sich selbst heraus entstehen kann, sondern immer einen Zusammenhang mit anderen Phänomenen ein zwangsläufiges Schicksal kreiert, in welchem es weder Heilige noch Teufel gibt, sondern Mitverantwortliche, die gemeinsam Wege des Zusammenlebens suchen. So wie in einem menschlichen Körper Organe zusammenarbeiten müssen, um gesund zu sein und zu bleiben. Dies wäre nämlich eine der Aufgaben das Wassermann-Zeitalter zu begreifen, dass einzelne Wesen (Organe) lediglich Funktionsträger sind und nicht Herrscher, Diener, Genie oder Idiot, aber dennoch Verantwortung haben und Fehler auch ganz persönlich ausbaden müssen. Das Wassermann-Zeitalter, das von den Astrologen als solches bezeichnet wird, soll schon begonnen haben und noch ca. 2500 Jahre dauern. Mit dem Beginn dieses Zeitalters ist die Ära der Technik angebrochen und bedeutet deshalb auch den Beginn einer neuen Bewusstseinsqualität.

Zunächst werden manchen Lesern die Deutungen vielleicht zu simpel erscheinen. Z.B. verstopfte Nase = Nase voll haben oder verschnupft sein. Das kann aber auch heißen: „Ich kann etwas nicht riechen, mag etwas nicht".

Vorschlag: Auch wenn dir manches hier absurd, lächerlich, oder zu sehr vereinfacht vorkommt, lass dich einfach mal auf dieses Spiel und auf dich ein und dich auf diese Weise zur Selbsterforschung einladen. Verstopfte Nase = wovon hast du – genaugenommen – die Nase voll? Und wie kannst du es ändern? Es kommt darauf an, dass du solche Wahrnehmungen benutzt, um etwas über dich zu erfahren, was du noch nicht weißt.

Übung: Vorschlag für Versöhnung der beiden Seiten:

Setze dich an einen stillen Ort und lass dich innerlich zur Ruhe kommen. Beginne tiefer zu atmen und geh mit deiner Aufmerksamkeit in die jeweils vorgeschlagene Seite und lass diese zur anderen Seite sprechen.

Die linke Seite: Ich will Liebe

Die rechte Seite: Ich will Erfolg

Die linke Seite: Du ziehst mich runter.

Die rechte Seite: Du machst mich runter.

Die linke Seite: Ich liebe dich doch, du Starker.

Die rechte Seite: Ich liebe dich doch, du Schöne.

Die linke Seite: Wir können uns zusammen tun, ohne zu leiden.

Die rechte Seite: Gib mir Intuition, ich will sie gebrauchen.

Die linke Seite: Gib mir deine Kraft, ich brauche sie.

Die rechte Seite: Wenn du wichtige Botschaften empfangen kannst, werde ich sie verkünden.

Die linke Seite: Wenn du deinen Stolz aufgibst, gebe ich dir alles.

Die rechte Seite: Geliebte, ich danke dir.

Die linke Seite: Geliebter, ich danke dir.

Die rechte Seite: Wenn du mir deine Hand gibst, bin ich stark.

Die linke Seite: Wenn du mir beistehst, lasse ich los.

Beide Seiten: Wenn du dich mir zeigst, sind wir reich.

8 Das Skelett –
Die Manifestation
unserer Geschichte

Das Skelett als der langlebigste Teil unseres Körpers kann sich nur in seiner Haltung etwas verändern, ansonsten müssen wir es in seiner Gestalt und in seinem Ausdruck akzeptieren.

Es repräsentiert unsere Geschichte bis in unsere Ahnenreihe zurück, d.h. Verhaltensweisen oder Haltungen, die aus dem Geist der Zeit kommen, haben sich manifestiert und wirken Generationen lang als Familienmerkmal und Erbe wie in der Bibel steht: „Das Erbe der Väter setzt sich fort bis ins siebente Glied", was heißt: etwa 150 – 200 Jahre halten sich Einstellungen, Gebote und Denkweisen. Weltbilder allerdings und Glaubensinhalte wirken durch die Jahrhunderte – Jahrtausende – und sind nicht ohne weiteres zu löschen. Aber immer, wenn ein neues Zeitalter beginnt, wie jetzt das Zeitalter des Wassermanns, sind umfassende Veränderungen und Neuorientierungen nötig und möglich.

Der Buddhismus sagt: Eine Seele sucht sich seine Eltern und seinen Lebensraum nach ihren Bedürfnissen, Notwendigkeiten und Erkenntnissen: „Was kann, was darf, was soll ich wo, durch wen und wie lernen, um zu verstehen und in höhere Bewusstseinsebenen zu gelangen?"

Das Christentum redet sich auf die göttliche Vorsehung heraus. Aber wer ist Gott – wenn nicht ein Wesenzusammenhang und Anteil der kosmischen Präsenz in jedem Lebewesen, das sich auf seine ganz spezielle Weise realisieren darf – kann – soll, als Werkzeug des universellen Geistes. Wir wissen es nicht. Dennoch sind wir gegenwärtig und unserem Leib und dieser Erde verpflichtet.

„Möge das Werk gelingen" (Chinesischer Spruch).

Schon im Mutterleib hat sich also das Skelett auf das Leben eingestellt und ausgerichtet. Dann kommt das Kind zur Welt und wird begrüßt. Jedes Kind erfährt in diesen ersten Stunden Liebe und Zuwendung, oder hat es erfahren. Selbst wenn es unerwünscht war, muss es jemanden gegeben haben, der seiner Existenz mit Erbarmen und Zuneigung begegnet ist. Außerdem wirkt in jedem Menschen die Erfahrung des Geborenseins auch höchst positiv, denn der Druck und die Angst, während des Durchgangs durch den Geburtskanal verschwindet plötzlich und macht einer umfassenden Entspannung Platz. In diesem Augenblick werden Glückshormone, so genannte Endorphine ausgeschüttet, die wenigstens für die nächsten Augenblicke und Stunden dem Neugeborenen die Sicherheit geben, von der Erde, von der Existenz, von der Schöpfung gewollt, willkommen und geliebt zu sein. Die entscheidende Mithilfe bei dem Geburtsprozess ist die gesteigerte und vertiefte Atmung der Mutter, die auch in ihr durch die Ausschüttung der Endorphine diese Glücksgefühle produziert. Oft entsteht dabei so etwas, wie ein heilige Ergriffenheit und Ehrfurcht, die eine Basis für den Überlebenswillen und die Stabilisierung des Urvertrauens darstellen.

Ob wir uns nun daran erinnern können oder nicht, dieses Erlebnis muss stattgefunden haben, sonst hätten wir nicht überlebt. Es gibt Therapie-Prozesse, die solche Erfahrungen ins Bewusstsein holen können. Allerdings erst, wenn der Weg in diese Tiefen frei geschaufelt worden ist, was oft mit erheblichen Ängsten und Schmerzen verbunden sein kann und eine längere Vorbereitung notwendig macht. Erfahrungsgemäß ist eine zu frühe Erinnerung an das Geburtserlebnis oft schädlich, weil die Schrecken, Schmerzen und Ängste während der Geburt und die darauf folgenden Erfahrungen des Alleinseins, des Ausgestoßenseins aus dem „Paradies" der absoluten und uneingeschränkten Versorgung immer zuerst auftauchen und nicht so ohne weiteres verarbeitet werden können. Dennoch bringt die Geburtserinnerung oft tiefgehende Einsichten in den Lebensprozess, die den gängigen Glaubensbekenntnissen - z.B. der im Christentum verbreiteten Absolutheit des Todes - widersprechen und ganz neue, ungewohnte, Angst machende oder erklärende Perspektiven eröffnen. Das bekannte und gängige Weltbild bekommt Risse und ein neues Weltbild ist noch nicht gebastelt. Deshalb ist es einfacher, einen schrittweisen Weg in die Vergangenheit zu gehen, damit die Entwicklungsprozesse verstanden werden können und die neuen Einsichten und Perspektiven nicht in Verwirrung oder Wahn führen.

Auf dem Weg nach Innen und in die Vergangenheit begegnen wir Blockaden, Wunden, alten Schmerzerfahrungen, die unsere Weltsicht geprägt haben. Diese müssen erkannt und geheilt werden, denn die Seelennarben brechen immer wieder auf, wenn sie nicht wirklich verarbeitet worden sind. Dann bleiben sie als Narben zwar immer noch in unserem System, aber statt uns zu helfen, stören sie uns beim Verstehen der Realität. Immer wenn wir in hohe Erregung kommen können wir sicher sein, dass ein noch nicht ganz verarbeiteter Schmerz dahintersteht. Die Wirbelsäule nimmt in diesen frühen Prozessen ihre Gestalt an.

Die Knochen – Die Stabilisierungswerkzeuge

Unsere mächtigsten Stabilisierungswerkzeuge sind die Knochen. Sie sind die festen Bestandteile unseres Körpers, die uns aufrecht halten, unsere „Standpunkte" festigen und die dennoch beweglich sein müssen, um uns durchs Leben zu tragen und um seelische und geistige Einflüsse zu verarbeiten. Sie bestehen aus einer Substanz, die das Fleisch weit überdauert und sind ein langlebiger Beweis unserer materiellen Existenz und ein Hinweis, wenn man so will, auf die Langlebigkeit geistiger Inhalte in der Gestalt eines materiellen Körpers

Das Wachstum der Knochen, ihre Länge und Beschaffenheit wird von der Beschaffenheit, der sie umgebenden Muskulatur beeinflusst und bestimmt.

Wenn Probleme, Krankheiten oder Unfälle im Knochenbereich auftauchen, ist immer zu fragen: „Was bedeutet es, dass meine Stabilität in Frage gestellt wird? Was habe ich falsch gemacht oder übersehen?"

Krankheiten an den Knochen sind immer ein Zeichen, dass etwas an die Substanz geht. Dabei ist zu beachten, welche Knochen betroffen sind, was sie zu tragen, zu leisten haben, z.B. die Schultern: den Rucksack, die Beine: Durchhalten müssen, die Füße: das Gewicht sowohl des Körpers als auch aller aufoktroyierten Pflichten, einfach den ganzen Komplex dessen, was wir uns aufgeladen haben oder aufladen ließen.

Hier werden Mediziner und Psychiater aufschreien, denn die medizinische Forschung hat jede Menge Beweise, dass Krankheiten vererbt oder durch Ansteckung bedingt sind. Das stimmt auch, aber bekanntermaßen stecken sich nur Leute an, die ohnehin ein geschwächtes Immunsystem haben oder deren Organe einen Erbschaden aufweisen – und warum haben sie das? Hier wird viel die Rede darüber sein, wie wir mit unserem Körper verfahren und welche Schwächen uns weshalb überwältigen. Viele Krankheiten könnten vermieden werden, wenn wir mehr auf unseren Körper hören würden, wenn wir seine Signale zur rechten Zeit wahrnehmen und verstehen könnten und wenn wir die Ursachen erkennen könnten, denn sie sind die insgeheimen Auslöser unseres Geschicks. Und zur Vererbung ist zu sagen – hier möchte ich die Buddhistische Vision zitieren: „Du hast dir deine Eltern ausgesucht". Man kann es auch so sehen: Es ist ziemlich wahrscheinlich, dass jede Seele schon längere Zeit auf dem Weg ist und als Kind der Schöpfung auch einen Auftrag hat: nämlich

Leben zu realisieren. Und so wie es im Leben zu beobachten ist, wie jeder Mensch mit seinen Entscheidungen. sein Schicksal herausfordert und gestaltet, so hat auch die Seele Entscheidungen getroffen, wie und wo sie sich realisieren will um zu lernen. Wenn wir das Leben als einen Lernprozess betrachten, können wir uns nur gratulieren, wenn wir etwas gelernt haben. Nicht in der Schule – sondern durch Erfahrungen. Wie sonst?

Wer in der Wiedergeburtslehre keine Erklärung findet, muss sich fragen: Was hat die Schöpfung oder der Schöpfer sich dabei gedacht, mich so zu gestalten und mir dieses Geschick zu verpassen? Und immer wieder die Frage: „Was habe ich jetzt zu lernen?" Das ist das Wichtigste.

Unsere Knochen lehren uns den Zusammenhang unserer Geschichte mit der Geschichte der Menschheit. Sie tragen ältestes Erbgut und damit älteste Gesetze in unser Bewusstsein und es ist „Knochenarbeit" das Unabänderliche und Ewige von dem zu unterscheiden, was veränderbar und unserem persönlichen Willen zugänglich ist.

Hier stoßen wir mit unserer materiellen Substanz an die Grenzen der immateriellen Welt, der Tod, der „Knochenmann", stellt uns vor die Fragen des „Glaubens", der „Religiosität" und der Demut.

„Lass es geschehen nach deinem Willen" (Jesus).

Die Wirbelsäule

Jeder menschliche Körper und jede Wirbelsäule ist auf irgendeine Weise verbogen, angepasst, verzogen, verkümmert und geschwächt - und gleichzeitig wurden andere Teile des Körpers unterstützt, aufgebaut, bereichert und gestärkt. Keiner ist vollkommen. Dennoch arbeiten alle Körperteile weise zusammen und diese Zusammenarbeit ergibt einen speziellen Ausdruck. Wenn wir den Körper von vorne betrachten, können wir erkennen, ob und wie die Wirbelsäule sich verbogen hat, zu welcher Seite und wie weit. Dabei ist zu beachten, welche Körperhälfte die breitere ist und welche sich mehr zusammenzieht bzw. klein gemacht hat. Wenn die Schultern nicht auf einer Höhe sind, gibt es keine Harmonie im Inneren. Wenn die rechte Schulter herunter gehalten wird, bedeutet das, dass Derjenige Probleme mit seiner Selbstverwirklichung hat und das hängt wiederum mit der gebremsten Aggressivität zusammen. Gleichzeitig ist die linke Schulter hochgezogen und bedeutet, dass außer Angst auch Hoffnungslosigkeit und Resignation immer wieder das Selbstverständnis beeinflussen.

Wenn die rechte Schulter hochgezogen ist, wird gleichzeitig die linke herunter gehalten und sagt: „Eigentlich möchte ich aktiv sein, trau mich aber nicht, ich hab Angst".

Ein Kind zieht die Schultern hoch, wenn es Angst hat, und diese Haltung bewirkt, dass der Kapuzenmuskel und die mitarbeitenden Sehnen, die die Schulter halten, in Dauerspannung waren und sich deshalb nicht ausdehnen und voll entwickeln konnten.

Wenn beide Schultern hochgezogen sind, nennt man es die Kleiderbügelhaltung. Sie sagt etwas über die Ur-Angst aus. Meist ist der Rücken etwas verdickt. Hier sitzt auch ein Teil Resignation die sagt: „Ich schaffe es nicht, wie soll ich mit der Übermacht fertig werden?"

Diese Angst ist nicht besänftigt worden und kommt immer wieder hoch, auch bei oft geringen Anlässen.

Im Nacken sitzen Leistungsdruck und Stolz. Stolz und Leistung hängen immer zusammen, Leistungsdruck ist die Plage des Erfolgs. Wir sind stolz auf unsere Leistung und wir leisten etwas, um stolz sein zu dürfen. Oft, ja meist, überfordern wir uns dabei und schließlich treten Schmerzen auf, die uns darauf hinweisen wollen: „Du hast dir zu viel aufgeladen!" Im Nacken sitzen auch die imaginären Personen, die uns „im Nacken sitzen", die etwas von uns wollten, oder Gewalt über uns hatten, oder die Personen aus unserer Vergangenheit, die uns vor etwas zurückhalten wollten aus Sorge oder Mitgefühl. Meist sind es die Eltern, denen wir uns verpflichtet fühlen, die wir nicht abschütteln können oder wollen, aus Angst vor Strafe oder vor Liebesverlust. Dies versteift den Nacken.

Diese Versteifung kann aber auch durch Halsstarrigkeit oder sich mit Gewalt durchsetzen wollen entstehen, sprich „mit dem Kopf durch die Wand, auf Biegen und Brechen". Aber die Gewalt fällt in diesem Fall meist auf uns selbst zurück, wir „brechen uns das Genick". Zusammengefasst kann man sagen: Der Knick in der Halswirbelsäule macht oft Probleme durch Schmerzen und verhindert außerdem den Durchfluss von Energien und Informationen ins Gehirn. D.h. die Informationen, die aus dem Körper durch die Wirbelsäule geleitet werden und zum Bewusstsein gebracht werden sollen, werden aufgehalten, zurückgedrängt und in den Körper zurück geschickt, wo sie ihr Schattendasein führen und sich irgendwann unversehens in eine aktuelle Problematik mischen. Das führt dazu, dass oft nur durch einen geringen Anlass, z. B. ein kleiner Streit mit dem Partner, zusätzlich aus dem Unterbewusstsein noch eine alte, unverarbeitete Problematik geweckt wird und unbemerkt an die Oberfläche dringt. Sie vermischt sich mit dem aktuellen Anlass und verstärkt, bzw. dramatisiert ihn – und schon haben wir den schönsten Krach, der oft in keinem Verhältnis zum aktuellen Anlass steht, denn er hat mit dem tatsächlichen Problem eigentlich nichts zu tun. Das Gegenüber bekommt unsere alte, unverarbeitete Wut übergebraten, deren Ursache er gar nicht kennt, oder sich nicht erinnert und sich nicht verantwortlich fühlt.

Dies zu erkennen und zu bedenken wäre eine große Hilfe bei Beziehungsproblemen, denn wenn ich weiß, dass unverarbeitete Inhalte aus meiner Vergangenheit in meinem System rumoren, kann ich lernen, sie von der aktuellen Problematik zu unterscheiden und meinen Mitmenschen gerecht und respektvoll begegnen.

Der Knick in der Halswirbelsäule

Wenn beide Schultern hängen ist das ein Zeichen für Resignation und Antriebsschwäche, die bis zur Gleichgültigkeit gehen kann. „Weshalb sich anstrengen, es hat doch alles keinen Sinn. Ich muss einfach mal abwarten". In diesem Fall hat das Kind sehr früh erfahren, dass seine Anstrengungen nicht anerkannt geschweige gelobt worden sind, die Ansprüche der Eltern waren nicht zu erfüllen. Das hatte auf alle Impulse eine negative Wirkung. Das Kind reagiert mit Lernschwäche, mit Verhaltensstörungen, die sich auch als „Faulheit" darstellen kann – und dies bleibt, wenn nicht erkannt und verarbeitet, eine lebenslängliche Aktivitätsbremse.

Zu den Gefühlen, die bei sehr vielen Menschen hauptsächlich zurückgehalten worden sind, gehört die Aggressivität. In ihrer ursprünglichen Bedeutung ist Aggressivität zunächst Ausdruck des Lebenswillens und der Lebenskraft, die sich aber steigert und gewaltsam wird, wenn dieser Wille, diese Kraft eingeschränkt oder verhindert wird. Das passiert, wenn das Kind die Welt be"greifen" will und es nicht darf. Kinder wollen in die Hand nehmen, berühren, anfassen – begreifen, um verstehen zu können. Wenn sie das nicht dürfen, können diese Impulse entweder zur Verzweiflung und Erlahmung führen, oder zur Aggressivität, die sich in allen möglichen Formen ausdrücken kann. Sie richtet sich nach innen, wenn Resignation entstanden ist und nach außen erscheint sie oft als Hypermotorik und ist die Ursache von Lernstörungen, Krankheiten und Süchten usw. Versteckte Aggressivität bleibt so lange im Organismus, bis sie sich befreien kann. In späteren Jahren ist sie dann meist die Ursache von Spannungen, Verkrampfungen, Beziehungsproblemen, Arbeitsstörungen und Gewalt, entweder gegen sich selbst oder gegen Andere oder gegen Sachen.

Bei Krankheiten und Verletzungen haben die Betroffenen dann gern die Ausrede: „Ich kann ja nichts dafür! Das ist Schicksal!" Oder irgend jemand wird zum Schuldigen erklärt.

In der Wirbelsäule steckt die „Aufrichtigkeit". Die Wirbelsäule will sich eigentlich aufrichten, um handlungsfähig und lebendig zu sein. Wenn wir im Laufe einer Bewusstseinsarbeit aufrichtiger zu uns selbst und zu anderen werden, richtet sich auch die Wirbelsäule mehr auf und wir können mehr zu uns selbst stehen und zu unseren Handlungen, wir werden lebendiger und aktiver.

Die Wirbelsäule zeigt an, in welchem Alter die Verletzungen/Verbiegungen oder Verschiebungen stattgefunden haben. Ausgehend vom Steißbein, das im Beckenboden beginnt, zieht sich der Lebenslauf nach oben bis zu der Stelle, an welcher die Wirbelsäule in den Kopf einmündet. So befinden sich im unteren Bereich die Probleme der Selbsterhaltung, der Arterhaltung und der Sexualität. Hier wird entschieden, wie weit dieser Mensch in der Lage sein wird, für sich selbst zu sorgen und wie und in welche Richtung seine Sexualität sich entwickelt. Die Haltung des Beckens zeigt wie die innewohnende Energie gelebt werden darf (siehe Kap. 8 Das Hohlkreuz und Flachkreuz).

Im mittleren Bereich, der Gürtellinie ist zu erkennen, wie die beiden Zonen oben - unten, Geist und Materie, Einstellung und

Wirklichkeit miteinander auskommen bzw. korrespondieren (siehe Kap. 6 Die Körperproportionen,). Es geht hier aber auch um die Akzeptanz der gegenteiligen Bereiche, um ihre Einstellung zueinander und um die Haltung bzw. Toleranz der Gürtellinie: Ist sie durchlässig oder blockiert. D.h. wird die Sexualität von den „höheren Ebenen" akzeptiert und werden Gedankenkraft und Entscheidungskraft von den vitalen Energien angenommen, oder gibt es Krieg?

Dieser Prozess beginnt im ersten Lebensjahr und wird in jedem Lebensalter unter anderen Gesichtspunkten ausgetragen. Eine Verklemmung kann zu Krankheiten und zu Perversionen führen und wird auf jeden Fall eine Blockierung der Lebenskräfte bewirken.

Im mittleren Rücken in Höhe des Solarplexus (Magengegend) ist zu sehen, wie die Ereignisse vom 7. - 10. Lebensjahr eines Menschen gewirkt haben. Das 10. Lebensjahr ist ein Zeitpunkt, an welchem das Kind den ersten Lebensabschnitt zu Ende bringt und einen neuen beginnt. Die frühe Kindheit ist vorbei, es beginnt die Zeit der Pubertät und des langsamen Erwachsenwerdens. Im 10. Lebensjahr wird auch in den meisten Fällen (der westlichen Welt) die Entscheidung gefällt, wie der Bildungsweg weitergehen soll, entweder gibt es hier ein großes Lob für schulische Leistungen, oder ein großes Nein zu einer höheren Schule und damit einer höheren Bildung. Das Kind wird sich langsam bewusst, dass es etwas leisten und sich anstrengen muss. Es hat ohnehin meist seine „wahre Bestimmung" oder besser gesagt, sein Urvertrauen vergessen und verdrängen müssen und es ihm unmöglich gemacht, sich seiner spirituellen Herkunft zu erinnern und sich darauf zu berufen. Diese Ebenen erscheinen in seinen Träumen, aber Träume werden von den Erwachsenen meist als unwichtig abgetan und in den Bereich der Phantasie gesteckt. Phantasie aber ist immer eine Botschaft aus dem Unbewussten, das Beachtung braucht. Auch in den Schulen wird die „Begabung" zur Phantasie als Kreativität eingestuft und bewertet – statt sie auf seinen ursprünglichen Inhalt zu untersuchen. Das Kind hat schon viel gelitten und hat gelernt sein Herz zu schützen, von vorne durch seine erhöhte Aufmerksamkeit den Umständen gegenüber, von hinten durch eine undurchdringliche Muskulatur.

Jedes beginnende Lebensjahrzehnt bringt seine eigenen Probleme. Zwischen den Schulterblättern ist das Ego angesiedelt (siehe Kap. 13 Das Ego – Die ICH-Struktur). Dies ist der Ort, den wir mit unseren eigenen Händen nicht berühren noch schützen können. Das Ego ist unsere verletzlichste Region. Das Ego sollte in diesem zweiten Jahrzehnt, vor allem gegen Ende desselben entwickelt worden sein. Wir brauchen das Ego, um für uns selbst sorgen zu können und um uns zu entwickeln und durchzusetzen. Wir müssen aber lernen es zu beherrschen und es nicht zum Herrscher über untere Entscheidungen werden zu lassen.

Im Nacken sitzt das was uns „im Nacken sitzt": Gebote, Aufträge, Verbote, Gesetze, aufgezwungene Verhaltensmuster. Hier hören wir das „Halt", das unsere Mutter gerufen hat, als sie uns in Gefahr glaubte. Am so genannten „Witwenhöcker", dem siebten Halswirbel ist zu erkennen, ob die Energien aus dem Beckenbereich: Selbsterhaltung, Arterhaltung und die Lust dazu – sich ausleben darf. Wenn dieser Höcker sehr stark hervortritt, ist anzunehmen, dass dieser Mensch mit erheblichen moralischen Schwierigkeiten zu kämpfen hat.

An der Halswirbelsäule ist – wie schon beschrieben – zu erkennen, ob und wie Informationen aus dem Körper ins Gehirn – ins Bewusstsein kommen dürfen. Wenn sie verkrümmt ist, heißt das: Abgeblockt. Wie der Kopf auf den Schultern sitzt zeigt an, wie dieser Mensch der Welt und anderen Menschen begegnen will - ob mit Vertrauen oder Misstrauen. Nur eine gerade Kopfhaltung und ein gerader und klarer Blick erlauben eine direkte Begegnung. Alle anderen Kopfhaltungen bedeuten Misstrauen (siehe Kap. 14 Die verschiedenen Kopfhaltungen).

Ich spreche hier von 10 Jahreszyklen, weil jedenfalls in der westlichen Welt die meisten Menschen auf den Wechsel der Jahreszyklen allergisch reagieren, zumal was die höheren Zahlen betrifft. Es gibt in der buddhistischen Theorie noch eine andere Jahreseinteilung, die besagt, dass jedes 7. Jahr eine neue Lebensphase einleitet. Auch diese Erklärung ist einleuchtend, zumal die Wissenschaft herausgefunden hat, dass die Erneuerung der Zellen in diesem Zeitablauf stattfindet. Auch in der Astrologie gibt es entsprechende Aussagen.

Der 10 Jahreszyklus:

♦ Mit 10 Jahren: Die frühe Kindheit ist vorbei, die Auseinandersetzung mit der Realität wird dringend, die Pubertät mit all ihren Lernaufgaben und Prozessen beginnt. Wenn hier Verschiebungen der Wirbelsäule zu sehen sind, war diese Zeit schwer zu ertragen (mittlerer Rücken).

♦ Mit 20 Jahren: Die Kindheit und die frühe Jugend ist vorbei, die Einordnung und Anpassung im sozialen und beruflichen Bereich beginnt, das Ego muss sich kristallisieren und Selbstbewusstsein entwickeln, d. h. dieser Mensch muss Entscheidungen treffen. Das Ego hat seinen Sitz zwischen den Schulterblättern.

♦ Mit 30 Jahren stellt sich die Frage, ist das was ich bis jetzt gemacht habe wirklich das, was ich will? Eine Gewissensfrage wird zum Motor. Eine Neuorientierung in der Welt der Erwachsenen mahnt zu Ernsthaftigkeit. Mit 30 wird Verantwortung übernommen oder abgegeben, bis dahin hat sich oft schon entschieden und ist festgelegt worden, welcher Weg bevorzugt oder auf sich genommen worden ist. Die

Tragfähigkeit des Schulterbereichs wird relevant. Wie viel hat man in seinem Rucksack zu tragen, was kann abgeworfen werden, was bleibt als Auftrag.

♦ Mit 40 ist die Jugend endgültig vorbei und die Frage: Habe ich erreicht, was ich wollte? Können und sollen neue Perspektiven eröffnet und Kreativität entfacht werden? Diese Zeit kann aber auch der Resignation den Weg öffnen oder in dumpfer Selbstgefälligkeit enden. Hier entstehen bzw. verfestigen sich die Brüche, die den Informationsfluss ins Gehirn kontrollieren. Hier entstehen auch die ersten zwingenden Auseinandersetzungen mit den Problemen des Alterns, festzumachen am so genannten Witwenhöcker, einer Verdickung des 7. Halswirbels. Die „Aufrichtigkeit" (aufrichten) der Wirbelsäule, zeigt, ob und wie man künftig den Realitäten begegnen will und kann.

♦ Mit 50 steht die Tatsache des Alterns vor der Tür, neue geistige Ansätze müssen gefunden werden, um nicht in Verzweiflung und eigensinniger Rechthaberei zu verfallen. Die Persönlichkeit sollte so weit entwickelt sein, dass sie die Ego-Funktion erkennen kann und von den Ansätzen der Weisheit unterscheiden lernt. Hier ist auch der Zeitpunkt, der zu einer persönlichen Religiosität führen kann, die Fragen des Woher und Wohin werden zwingend. Dieses oberste Stück der Wirbelsäule zeigt jetzt immer deutlicher die Bereitschaft an, wie weit die Informationen ins Gehirn zugelassen werden und worden sind. Starke Brüche deuten auf Blockaden des Bewusstseins hin. Diese Brüche sind wie immer wieder beschrieben, schon in den ersten Lebenstagen – Jahren entstanden. In diesem Alter – von 50 – aufwärts, wirken sie sich jedoch schicksalsmäßig aus – denn was in jüngeren Jahren nicht gelernt worden ist – hier das Erfahren und Erlauben von

Gefühlen – ist im Alter schwerer nachzuholen: Das älter werden wird dann als Last erlebt und nicht als Chance Weisheit zu erlangen (siehe Jadetor, Herz). Hier wird für beide Geschlechter die Frage nach dem Sinn relevant, eine spirituelle Perspektive kann eröffnet werden. Oder der Weg in die Resignation ist sicher.

♦ Mit 60 kann die Tatsache des möglichen Todes nicht mehr übersehen werden, Erfolg oder Misserfolg bzw. Versagen zeigen ihre Blüten oder Fallgruben und das Aufflammen letzter oder verletzter Liebes- oder Beziehungserwartungen führen entweder in die Bitterkeit oder in die Einsichten religiöser oder philosophischer Auffangstationen und fördern Bewusstsein und Weisheit. Hier ist der weitere Aufbau der einzelnen Wirbel wichtig und die endgültige Haltung des Kopfes, der über Resignation oder positiver Einstellung entscheidet.

♦ Mit 70 gibt es kein Erbarmen mehr, Wünsche und Hoffnungen sprechen die unmissverständliche Sprache der Realität, entweder geben wir auf und versinken im Dämmer des Vergessens, oder steigen auf in die Klarheit des Geistes, die über die Grenzen des materiellen hinaus reicht.

♦ Mit 80 – heute erreichen immer mehr Menschen dieses hohe Alter. Es kommt hier sehr darauf an, wie die innere Einstellung auf den Alterungsprozess und auf den Organismus gewirkt hat (innere und äußere Beweglichkeit spielen zusammen: Sie bedingen einander). Diese Einstellung kann in einer gewissen Wurstigkeit bestehen, die nichts mehr ernst nimmt, aber auch und das scheint das Wichtigste: In der Weisheit, die ihre Wurzeln in einer neuen und uralten Hellsichtigkeit bzw. Durchsichtigkeit findet. Dies beinhaltet aber auch sich auf den Tod einzustellen und ihn anzunehmen. Weisheit bedeutet nicht nur ein gewisses „übersinnliches Wissen", sondern auch zur rechten Zeit seinen Körper verlassen zu können, nämlich dann, wenn dieser seine Funktionen erfüllt hat und das Bewusstsein keinen Nutzen mehr aus den Erfahrungen herausfiltern kann. Leider wird dieser Prozess oft von Ärzten aufgehalten, die einer Ethik folgen, die nicht auf die Bedürfnisse der Seele ausgerichtet ist, sondern auf eine Weltsicht, die nur die materielle Basis im Auge hat und nicht den göttlichen Hintergrund des Lebens. Auf diesem Gebiet muss noch viel gelernt werden.

Übung

Hier können Übungen mit den Schultern eine neue innere Einstellung bewirken, die durch Tiefenatmung unterstützt werden kann. Dabei kann man sich einen Satz ausdenken und vor sich hin murmeln, z.B. "Wenn ich will, kann ich viel erreichen" oder „Ich bin stark, wenn ich es mir erlaube" oder „Ich darf so sein wie ich bin, ich bin richtig."

Unterstützend sind dabei Knetbewegungen der Hände, die eine energetische Aufladung des Bereichs Hände - Arme und damit des Herzens bewirken. (Hände und Arme dienen der Umsetzung von Willen in die Tat.)

Für Leser, die gerne den Siebenjahreszyklus untersuchen wollen: Schau nach, welche Ereignisse stattgefunden haben, mit 7, 14, 21, 28, 35, 42, 49, 56, 63, 70 usw.

Hohlkreuz und Flachkreuz –
Die häufigsten Haltungen

Die häufigsten Haltungen der Wirbelsäule sind Hohlkreuz oder Flachkreuz. Hohlkreuz: Rückzug des Beckens, Flachkreuz: Verstecken der Genitalien.

Die Haltung des Beckens wird vom Psoas mitbestimmt. Dieser Muskel geht von der hinteren Körpermitte aus, durchläuft in zwei Strängen links und rechts das Becken und wickelt sich jeweils auf jeder Seite einmal ums Schambein und dann um den Schenkelhals. Er ist, laut Psycho-Religio der spirituellste Muskel in unserem Körper, denn von seiner Beschaffenheit hängt die körperliche und geistige Einheit ab, im Sinne von Ganz-sein oder besser gesagt von Akzeptanz der Natur als göttliche Schöpfung. Das bedeutet: wenn Körper und Geist – oder Sexualität und Spiritualität einer verschiedenen Beurteilung unterliegen, kann keine innere Harmonie stattfinden und die „Spiritualität bleibt eine isolierte Meinung oder Einbildung, die mit der Wirklichkeit nichts zu tun hat.

Körperlich ist der Psoas für die Beckenbewegungen zuständig. Wenn er in Dauerspannung ist, bleibt das Rückgrat unbeweglich, der Gang ist steif und eckig, die Wirbelsäule ist blockiert.

Das hat unter anderem auch einen entscheidenden Einfluss auf die Sexualität. Wenn der Psoas entspannt ist, werden die Lustempfindungen aktiviert, der Psoas bewegt sich dann von selbst und bewirkt höchste orgiastische Sensationen.

Bei afrikanischen Völkern ist der Psoas meist locker, das Becken bewegt sich beim Gehen rhythmisch, wie übrigens auch bei Tieren. D.h. die automatischen und natürlichen Stoßbewegungen bei sexueller Praxis haben keine oder wenige moralischen Blockaden. Ein „knackiger" Po oder „sexy" Beckenbewegungen beim Gehen sind somit zwar ein erregendes Element, aber keine Garantie für eine einwandfreie Orgasmusfähigkeit.

Wenn der Psoas entspannt ist geschehen seine Bewegungen ohne Anstrengung oder sogar automatisch, so dass sich starke Entspannungs- und Glücksgefühle einstellen können. Für die Haltung des Beckens ist also der Psoas zuständig, entweder Hohl- oder Flachkreuz.

Ich beschreibe hier nur die beiden Extremformen.

Das Hohlkreuz

Die ersten Erfahrungen in unserem Leben haben – wie ich immer wieder betone – einen weitreichenden Einfluss nicht nur auf die Sexualität, sondern auch auf den gesamten zwischenmenschlichen Ablauf von Kommunikation, denn sie wurden und werden weitergegeben von Generation zu Generation.

Einerseits wird die Aufmerksamkeit durch Nichtbeachtung der Genitalien verstärkt, andererseits werden Schamgefühle und Gefühle der Minderwertigkeit produziert, die sich über kurz oder lang auch auf andere Bereiche übertragen und hinderlich sind für eine selbstverständliche und gesunde Selbstverwirklichung. Die erste Begegnung mit den Eltern ist ausschlaggebend. Meistens hat das Neugeborene folgendes erlebt:

Nach der Geburt werden die Fingerchen und die Zehelein gezählt, das ganze Körperchen untersucht, abgetastet und für wichtig genommen. Aber bald widerfahren ihm Erlebnisse, die seine innere Haltung beeinflussen. In unseren Breitengraden wird die Sexualität eines Säuglings meist nicht zur Kenntnis genommen. Es ist wichtig, ob es ein Junge oder ein Mädchen ist, aber die Funktionalität der Organe wird zunächst übersehen. Es gibt Mütter, die zu Tode erschrecken, wenn ihr Bübchen schon mit zwei Monaten einen steifen Penis bekommt: „Was jetzt schon? Das kann ja lustig werden!"

Das Neugeborene wird überall begutachtet, gelobt, gestreichelt, aber seine Genitalien werden „nur" gereinigt. Da wird kein Wort des Lobes oder der Begeisterung verloren, so dass das Kind den Eindruck bekommen kann, dass es gerade da, wo Berührung besonders angenehm ist, offenbar etwas nicht in Ordnung zu sein scheint.

Es fühlt sich nicht erkannt, nicht akzeptiert, nicht wahrgenommen, nicht für wert genommen.

Auch in dieser Phase finden Übergriffe oder jedenfalls Irritationen statt, die nicht immer direkt sein müssen. Beispielsweise spürt das Baby, wenn beim Wickeln oder Baden bei den Eltern sexuelle Erregung stattfindet. Das Kind nimmt die Verklemmung wahr, es spürt, wie im Verschweigen und nicht wahrnehmen wollen von den Eltern eine Energie übertragen wird, mit der das Kind noch nichts anfangen kann. Diese sich widersprechenden Signale: Einerseits Ablehnung bzw. Nichtbeachtung der kindlichen Sexualorgane, andererseits die sexuelle Erregung der Eltern – ob nun verheimlicht oder offen gezeigt, verwirren das Kind, es weiß nicht, wie es sich auf diese Signale einstellen soll und reagiert darauf mit einer bestimmten Körperhaltung.

Es kommt dabei nicht nur darauf an was die Eltern tun oder aussprechen, es kommt auf die innere Haltung der Eltern an und darauf, wie sie selbst zur Sexualität „eigentlich „ stehen.

Die Einstellung der Eltern zum Leben und vor allem zur Sexualität, als Voraussetzung zum Leben, wird vom Kind auf jeden Fall wahrgenommen und hat die entsprechende Wirkung. Das ist heute übrigens noch nicht viel anderes, auch wenn- oder gerade weil die Sexualität überall mit einfließt und vor allem z.B. in Fernsehsendungen durch die angebliche Offenheit mit der übers „Ficken, Poppen oder Nageln" gewitzelt wird, eine Einstellung provoziert oder unterstützt wird, die dieser wichtigen Lebensäußerung die Würde nimmt.

Wenn die natürliche Würde eines Menschen oder seiner Organe in Frage gestellt wird oder vor allem in der Kindheit gestellt wurde, wie soll er sich selbst und seine Organe anerkennen und ihrer Bestimmung gemäß würdig benutzen?

Hinzu kommt die meist zu frühe Sauberkeitserziehung, die den Verdauungsbereich diskriminiert sowie die mangelhafte bzw. verdammende Sexualaufklärung und schon ist der Grundstein gelegt für Unsicherheit, Ekel und Ablehnung der Genitalien und der Sexualität, die in vielen Fällen zur unbewussten Verachtung des eigenen Körpers, seiner Bedürfnisse und seiner Funktion führt. Oder zur aggressiven Demonstration und Selbstdarstellung, und zum Widerstand gegen alles „Erwachsene", Aufgezwungene und Verbotene. Die Haltung des Beckens ist dann entweder Rückzug = Hohlkreuz, oder Verstecken = Flachkreuz.

Das Hohlkreuz

Beim Hohlkreuz wird das Gesäß nach hinten gedrückt, so dass die Genitalien zurück gehalten werden.

Das Kind verschweigt seine Bedürfnisse, Gefühle und Empfindungen und hält damit auch seine Lebensenergie zurück, die sich zu gegebener Zeit dann oft mit Macht auszudrücken versteht. Spätesten in der Pubertät bricht der Lebenswille durch und es kommt zu exzessiven Ausschreitungen oder zu exzessiver Masturbation und zu den Schwierigkeiten der Rebellion, die sich in dieser Zeit der Befreiung aus elterlicher Obhut ereignen müssen. Der Satz, der oft in der Pubertät auftritt: „Ich mache es trotzdem und jetzt erst recht" wird sich nicht nur auf die Sexualität auswirken, sondern auf das ganze soziale Verhalten. Hier ist auch der Trotz angesiedelt.

Die Ursache des Trotzes sind Autoritätskonflikte. Das Kind durfte sich nicht zeigen und ausdrücken wir es wollte, es musste seine Gefühle, seine Meinung und vor allem seinen Widerspruch verstecken. Da aber alles was nicht ausgedrückt wird im Körper verbleibt, werden wichtige Energiezentren blockiert, unter anderem das Becken. Wenn sich das Hohlkreuz nach oben hin verlängert, also bis in Höhe des Magens, heißt das, der Solar-Plexus ist in Mitleidenschaft gezogen. Der Solar-Plexus ist die Muskelplatte die den Oberkörper energetisch vom Unterkörper trennt. Er ist unser Ausdruckszentrum bez. Ausdrucksspeicher. In ihm werden Gefühle in Aktivität umgesetzt. Wenn er durch Zurückhaltung in Dauerspannung ist - oder in der Kindheit war, hat er durch die Muskelkraft die Wirbelsäule an dieser Stelle nach innen gezogen. Fazit - sie ist verkrümmt. Wenn man mit der Hand an der Wirbelsäule in Höhe des Solar-Plexus entlang streicht, ist das deutlich zu spüren

Dass sich dies in der Pubertät oder später auf jeden Fall Luft machen muss, ist verständlich, denn, um erwachsen und selbständig zu werden, muss der Jugendliche sich absetzen lernen und Widerstand entwickeln. Um sich auseinanderzusetzen, muss man das buchstäblich auch tun und das geht dann meist nicht ohne schmerzliche Konfrontationen.

Das Hohlkreuz wird vorzugsweise von durchgedrückten Knien und einem breitbeinigen Stand begleitet. Oft entstehen dabei O-

Beine, eine Haltung wie Westernhelden, die sich auf ihr Ross schwingen, wenn die „Leichen" gesät oder die Ehrungen vorüber sind (siehe Kap. 10 Das Körpergewicht). Diese Haltung vermittelt Tatkraft, Entschlussfähigkeit, Zuverlässigkeit, es wird nicht lange gefackelt: „Ich bestimme, was hier los ist und ich dulde keine Widerrede!" Das Hohlkreuz in Verbindung mit O-Beinen wartet nur seine Zeit ab, um aktiv zu werden. Diese Menschen sind, wenn sie erwachsen werden, fähig Aufträge zur Zufriedenheit zu erledigen, sind zuverlässig, gewissenhaft und standhaft, aber sie wissen oft nicht, dass sie sich überfordern und erliegen oft plötzlichen Zusammenbrüchen. Es gibt auch hier selbstverständlich jede Menge Mischformen, so kann z. B. die Haltung der Schultern in einer solchen Struktur das genaue Gegenteil ausdrücken, so dass auch in diesem Menschen widersprüchliche Verhaltensweisen einander abwechseln oder sich miteinander streiten.

O-Beine und breitbeiniger Stand

Richtig verstanden, verarbeitet und eingesetzt ist diese Haltung ein Motor für Kreativität und Selbstentfaltung. Es wird eine Persönlichkeit angedeutet, die durchsteht, was sie sich vorgenommen hat, der man getrost Aufträge erteilen kann, weil diese erledigt werden. Die Schattenseiten sind Egozentrik, autoritäres Verhalten, mangelndes Einfühlungsvermögen, eiskalte

Berechnung, explosionsartige Ausbrüche, Terror und Gewalt. Hier gibt es eine Menge Choleriker, die nicht rechtzeitig nein sagen können und dann explodieren, weil sie eigentlich überfordert sind. Sie sind nach den Ausbrüchen schnell besänftigt und können sich oft sogar dafür entschuldigen. Mit dem: „Es sind halt Launen" rechtfertigen sie sich selbst. Diese werden aber von den Mitmenschen oft nicht verstanden und nicht entschuldigt und können zu weitreichenden Komplikationen führen. Schon aus diesen Gründen ist es ratsam die Körpersprache zu studieren, um zu verstehen. Denn nur wenn wir einander verstehen, können wir uns auch verzeihen und begegnen.

Das Flachkreuz

Bei Flachkreuz ist der Auslöser der Haltung der selbe, wie beim Hohlkreuz, es hat nur andere Konsequenzen: die Genitalien werden versteckt zwischen den Schenkels, die zusammen gepresst werden.

Diese Haltung, das eingezogene Becken (wie ein Hund, der den Schwanz einzieht) ist eine extreme Schutzhaltung, die einerseits die Angst vor Verletzung anzeigt, andererseits auch Unterwürfigkeit signalisiert. Die Genitalien finden zwischen den Schenkeln Schutz, der Kopf ist womöglich auch noch eingezogen und die Schultern zeigen oft die „Kleiderbügelhaltung", nämlich hochgezogen und gerade. Durch die zusammen gepressten Knie – die die Genitalien verstecken und schützen wollen, entstehen X-Beine. Dies bedeutet, dass das Kind schwer getragen hat, nicht die Schultasche oder ähnliche körperliche Belastungen, sondern Belastungen seelischer Art. Der Körper signalisiert: „Ich kann nicht mehr."

Ein nach vorne geschobenes Schambein heißt zwar Sexwunsch, aber, da der Po gleichzeitig eingezogen ist heißt das: "Ich kann nichts dafür". Es wird also keine Verantwortung übernommen.

Das Flachkreuz

Diese Menschen neigen dazu oft zu früh aufzugeben und sich ihrer körperlichen Schwäche zu überlassen, zu jammern und zu klagen und Hilfe wo anders zu suchen. Sie wollen nichts übers Knie brechen, verhandeln lieber, verstehen sich im manipulieren und haben keine Lust, Verantwortung zu übernehmen. Ihre Stärken sind Einfühlungsvermögen, bitten zu können, statt zu fordern, Verhandlungsbereitschaft, Hilfsbereitschaft und Diplomatie.

Die Extremformen, kommen, wie gesagt, auch in Abwandlungen und Mischformen vor. Beide haben ihre starken und ihre schwachen Seiten und beide können und sollten von einander lernen. Die O-Beine – Hingabe an die eigenen Gefühle, nachgeben und die Meinung und Haltung anderer akzeptieren. Die X-Beine – wie man auch mal auf den Tisch haut, seine Meinung durchsetzt und die Konsequenzen seiner eigenen Verhaltensweisen akzeptiert und sie vertritt. Aber da alles Konsequenzen hat, ob wir handeln oder nicht, kann man sich getrost überlegen: „Was bringt mir mehr?"

Wenn ich aktiv bin und handle, stärke ich meine Lebensenergie auf allen Ebenen. Ich muss aber auch mit Konsequenzen rechnen und Verantwortung übernehmen. Wenn ich passiv bin und abwarte, muss ich nehmen, was auf mich zukommt und meine Energie liegt lahm, was nicht mit Hingabe und bewusstem Loslassen zu verwechseln ist, deren Hintergrund die Akzeptanz ist. Lahmheit ist Resignation und aufgeben der eigenen Energie. Aber auch das hat Konsequenzen, nur dass wir dann andere zur Verantwortung ziehen können oder es jedenfalls gerne möchten.

Solche Schlüsselhaltungen bestimmen unser Leben, wir können sie nur verändern durch Bewusstsein, durch bewusstes Wahrnehmen unserer Situation. In Stress-Situationen allerdings, wenn wir keine Zeit haben uns zu beobachten, überfallen sie uns – oder brechen unbewusst aus uns heraus. Deshalb hilft beständiges Hinterfragen und Üben, um sich auch immer der eigenen Fallen gewahr zu sein. Diese Entscheidung müssen wir im Leben wieder und wieder treffen, und es ist ratsam, sich dem Verhaltenscomputer nicht auszuliefern, denn er kreiert und beinhaltet die aus der Vergangenheit bereits bekannten Folgen, sondern ihn zurück zu halten durch bewusstes Handeln und Übernehmen von Verantwortung. Wir können diesen Automatismus nicht total löschen, in Stress-Situationen, wenn wir unter Druck sind, wird er reagieren. Aber wir können ihn beobachten und bremsen, wenn es dran ist – und ihn bewusst benutzen, wenn es gerade passt.

Ebenso müssen wir unterscheiden lernen zwischen dem, was möglich ist und dem, was sich unserem Eingriff entzieht. Das erfordert Klugheit und Einsicht. Klugheit ist nicht angeboren, sie kommt aus einer Folge von schmerzlichen Erfahrungen. Einsicht braucht die Entscheidung des Sicht-Einlassens: „Wer sich einlässt, der wird eingelassen." Oder: „Wer sich ausschließt, der wird ausgeschlossen."

Übung

Stell dich auf beide Beine, in den Knien etwas locker und bewege dein Becken langsam nach vorne und nach hinten, so intensiv es geht. Beobachte, welche Gefühle oder Empfindungen sich nach längerer Übung einstellen. Die Bewegung soll in der Mitte der Wirbelsäule, der Taille stattfinden.

Du kannst diese Übung noch erweitern, indem du beim nach vorne strecken laut ein „Ja" aussprichst. Und dir dabei überlegen, wozu du ab jetzt gerne ja sagen würdest oder nein.

Die Übungen, die hier vorgeschlagen werden, können sehr dazu beitragen in der gegebenen Situation nicht aus dem Verhaltenscomputer heraus zu handeln, sondern sich zu stellen mit dem: Ich will – oder: Ich will nicht. (Siehe hierzu auch die Übung in Kap. 17 – Die Oberschenkel – Durchstehen)

Die Gelenke – Symbole der Gelenkigkeit

Die Gelenke sagen etwas über die Gelenkigkeit in jeder Hinsicht aus. Sie sind die Verbindungsglieder des Knochensystems, der Stabilität unseres Körpers, der sich aufrecht oder „aufrichtig" den Gegebenheiten des Lebens stellen muss. Wenn die Gelenke nicht genügend geschmiert werden, wie Türscharniere, die verrosten können, beginnen die Knochen aneinander zu reiben und verursachen Schmerzen und die Flexibilität wird eingeschränkt. Die Versorgung mit Schmieröl hängt davon ab, welche Signale an die Produktionsstation gerichtet werden. Wenn signalisiert wird: „Wir brauchen kein Schmieröl, weil wir uns nicht bewegen", aus welchen Gründen auch immer, wird kein Schmieröl mehr hergestellt. Auch wenn unsere geistige Beweglichkeit nachgelassen hat, überträgt sich die Lethargie auf die körperliche Funktionsfähigkeit, und auch hier gilt: Wer sich nicht von der Stelle bewegt, kommt nicht weiter, sowohl geistig als auch körperlich. Hierbei ist natürlich auch das Lebensalter eines Menschen zu beachten. Klar, dass ein alter Körper nicht mehr so beweglich sein kann, wie ein junger, dass auch der Geist etwas langsamer und bedächtiger arbeitet. Aber auch hier gibt es noch Lernprozesse, die absolviert werden müssen um der Weisheit und der Wahrheit näherzukommen. So ist die Auseinandersetzung mit Alter und Tod eine lebenslängliche Herausforderung.

Jedes Lebens-Jahrzehnt (siehe Kap. 8 Das Skelett – Der 10 Jahreszyklus) hat da seine eigenen Probleme und wer schon die vergangenen Herausforderungen nicht der Sache und dem Anlass gemäß bestanden hat, kann den augenblicklichen, akuten Problemen nicht seine volle Aufmerksamkeit schenken. Das heißt: Wer seine Trotzprobleme beispielsweise aus den ersten Lebensjahren nicht aufgearbeitet – bewältigt hat, dem werden sie immer wieder in die Quere kommen. D.h. Trotz hindert uns zu erkennen und geistig zu wachsen. Hinter dem Trotz stecken massive Autoritätsprobleme. Diese müssen erkannt und aufgearbeitet werden.

Unsere Gelenke, als Symbole für geistige Gelenkigkeit, brauchen unsere Aufmerksamkeit und unsere Teilnahme.

Die Kniegelenke

Die Knie sind unsere strapaziertesten Gelenke. Sie symbolisieren die Demut und die Hingabefähigkeit. Die Knie müssen durchstehen, aushalten, geradestehen, ertragen, nachgeben, und sie finden Unterstützung nur in sich selbst. Bei Belastungen, die über ihre Kapazität hinausgehen, versteifen sie, schmerzen, verweigern ihren Dienst und bremsen äußere und damit auch innere Fortbewegung. Bewegungen und Fortbewegungen sind die wichtigsten Förderer von Flexibilität und Veränderung, von Wachstum und Ausdehnung, auch in geistiger Hinsicht. Wer auf der Stelle tritt (seinen Standpunkt eigensinnig beibehält), kommt nicht weiter, wer nicht weiterkommt, macht keine neuen Erfahrungen, wer keine Erfahrungen macht, entwickelt sich nicht, wer sich nicht mehr entwickelt, kommt zum körperlichen und geistigen Stillstand. Blockierte Gelenke deuten auch auf die Behinderung von Kreativität hin. Wer sich in Meinungen und Weltbildern festgelegt hat, kann sich nicht mehr entwickeln. Schon das Wort Entwicklung weist auf die Notwendigkeit des „Herauswickelns" hin, raus aus den Windeln oder Gefängnissen einer vergangenen Epoche, raus aus den Glaubenssätzen, den Verwicklungen und Meinungsgefängnissen von Zeiten, in welchen andere Bedingungen herrschten und andere Erkenntnisse das Leben bestimmt haben. Jeder Entwicklungsschritt ist eine Befreiung aus alten Mustern und ein Aufruf des wachen Geistes zur Offenheit für neue Aspekte, zur Kreativität und zur Gestaltung der Wirklichkeit nach den Erfahrungen der augenblicklichen Situation, dem JETZT. Dazu gehören Demut und Hingabe. Demut als die Anerkennung höherer und unerforschlicher Mächte und Hingabe als die Bereitschaft sich zu öffnen. Hingabe meint nicht ausliefern, opfern, preisgeben, heißt nicht sich jemandem zu überantworten, sondern meint: Sich den eigenen Impulsen, Gefühlen, Gesetzen, Signalen und Botschaften zu ergeben, ihnen zu folgen und Verantwortung für Folgen zu übernehmen. Liebende, besonders Frauen verwechseln oft Hingabe mit Unterwerfung. Vorsicht! Hier schlummern Rebellion und Rache, die bekannten Beziehungszerstörer.

Es geht um die Hingabe an die eigenen Gefühle und um die Hingabe, um das Annehmen der Gesetze der Natur und des Kosmos.

Hingabe an sich selbst, an den eigenen Wesenskern, ist die Voraussetzung für Entwicklung, für Bewusstseinserweiterung letztlich für Ekstase, der wir zunächst auf der körperlichen Ebene im Orgasmus begegnen können. Der genitale Orgasmus ist die unterste Stufe der Ekstase. Ekstase kommt selten von selbst, sie ist meist ein Resultat von intensiven, oft anstrengenden und meist schmerzlichen Selbsterkenntnisprozessen. Hier gilt wie immer das so wie – als auch: In jedem Zustand ist immer das Gegenteil verborgen. D.h. wer durch den Schmerz geht, kann ihn hinter sich lassen. Wer in der Ekstase verharren will, kommt unweigerlich an den Schmerz der Vergänglichkeit. Je mehr Schmerz wir verarbeitet haben, um so eher kommen wir zu unserem Frieden, der jenseits von Ekstase keine Sensationen mehr braucht.

Wer Knie-Probleme hat, sollte sich mit seiner Fähigkeit zu Demut und Hingabe befassen. Fragen wie: „Was muss ich loslassen?", sind in fast jeder Lebenslage wichtig. „Was muss ich akzeptieren?"

Bei allen Gelenkproblemen ist zu beobachten: Welcher Körperteil ist betroffen und welcher Zusammenhang ist angesprochen. Handgelenke z.B. sind die Verbindung von Arm und Hand. Die Hände wollen handeln, die Arme übertragen Impulse aus dem Körper in die Hände und geben Impulse von der Hand weiter in den Körper. Wenn der Fluss unterbrochen ist, muss man sich fragen: „Was ist hier los? Was bedeutet der Widerstand, was will nicht weitergegeben und realisiert werden und weshalb?" Oder Schultergelenke: Wenn sie schmerzen, haben wir ihnen einfach zu viel aufgeladen und müssen nachsehen, was wir loslassen und aufgeben können, um uns zu entlasten. Immer ist es die innere Beweglichkeit die zurückgehalten wird – aus irgendwelchen selbst auferlegten Postulaten oder oktroyierten Gesetzen, die nicht unsere eigenen sind.

Fragen des Loslassens und / oder Aufgebens von Verhaltensaufträgen sind auch immer mit unserem Selbstbild und vor allem auch mit unserem Stolz verbunden. Wir sind stolz oder wir bilden uns etwas darauf ein, stark zu sein, durchhalten und aushalten zu können, wir brauchen Anerkennung und Lob und stopfen deshalb oft mehr in unseren Rucksack als wir schleppen können. Auch hier ist geistige Beweglichkeit – umdenken können, neu formulieren können – angesagt, um uns zu erleichtern und auch mit unserer Umwelt zurecht zu kommen. Wir müssen uns verständlich machen, um verstanden zu werden und wir müssen uns selbst lieben, um geliebt zu werden.

Die Hüftgelenke

Die Hüftgelenke sind zuständig für Fortbewegung und – im erweiterten Sinne – für Manifestieren von Standpunkten, Standort und traditioneller Meinungen und Haltungen. Wenn wir stocksteif auf Meinungen stehen bleiben und sie auf Biegen und Brechen behalten und durchsetzen wollen, schaden wir uns selbst, unserem Körper, unseren Beziehungen und unsrer Entwicklung. Hier machen sich Familien-Charakteristika bemerkbar. Generations-Erbschaften, die auch mit der „Kaste" zu tun haben, aus der wir kommen.

Der Hüftbereich, überhaupt der Beckenbereich ist zuständig für die „Gewichtigkeit" unserer materiellen Existent. Nach der Chakra-Lehre (Taoismus-Buddhismus) ist der Beckenboden der Sitz der Selbsterhaltung und der Arterhaltung. (Siehe Kap. 12.)

Die Fußgelenke

Die Füße sind für die Flexibilität unseres Standes da. Wie wir uns ausbalancieren und einstimmen auf die Wirklichkeit, auf die Anforderungen die ununterbrochen auf uns zukommen und als Auftrag in uns wirken. Wenn sie Probleme machen, ist zu fragen:

- Kann ich das ausbalancieren, was gerade auf mich zukommt oder schon da ist?
- Kann ich zu mir stehen?
- Oder muss ich mich „höheren" Gesetzen beugen, die ich eigentlich nicht anerkennen kann, gegen die ich aber machtlos bin?

Die Ellenbogengelenke

Die Ellenbogengelenke haben mit unserer Fähigkeit uns Platz zu schaffen zu tun, sog. Ellenbogenfreiheit. Wenn sie Probleme bekommen, ist zu fragen: Traue ich mich, mir den Raum zu nehmen, der mir zusteht oder von dem ich glaube, dass er mir zusteht? Wie kann ich mit meiner Durchsetzungskraft umgehen, ohne andere zu blockieren, zu stören, auszuschalten? Hier ist soziale Intelligenz angesagt, zu lernen, uns in die gesellschaftlichen Zusammenhänge und Prozesse einzuordnen ohne Krieg zu veranstalten und ohne uns selbst zu reduzieren oder zu schädigen (Fingergelenke siehe Kap. 16 Hände).

Übung:
Leg deine Hände auf deine Knie und streichle sie sanft. Fang an mit ihnen zu sprechen und befrage sie, was sie brauchen, sich wünschen oder was notwendig ist. Hör ihnen zu. Lass dir und deinen Knien Zeit für diese Übung, mindestens 20 Minuten bis zu einer Stunde. Sie haben schließlich viel für dich getan, sie haben dich durchs Leben balanciert, dir gehorcht, sich untergeordnet. Wenn sie anfangen zu protestieren und rebellisch zu werden, behandle sie mit Verständnis und Liebe, so wie du behandelt werden willst, wenn du Schmerzen hast, dich unterdrückt, missachtest oder vergessen fühlst. Sie werden dir antworten und du wirst ihnen folgen müssen.

Diese Übung kann mit jedem Gelenk gemacht werden, so wie mit jedem Körperteil oder Organ. Wichtig ist, dass eine innere Bereitschaft vorhanden ist, den Wahrheiten unseres Körpers zu begegnen, zu vertrauen und ihnen zu folgen. Deshalb ist es angesagt in jeder Situation zuerst mal den Körper zu befragen und ihn um seine Weisheit zu bitten und sich selbst bewusst zu machen, dass „unser wahres SELBST", unser eigentliches Wesen, uns aufwecken will und dass es dazu keine anderen Mittel gefunden hat, als massiv zu werden, uns zu verletzen, zu quälen, zu schikanieren.

Jede Krankheit ist Autoaggression, wir schaden uns lieber selbst statt anderen oder unserem „guten" Ruf. Auch Unfälle sind Hinweise auf unterschwellige und unbewusste Aggressionen.

Hinter der Weisheit des Körpers steht die universelle Kraft, die auf jeden Fall immer dafür sorgt, dass alles Geschehen einen Ausgleich findet. Wir können es auch die Macht des Schicksals nennen, das aus der Zusammenarbeit allen Geschehens entsteht, das wirkt und an dem wir mitwirken. Für Leser, denen dies zu „kurzgeschlossen" erscheint ein Vorschlag: Wer das nicht glauben kann – oder will – dem möchte ich dennoch vorschlagen, in Krankheits- oder Unfallsituationen einfach mal sich selbst zu Fragen: „Was habe ich jetzt zu lernen?"

Deine Antwort enthält die Ursache der Auslösung.

Gerade unsere Gelenke geben uns die wichtigsten Hinweise auf unsere geistige Gelenkigkeit und auf die Notwendigkeit unsere Muster und Mechanismen immer wieder zu hinterfragen und zu bedenken.

Alle Zustände, Verhaltensweisen, Eigenschaften haben eine höchst schmerzliche Ursache, die vergessen worden ist und nicht hochkommen, ins Bewusstsein kommen darf, weil es zu schmerzlich und zu gefährlich wäre, für Beziehungen, Verhältnisse,

Partnerschaften. Aber wer heraus will aus seinem selbstgebastelten Gefängnis, muss aussteigen. Das heißt die Mauer überwinden, sie einreißen, zerstören. Die Revolution die stattfinden muss und irgendwann sowieso stattfindet, wenn es an der Zeit ist, spätestens beim Sterben oder im nächsten Dasein, diese Revolution braucht eine Katharsis, einen Reinigungsprozess, um Erlösung und Befreiung zu finden. Wie und wie schnell dieser Prozess stattfindet, hängt von der Einsichtsfähigkeit und Entscheidungsfreiheit eines jeden ab, und diese hängt wiederum davon ab, wie die Basis, der Seelengrund beschaffen ist. Es geht hier um das Urvertrauen, die Füße, Beine, das Becken, also die unteren Regionen des Körpers, die den geistigen Aufbau oder Überbau zu tragen haben. Daran kann gearbeitet werden. Der lohnendste Einstieg ist die Arbeit mit dem Körper, der seine Inhalte, Probleme und Tendenzen nur offenbart, wenn er aufrichtig und überzeugend danach gefragt wird.

Dies ist in vielen Therapien- und Selbsterfahrungsprozessen klar geworden und wer es eingesehen hat, hat sein Leben geändert.

Übung:
Bewege deine Gelenke so oft wie möglich – auch beim Sitzen, Fernsehen usw.

9 Die Körpergröße oder: Wie stelle ich mich in die Welt

Klein gewachsen – „Energie-geladen"

Geringe Körpergröße beruht, wenn es nicht ein Rassemerkmal ist, auf der enormen Muskelspannung in der Kindheit, die dazu beigetragen hat, das Knochenwachstum zu bremsen (rigider Typ). Das Kind war in Dauerspannung und stand unter großem Druck, es musste seine Wut zurückhalten, wachsam sein und alle seine Sinne zusammenhalten. Es hat als kleiner Mensch auch schnell Zugang zu Gruppierungen gefunden, in denen seine Anwesenheit nicht weiter aufgefallen ist und er sich sozusagen einschleichen konnte. Dabei hat er aber Positionen errungen, die seiner Kleinheit widersprechen: Durch seine geballte Energie und enorme Willensentfaltung hat er oft Charisma und Wirkung und kann Anerkennung und Macht gewinnen. Diese Menschen haben Führungsfähigkeiten. Chefs sind oft klein, gedrungen, stabil.

Die Kleinen, Unscheinbaren sind oft fähig Sprengmaterial für eingeschlafene oder festgefahrene Situationen zu sein.

Eine andere Variante ist das „Armesünder-Spiel", sich schwach erscheinen lassen um andere – die „Starken" – ausbeuten zu können.

Welche Position ergriffen wird, hängt von inneren Entschlüssen ab, die in dem 1. Lebensjahr gefasst worden sind. Entweder: „Ich bin abhängig, unwichtig und bedürftig, ich bin zu schwach für diese Welt". Oder: „Denen wird ich`s zeigen wenn ich groß bin".

Ihre Kommunikationsbreite spannt sich zwischen Hilflosigkeit und Machtstreben.

Hier muss verstanden werden, dass das zur Schau stellen der Hilflosigkeit meist auch ein Machtspiel ist, es enthält die

Aufforderung: „Kümmere dich um mich und zwar so wie ich es brauche. Ich kann nichts für meine Schwäche für meine Krankheit, für mein Alter". Oder: „Du bist stark, du hast Glück gehabt, du musst die Verantwortung übernehmen". Hier gibt es jede Menge Manipulation mit verstecktem Machtstreben mit dem Ziel, den Anderen, den Stärkeren ein schlechtes Gewissen zu machen. Diese Verhaltensweisen können natürlich bei jeder Körpergröße vorkommen, das Ausschlaggebende ist die Spannung oder Schlaffheit der Muskulatur – die sich entweder durchsetzen will oder die Verantwortung abschieben will – eine kindliche Haltung „ich kann (noch) nicht".

Die meist unbewusste Tendenz der energetisch Aufgeladenen ist die Suche nach dem Eigentlichen, dem Wesentlichen, das sie in der Tiefe der Materie vermuten. Im Gegensatz zu den Großen und energetisch Lahmen, die verstehen wollen und ihre Suche in die oberen Regionen verlegen, weil sie die Rettung im Himmlischen oder Geistigen vermuten.

Groß gewachsen – „Energie-entladen"

Bei Großen ist durch Erlahmung und Erschlaffung der Muskulatur auf Grund von Energielosigkeit und mangelndem Selbstvertrauen, das Knochenwachstum nicht gebremst worden, sondern konnte sich ausbreiten und in die Länge wachsen (schizoider oder oraler Typ).

Wenn die Aggressivität des Kleinkindes - der Wunsch nach Ausdruck und Aktivität - sich in Organen versteckt hat, wenn es seine Glieder, wie Arme und Beine nicht benutzt hat, um sich zu wehren, bleibt die langgestreckte Muskulatur ohne Energie. Sie weisen auch als Erwachsene eine mehr schlaffe Muskulatur auf und kommen nur schwer in die Gänge. Seelische Spannungen in dieser Struktur schlagen sich mehr auf die inneren Organe und die

Muskelhalterungen der Organe. Im Gegensatz zu den Kleinen, die herum wirbeln und sich aufspielen müssen um gesehen zu werden, brauchen sie den Überblick. Gesehen werden sie sowieso.

Ihnen geht es mehr um die Ausdehnung in die „höheren" Bereiche, aber nur, wenn ihre Basis, ihre Beine, einen zuverlässigen Stand aufweisen. Ansonsten hängen sie herum, wollen sich nicht entscheiden, sich nicht festlegen, sich der Situation nicht stellen. Sie wollen über den Dingen stehen, mit dem Pöbel „da unten" wenig zu tun haben, einschließlich den eigenen „unreinen" Körpergegenden. Dieselben werden zwar benutzt, aber man ist nicht mit ihnen identifiziert, „man hat sie halt". Wenn man ihnen ins Gesicht sehen will, muss man aufschauen – wie ein Sklave zum Herrn, und sie neigen sich dann gütig zu einem herab. Das schafft Distanz und Einsamkeit. Große neigen dazu, sich den „höheren" Ebenen verpflichtet zu fühlen, und die langen Beine dienen außerdem dazu, um im geeigneten Augenblick schnellstens wegzulaufen zu können. Ihr Stand ist instabil. Wenn das Manko-Loch dazukommt, was häufig der Fall ist, bleiben sie lieber unverbindlich. Die Sehnsucht nach Liebe und Geborgenheit ist groß, wie bei allen Typen, aber hier ebenso die Angst vor Vereinnahmtwerden. Da sich bei ihnen alles mehr im Kopf abspielt, ist ihre Intelligenz eher theoretisch ausgerichtet, sie trauen ihren Gefühlen nicht und spüren sie meist auch nicht. Eine der Hauptursachen ist: Das Kind wurde mit seinen Gefühlen und seiner Wahrnehmung weder angenommen noch akzeptiert. Der Säugling blickte in stumpfe und verständnislose Augen, die Mutter war mit sich selbst beschäftigt. Als er z.B. sprechen konnte und die Mutter fragte: -„Mama, warum bist du traurig" antwortete die Mutter: „Ich bin gar nicht traurig" – Die Folge ist, dass das Kind dachte: „Ich habe mich getäuscht, ich bin nicht richtig, die Mutter ist schon groß und weiß alles besser". Das Kind verliert das Zutrauen zur eigenen Wahrnehmungsfähigkeit und zu den eigenen Gefühlen und musste seinen Verstand kultivieren, seine Gefühle wegstecken und sich zurückziehen – das Vertrauen ist ruiniert. Es sucht seinen Halt „oben". Wenn kein Gott dafür da ist oder war, musste es sich seine eigene geistige Welt kreieren, seine eigene Einsicht – Religion und Philosophie – zur Heimat machen (schizoider Typ).

Diese Menschen haben meist keinen Zugang zu ihrer Aggressivität. Der Terror, der in ihrem Inneren tobt, richtet sich gegen andere Meinungen oder Systeme, sie halten sich persönlich aus allem raus und die Verzweiflung und die Mordgelüste der kindlichen Seele werden sorgfältig in die unterste Schublade – „das hat mit mir nichts zu tun" – gesteckt und werden dort als Akten sachlich verwaltet.

Ihre Qualitäten sind, in brenzligen Situationen den Überblick behalten können, nicht gleich durchdrehen oder verzweifeln, sondern eine logische Erklärung finden und einen logischen Plan entwickeln. Wenn ihr Verstand zu ihrer eigenen Zufriedenheit gearbeitet hat, trauen sie sich auch manchmal ihre Gefühle zu fühlen und sich zu öffnen.

Sie sind die geborenen Asketen, denn sie haben Übung im Alleinsein und sich einsam-fühlen, sie haben ihre Kräfte des Durchstehens und ihre Kreativität erfahren, sie haben sehr früh denken gelernt und Intelligenz entwickelt und sie streben nach Bildung, nach Wissen und Kategorisierung.

Oft signalisieren sie: „Ich bin nett und freundlich, weil ich Zustimmung brauche, aber ich habe keine Wut".

Sie haben auf jeden Fall aber Aggressionsprobleme und fürchten sich vor Gewalttätigkeit und Sadismus, vor allem vor ihrem eigenen Potential dieser Art. Sie haben Angst vor unbekannten Tiefen, Angst Schwierigkeiten und Aggressionen zu erkennen. Die Gewalt richten sie meist gegen sich selbst, indem sie ihren Körper „verhungern" lassen, denn diese „bösen" Inhalte dürfen nicht genährt werden. Sie legen ihren Körper lahm und entschuldigen ihre Inaktivität mit ihrem Großmut.

Ihre edle Gesinnung steht an höchster Stelle, sie sind die Hüter der Werte, aber auch die Richter der Un-Werte, und was wert oder unwert ist, wollen sie bestimmen. Überheblichkeit und Größenwahn sind hier zu Hause und verhindern verbindliche Kommunikation.

Das heißt jetzt nicht, dass die heutige Jugend, die offensichtlich größer wird und geworden ist, als die Altvorderen, alle energielos sind, denn dieser Vergleich klein – groß muss immer auch innerhalb einer Generation und einer Rasse gesehen werden, auch hier gibt es kleinere oder größere. Jedenfalls: Die Kleinen stehen mitten im Gewühl des Lebens und müssen sich wehren und auseinandersetzen, sich Platz schaffen während die Großen den „Überblick" haben wollen und auch haben, sie sehen ja alles mehr von oben und können sich raushalten. Raushalten heißt aber auch: Absondern, allein sein, sich nicht einlassen können. Wirklich Überblick haben kann man aber nur, wenn das gesamte Geschehen erfahren worden ist, wenn wir auch Durchblick haben, wenn wir innerhalb eines Geschehens Erfahrungen machen konnten und sich Durchblick und Überblick zu einer Gesamtschau entwickeln können. Dies setzt wieder Selbsterkenntnis und Anteil am Bewusstsein voraus.

Die Kleinen waren oft schon in der Kindheit kleine Bomben, wohingegen die Großen ihren Ohnmachtsgefühlen hinter Gelassenheit oder so genannter Faulheit verstecken, die bis zur Interesselosigkeit gehen und in Beziehungen dafür sorgen kann, dass keine Intensität stattfindet. Die Kleinen müssen sich durch Aktionen, Übertreibungen und Krieg bemerkbar machen, sie haben es schwer sich hinzugeben und möchten auf jeden Fall bestimmen, dirigieren und ihre Macht offen ausspielen. Das wollen die Großen auch, aber sie sind eher Kopfmenschen, die erst mal abwarten, ehe sie handeln. Nachdenken, grübeln und zögern ist ihr Schutz, den sie sich früh angeeignet haben, um zu überleben. Bei den Kleinen gilt die Maxime: „Ich muss zeigen, wer ich bin, was ich brauche und ich muss kämpfen, sonst passiert gar nichts".

Bei den Großen gilt die Maxime: „Man sieht mich sowieso, ich muss mich zurückhalten, damit mir nicht irgendwelche Schuld in die Schuhe geschoben wird, ich warte lieber ab, kämpfen ist ordinär, ich bin was Besseres, darf es aber nicht zeigen".

Die Verhaltensmuster, die immer sehr früh angelegt wurden, können nur aufgegeben oder abgeschwächt werden, wenn diese Menschen verstanden und gefühlt haben, dass sie sich damit auch schaden.

Zu dieser groben Unterscheidung, die hier notgedrungen stattfindet, ist zu bemerken, dass es natürlich immer auf die Komposition des Ganzen ankommt. Auch sich widersprechende Eigenschaften sind nützlich, sie zeigen den inneren Kampf an, der irgendwann ausgetragen werden muss.

Jeder Mensch hat einen Teil dieser Haltung und dieses „Wissens" in sich, es ist immer nur die Frage: „Welche Seite hat mehr Gewicht? Auf welcher Bewusstseinsebene ist dieses Wissen angesiedelt und von welchen Erfahrungen ist es entstellt?" Auf der materiellen Ebene erzeugen diese verschiedenen Einstellungen Krieg. Auf der geistigen Ebene können sie im Austausch mit „Genossen" erweitert, verfeinert werden und damit der universellen Wahrheit näherkommen.

Immer wenn wir bei anderen etwas ablehnen oder verdammen ist angesagt, sich selbst zu prüfen: Sind dies nicht auch meine eigenen ungeliebten oder unakzeptierten Gefühle und Zustände, die ich allzu gern – um sie nicht sehen zu müssen – auf Andere übertrage? Es ist ein Gesetz, dass uns nur etwas trifft oder anspricht, was wir auch von uns selbst kennen.

Diese Beschreibungen sind – wie immer wieder betont werden muss – Pauschalisierungen und sollen keine endgültige Festlegung darstellen, sondern Anregung zur Selbstwahrnehmung und Selbsterkenntnis sein. Jede Form, jede Aussage, jede Manifestation beinhaltet auch immer das Gegenteil: In jeder Schwachstelle ist ein starker Kern, sowie in jeder Stärke ein schwacher Kern begraben ist. Ebenso ist zu berücksichtigen, dass jeder Körper eine ganz besondere Mischung aus verschiedenen Haltungen ist, die nur diesem Menschen zu eigen ist, den wir gerade betrachten. Es bleibt dem Leser überlassen, selbst heraus zu finden, in welchen Zusammenhängen er sich wiederfindet und was auf ihn zutrifft.

Den deutlichsten Aufschluss über die ersten „Schlüsselsätze" und ihren Folgen gibt das Skelett. Es ist der fest gelegteste Teil unserer Haltung und kann nur durch bewusstes Wahrnehmen und Arbeit an sich selbst minimal verändert werden.

In Schlüsselsätzen sind unsere Entscheidungen festgelegt, die wir in unserer ersten Lebenszeit getroffen haben (siehe Kap. 8 Das Skelett).

Hier muss immer wieder betont werden, dass die Verhaltensmuster immer aus einem tiefen Schmerz heraus entstehen – und vor allem, dass sie nicht einer unauslöschlichen Bösartigkeit entspringen, sondern dem jeder Seele innewohnenden Wunsch nach Erlösung. Je auffälliger sich jemand benimmt – umso größer ist die Herausforderung nach Anerkennung oder Kritik. Jede Seele weiß, dass Kritik die große Möglichkeit ist, sein Verhalten, seine Muster zu erkennen und zu löschen. Löschen heißt ERLÖSEN – heißt das Wesen leben zu dürfen, als das wir gedacht sind – vollkommen!

10 Das Körpergewicht oder: Meine Wichtigkeit

Gewicht hängt mit Gewichtigkeit zusammen. Die Fragen: Wem oder was gebe ich Gewicht? Bin ich wichtig und wie stelle ich es dar?

Das Untergewicht – Der Unersättliche

Magere Menschen sind Leute, die meist viel essen aber nicht zunehmen. Sie zeigen damit an, dass sie viel brauchen, damit wenigstens von dem vielen ein bisschen hängen bleibt. Sie sind oft unersättlich, auch Liebe und Zuneigung sind nie genug, können aber gleichzeitig gar nicht oder nur schwer angenommen werden. Sie können sie nicht verwerten und nicht genießen – so wie auch die Nahrung nicht vollkommen in Energie umgesetzt werden kann. „Bin ich es wert? Was bin ich wert?" ist eine der Fragen die hier beantwortet werden möchten.

Magere nehmen sich oft zurück, wollen redlich und ehrlich sein und so geliebt werden, wie sie sind, ohne viel dafür tun zu müssen. Sie halten nicht viel von „dick auftragen und angeben, sondern plädieren für Ernsthaftigkeit und Toleranz. Dabei „verhungern" sie oft innerlich. Ihr unscheinbares Körperimage will auch Mitleid erregen und fordert zur Hilfe und Unterstützung auf.

Sie haben wenig oder keine Erdung, d.h. wenig Bezug zur Realität, wenig Vertrauen. Auch nicht in die Kräfte der Erde und des Seins, sie stehen meist nicht fest auf ihren Füßen noch zu sich selbst und zu dem, was sie tun und darstellen, sie machen sich abhängig und stehen dennoch nicht zu ihrer Bedürftigkeit (Schizoider Typ). Es gibt hier – wie immer – jede Menge Mischformen.

Aufschlussreich dabei auch die Stellung der Beine.

Bei O-Beinen, die oft durch Überbelastung des Kindes in dieser Struktur vorkommen, ist Zuverlässigkeit und Einsatzbereitschaft vorhanden, man kann sich auf sie verlassen, sie erfüllen jeden Auftrag.

O-Beine zeigen Elemente aus der rigiden Körperstruktur an (Reich-Lowen). Sie sind zähe Arbeiter und haben Chefbegabung, werden auch oft Chefs und Vorsitzende. Ihre Herrscher-Qualitäten sind saturnisch, das heißt unbestechlich, der Sache dienend, streng, unerbittlich und oft auch unbarmherzig, vor allem auch gegen sich selbst. Sie können Knochenarbeit leisten und sich selbst ausbeuten, nur um ein bisschen Anerkennung und Zuwendung zu ergattern, die sie dann aber ihrer aufopfernden Leistungsfähigkeit zuschreiben und keinesfalls ihrer Person. Denn ihre Erfahrung des 1. Lebensjahres war: „Es ist niemand (schizoider Typ) wirklich für mich da, ich bin unwichtig, ich muss alles alleine machen", oder es führt zu dem Lebensmotto: „Denen werde ich es zeigen – wenn ich erwachsen bin".

Die Sexualität der O-beinigen ist aktiv.

O-Beine und Untergewicht

Ihre Qualitäten liegen in der Fähigkeit und der Zähigkeit bei der Sache zu bleiben und Mitgefühl und Verantwortung zu übernehmen. Sie beweisen und belohnen sich durch Erfolg, denn sie können nicht an die Liebe glauben, auch in ihrem Herzen sind Groll und Liebe ein Paar, das um die Vorherrschaft kämpft. Oft laden sie sich viel zu viel auf, so dass sie so aussehen, vor allem von hinten, wie schwer beladene Tiere.

X-Beine deuten auf eine orale Komponente hin (oraler Typ). Das sind die Leute, die signalisieren, dass sie brauchen: Zuwendung, Liebe, Anerkennung. Bei ihnen ist einer der Schlüsselsätze: „Ich kann machen, was ich will, ich kriege doch nicht, was ich brauche", was eine tiefe Resignation beinhaltet. Ihre Fähigkeit ist Schwächen zu zeigen ohne Scham und Bitten zu können, denn sie brauchen unter allen Umständen Kontakt. Der Satz in ihren ersten beiden Lebensjahren war: „Wenn du mich verlässt, sterbe ich", der immer wieder unterbewusst wirkt, führt aber auch dazu, alles zu tun, um Beziehungen zu erhalten.

Das Übergewicht – Die feste Burg

Dicke essen meist viel, aber sie geben es nicht zu. Sie signalisieren fast immer lächelnd: „Schaut her, mir geht es gut" (Masochistischer Typ). Einer der Schlüsselsätze lautet: „Ich tue alles für dich, wenn du mich nur liebst".

Übergewicht

Aber sie wachen über ihr Inneres wie Burgherren, die ihre Zugbrücke nur runterlassen, wenn sie ganz sicher sind, ob die Freunde sich nicht doch noch als Feinde entpuppen. Im Burggraben ist immer ein Ungeheuer, das nachts die Augen offen hat und niemanden einlässt. Die Aggressivität, die aus dem „sich nicht wehren wollen oder können kommt, richtet sich gegen den eigenen Körper, denn was nicht raus – oder losgelassen wird, sammelt sich zu Energie-Klumpen – Fett-Klößen – und schadet der eigenen Struktur. Da, wo viel Fett sitzt, befinden sich eingewachsene und zugetröstete Schmerz- und Erfahrungsfelder, die keinesfalls ans Licht kommen dürfen, denn sie wären zu schmerzlich und „man müsste sich schämen". Sie kümmern sich aber auch deshalb gern um „Arme und Irre", um sich das eigene Elend nicht anschauen zu müssen, werden oft Helfer, Krankenschwestern oder einfach Besserwisser.

Übergewicht

Der Umgang mit Krankheiten und dem Elend der Anderen lässt das eigene Leid als harmlos erscheinen, sie können sich geradezu verströmen mit Freundlichkeit und Liebe und werden schwer zugeben, dass sie selbst etwas brauchen, denn sie haben ja alles, sie stehen gewissermaßen Jenseits, was sich oft bei Frauen in übergroßen Brüsten ausdrückt und in Machtstrukturen ausweiten kann.(„Ich gebe dir alles – und was bekomme ich dafür?") Dies wird aber nicht gefragt, schwingt aber dennoch in jeder Liebesgabe mit.

Das Fett ist eine schwere Bürde und umrahmt oft tiefe Depressionen und Einsamkeitsanfälle – die „Burg" – mit dem trügerischen Zeichen des Wohlstandes und vor allem unausgesprochenes Leiden. Oft findet man hier heruntergezogene Mundwinkel, wenn für einige Sekunden das Lächeln aufgegeben worden ist. In vielen unterentwickelten Ländern zeigt man durch Korpulenz seinen Wohlstand und Frauen müssen dick sein – dann werden sie dickfällig – unempfindlich für ihre Unterdrückung und ihren gesellschaftlichen Minderwert. Bei Dicken findet man vermehrt X-Beine, d.h. um das Körpergewicht zu tragen, müssen die Knie zusammen gepresst werden, um aneinander Halt zu finden. Diese Zeichen der Schwäche werden aber dem Körpergewicht zugeschrieben und nicht der Tatsache, dass innere Gewichtigkeit ihren Ausdruck in Gewicht sucht, statt in wirklicher Selbstfindung und in authentischer Offenbarung der inneren Wirklichkeit. Sie glauben nicht an ihre Möglichkeit, schön zu sein und weil sie sowieso nicht geliebt werden, können sie sich weiterhin wenigstens das viele Essen gönnen.

In ihrer Kindheit haben die Übergewichtigen oft die Erfahrung gemacht, nicht genug Liebe bekommen zu haben oder mit falschen, d.h. herzlosen Zuwendungen übersättigt worden zu sein. Oft ist auch der Schlüsselsatz entstanden: „Ich bin zu viel, sie können mich nicht brauchen – also werde ich es ihnen zeigen – ich werde trotzdem viel." Hier ist auch wieder der Trotz angesiedelt: „Jetzt erst recht nicht so wie du willst".

Meist ist auch ein eingezogenes Becken vorhanden (eingezogener Schwanz), was Unterwerfung bedeutet. Aber wo Unterwerfung herrscht, ist auch die Rache nicht weit, die aber selten offen zu Tage tritt, sondern eher in heimlichen Giftspritzen, Intrigen usw. (siehe Kapitel 8 Das Skelett). Ihr Selbstwert ist schwach.

Bei X-Beinen besteht immer die Tendenz sich schwach zu zeigen, zu jammern und andere als schuldig zu erklären. Statt sich durchzusetzen oder etwas durchzustehen, verhandeln oder manipulieren sie lieber, statt zu bestimmen und die Verantwortung zu tragen, weichen sie aus, wenn sie ertappt oder gestellt werden.

Ihre Qualität ist eine gewisse Beständigkeit, um nicht zu sagen, Treue, die aber auch auf Selbstausbeutung oder auf Ausbeutung anderer beruhen kann, statt auf Selbstachtung. Eine weitere Qualität besteht in ihrer Fähigkeit zur Politik, Zuhören können, keine Stellung zu beziehen sondern zu verhandeln und dennoch zu wirken. Das kann jedoch in Manipulation ausarten. Sie sind in der Lage auch aus dem Herzen zu geben, denn ihr Herz kennt das Leid des Verlassenseins und das Missverstandenwerdens. Sie möchten dabei sein – nicht um Hauptperson zu sein, sondern dabei sein, weil sie die Energie der Masse kennen, d.h. sie wissen: Wo viele Menschen beieinander sind und zusammen wirken, entsteht eine große Kraft. Sie sind aber sozial. Die Sexuelle Energie der X-beinigen ist eher passiv, im Gegensatz zu den O-beinigen, deren Energie aktiv ist.

Wenn die Ursachen von Verhaltensweisen verstanden worden ist, können neue und vor allem gesündere Praktiken erarbeitet werden. Dann ändert sich auch die äußere Haltung ein wenig, der Körper wird eine gesündere Form annehmen und die Kommunikation mit der Umwelt kommt auf eine authentische Ebene. Keine der hier beschriebenen Haltungen und Charakteren müssen ein lebenslängliches Unglück oder Glück sein, wenn sie verstanden und akzeptiert worden sind, kann sich aus dem Ur-Grund, der Ur-Sache, die ursächliche Sehnsucht nach Entwicklung, Wachstum und Licht entfalten. Es ist immer die Liebe, als spirituelles Lebenselement, die die Seele veranlasst, in die Welt und in die Wirklichkeit zu kommen und damit zum Bewusstsein.

11 Haltungstendenz oder: Der Auftritt

Wenn das Körpergewicht beim Stehen mehr auf den Fersen ruht (von der Seite aus gesehen), zeigt das an, dass diese Person sich eher abwartend verhält, dass ihre Aktivität gebremst ist. Kommen dann noch hängende Schultern dazu, deutet das auf eine eher resignative oder abwartende Persönlichkeit hin.

Wenn das Körpergewicht mehr auf den Zehenballen liegt, also nach vorne tendiert, ist anzunehmen, dass dieser Mensch eine große Bereitschaft besitzt, zu handeln, vorwärts zu streben, los zu rennen und seine Intentionen zu realisieren. Oft wie ein Westernheld, breitbeinig, entschlossen, aber bereit, nach getaner Arbeit auf seinen Schimmel zu steigen und von dannen zu reiten (siehe Kap. 8 Das Hohlkreuz). Das kann heißen, er will aktiv sein, hat aber Fluchmöglichkeiten parat.

Wenn gleichzeitig der Oberkörper zurückgehalten wird, so bedeutet das: „Ich will, aber ich traue mich nicht, ich habe Angst vor Verletzungen, ich beschütze mein Herz". Es sieht so aus, als ob jemand im Nacken sitzt und diesen Menschen zurückhält – wie Mutter, Oma oder eine andere Erziehungsperson. Auf jeden Fall ist das Selbstbewusstsein geschädigt und das aktive Energiepotential unterbrochen.

Dabei ist zu beobachten, in welcher Haltung sich die Arme befinden. Sind sie leicht angewinkelt und kommen die Hände nach vorne, so ist da jemand der ausdrückt, "ich will zupacken" „wo ist das Klavier". Also jemand, der nicht lange fackeln will. Es kommt dabei auch auf die Handhaltung an, auf die Haltung der Finger, sind sie entspannt oder angespannt, welche Farbe haben sie, unterscheidet sich die Farbe und damit die Durchblutung von der Farbe anderer Körperteile? Oft sind Hände und Füße leicht rötlich gefärbt, das heißt, sie sind in einem anderen Zustand als der übrige

Körper. Dann sind sie entweder zu schwach oder zu stark geladen und zeigen damit an, dass die Energie im Körper nicht so ohne weiteres in Aktion umgesetzt werden kann, dass Ängste, Bedenken, Vorbehalte bestehen.

Die Hände nach vorne gehalten bei etwas angewinkelten Ellenbogen, können auch etwas über das Schutzbedürfnis aussagen, sie sind in Hab-Acht-Stellung und bewachen die Vorderseite des Körpers und die Genitalien. Beide Haltungen, die aktive und die passive, mehr schützenden, können gleichzeitig bestehen und zeigen eine Widersprüchlichkeit oder Unentschlossenheit an: „Ich will! Kann ich oder kann ich nicht?" Wenn Zutrauen und Vorsicht miteinander Kämpfen, wen Mut und Angst einander im Wege stehen, kann es vorkommen, dass manchmal zu schnell gehandelt und über das Ziel hinaus geschossen wird und mehr Zugeständnisse gemacht werden, als die Angst eigentlich erlaubt. Dann gibt es Verwirrung nicht nur im eigenen Gemüt, sondern auch beim Gegenüber, das dann nicht weiß, woran es ist und sich aus dem Kommunikationsprozess entweder zurückzieht oder daran ausrastet. Unklarheit im Ausdruck ist immer ein Initiator für Konflikte. Klarheit im Ausdruck fördert die Verständigung, das Verständnis und eine echte Begegnung – aber auch Streit und Auseinandersetzungen. Wenn es dazu kommt, ist angesagt, es auszutragen – denn wozu sind Auseinandersetzungen da – um sich schließlich zusammen zu setzen.

Die meisten Menschen reagieren auf die Körpersprache gefühlsmäßig und bei Vorstellungsgesprächen ist der Körperausdruck oft entscheidend. Wenn z.B. jemand mit hochgezogenen Schultern zu einem Chef kommt, wird dieser darauf reagieren. Auch wenn er es nicht deuten kann, sagt ihm ziemlich wahrscheinlich sein Gefühl: dieser Mensch ist sich seiner Qualitäten nicht sicher. Einem Kandidaten, der Angst und Unsicherheit vermittelt, wird er keine verantwortungsvolle Position einräumen und diese lieber jemand geben, der nicht offensichtlich „den Schwanz einzieht". Er wird diese Position jemand anbieten, dessen Haltung verspricht, Probleme selbstbewusst und mit wachem Verstand verantwortlich zu lösen. Es sei denn, dieser Chef nimmt lieber einen unsicheren Kandidaten, den er nach Strich und Faden manipulieren und dirigieren und ihm dann auch noch die Schuld zuschieben kann, wenn das Geschäft nicht klappt. Das heißt jetzt nicht, dass man mit eingeübten Haltungen imponieren kann, wie gesagt, denn auch die Schauspielerei entlarvt sich in der gesamten Ausstrahlung einer Person. Irgendwo verrät sich die Unsicherheit immer. Wenn sich z.B. jemand breitbeinig hinstellt mit dem Signal: „Ich stehe auf meinen Beinen und für das ein, was ich mache" heißt das nicht in jedem Fall Sicherheit, sondern kann, je nachdem, wie weit die Beine auseinander stehen, auch heißen: „Ich tue nur so als ob ich das schaffe, ich zeige mich breiter, als ich bin und stärker als ich scheine" oder auch „komm mir nicht zu nahe, ich bin gefährlich". (Was stimmt, denn Großmannssucht erzeugt in seiner Umgebung immer Spannungen). Wenn dann auch noch die Fäuste demonstrativ in die Hüften gestemmt werden, können wir sicher sein, dass diese Person blufft. Sie macht sich breiter und größer als sie ist, sie will Platz einnehmen, den sie dann aber gewiss nicht ausfüllen kann. Das heißt mehr Schein als Sein. Ein Mensch mit wirklicher innerer Sicherheit hat es nicht nötig sich aufzublasen. Innere Sicherheit kommt nicht von selbst, sondern muss in vielen Bewusstseinsprozessen erarbeitet worden sein. Oft bringt eine solide Ausbildung eine gewisse Sicherheit im Auftreten. Aber wenn die Sicherheit nur aus dem Bewusstsein gesellschaftlicher Anerkennung kommt, bleibt sie an der Oberfläche und wird in entscheidenden Momenten zusammenbrechen. Dann nämlich, wenn es um die Offenbarung wirklicher Innerlichkeit geht. Auch wenn jemand schauspielert, verschieben sich bestenfalls die Regionen, das heißt, der Schwachpunkt ist an anderen Körperstellen zu identifizieren. Z.B.

an den Beinen, an den Gelenken, an der Wirbelsäule usw. oder, siehe am Beispiel des Fernsehmoderators, an der Haltung der Füße.

Jeder Körper hat starke und schwache Punkte, wir nennen die schwachen Punkte auch Energielöcher, weil es Teile sind, durch die wir Energie verlieren. Sie sind zu erkennen an der geringen physischen Substanz. Aber auch übertrieben starke Punkte können Energiebremsen sein, z.B. bei zu viel Fett und Muskelverdickung. Letztere weisen auf Schutz und Abwehrbedürfnis hin. Sie sind im Allgemeinen schwerer zu verstehen und schwerer aufzulösen, denn Abwehr hat ein sichereres Kraftpotential als Rückzug. Rückzug unterhält unter anderem auch die Aufforderung: „Such mich!"

Hier möchte ich noch einmal betonen, dass Schwachpunkte und Energielöcher keine Katastrophe sind, sondern eher Hinweise auf Potentiale, die noch im Verborgenen liegen. Wenn diese Schwachpunkte erkannt werden, können sie durchaus zu Energiequellen werden. Wenn z.B. das Manko-Loch untersucht und seine Quellen erkannt worden sind, kann die Liebe entdeckt werden, die hinter diesen Wunden begraben worden ist (siehe Kap. 8 Die Wirbelsäule). Vor allem die Liebe zu sich selbst, zu dem Kind das wir waren und zu dem Menschen, der wir geworden sind durch Leid und durch bewusstes Wahrnehmen unserer Möglichkeiten und Kräfte.

Übung:
Lege deine Hände auf dein Brustbein. Atme und gehe mit deiner ganzen Aufmerksamkeit an diese Stelle deines Körpers. Dann kannst du nach einiger Zeit des Zuhörens und Beobachtens die Frage stellen: „Was brauch ich, was kann, was darf ich für mich tun?" Wenn Tränen kommen, lasse sie kommen, erlaube dir zu weinen. Tränen sind immer ein Zeichen von innerlicher Berührtheit, das muss nicht immer Schmerz, sondern kann auch Freude oder Erschütterung sein. Sprich mit

diesem Teil deines Körpers, wie eine Mutter mit ihrem Kind. Tröste es, streichle es und versprich ihm, dich ab jetzt mehr um es zu kümmern. Sei dir bewusst, dass prinzipiell alle ungeweinten Tränen irgendwann geweint werden müssen, sonst überschwemmen sie unser System immer wieder und unvermittelt mit allen Schmerzen und Wunden aus alten Tagen, die längst vergangen dennoch immer wieder aufgewühlt werden können, obwohl wir uns nicht mehr daran erinnern.

Übung:
Stell dich hin und gib dein Gewicht auf die Zehen und Ballen. Dann wechsle und gebe dein Gewicht auf die Fersen. Beachte den Unterschied und finde heraus, welche der beiden Haltungen dir angenehmer ist. Achte dabei auf deine Arm-Haltungen. Probiere auch hier alles aus, was dir einfällt und spür nach, wie es sich anfühlt und hör hin, was es dir mitteilt.

Übung:
Stell dich vor den Spiegel, schau deine Haltung von der Seite an. Welcher Teil deines Körpers ist am weitesten vorne – welcher am meisten zurückgehalten. Dann verschiebe dein Gewicht so, dass es genau andersherum aussieht: Die zurück gehaltenen Körperregionen nach vorne – usw. Und spür nach wie sich das anfühlt.

Alle Übungen müssen, wenn sie etwas bringen sollen, bis über die Erträglichkeit hinaus durchgeführt werden, erst dann können die Inhalte aufsteigen und erkannt werden. Um die Tür zu den vergessenen und die ins Unbewusste abgetauchten Schmerzen, Ängste, Erfahrungen zu öffnen, brauchen wir den Mut des Verzweifelten, der wahrnehmen kann, dass der Zustand unerträglich geworden ist und es keinen Ausweg mehr gibt, sondern nur den Durch-Weg. Wer durchgeht durch Schmerz,

Angst und Verzweiflung, kommt am anderen Ende wieder heraus und kann den Raum der Bedrängnis hinter sich lassen und die Freude der Befreiung erfahren.

12 Die drei quer liegenden Energiefelder – Barriere der Energieströme

Jetzt möchte ich mich den drei Energiefeldern zuwenden, die im Torso (Kopf inbegriffen) quer liegen und fähig sind, die Energieströme von oben nach unten und von unten nach oben aufzuhalten, oder weiter zuleiten.

♦ Das erste quer liegende Energiefeld ist der Beckenboden, der ein Muskelgewebe aufweist, das verhindert, dass die Organe aus dem Körper herausrutschen. Der Beckenboden enthält die Energiekomplexe Selbsterhaltung und Arterhaltung.

♦ Das zweite quer liegende ‚Energiefeld ist der Solar-Plexus, der die Organe des Oberkörpers und des Unterkörpers auseinander hält, er liegt in Magenhöhe. Er steht für die Umsetzung seelischer Energie in Aktivität.

♦ Das dritte quer liegende Energiefeld ist die Schädelbasis, die das Gehirn vom übrigen Körper trennt und die letzte Entscheidungsinstanz darstellt, welche Informationen aus dem Körper ins Gehirn geleitet werden dürfen.

♦ Störungen des ersten Energiefeldes sind an der Haltung des Beckens, der Wirbelsäule und der Oberschenkel zu sehen.

♦ Störungen des zweiten Energiefeldes sind an der Wirbelsäule und an der Vorderseite in der Magengegend zu sehen – meistens durch Verdickung

♦ Störungen des dritten Energiefeldes sind an der Stelle zu sehen, an welcher die Wirbelsäule in den Hinterkopf eintritt: Wie sitzt der Kopf auf der Wirbelsäule. Ebenso am Augenausdruck und der Muskulatur um die Augengegend.

Woher wissen wir das? Es gibt in verschiedenen Kulturen z.B. im buddhistischen Raum, sehr genaue Darstellungen und Bilder, die diesen Sachverhalt erklären (die Chakra-Lehre). Aber auch in der Körperorientierten Psychologie gibt es solche Erfahrungen.

Wenn wir mit den Körperteilen arbeiten, stellt sich sehr bald heraus wofür sie auch auf der seelischen Ebene zuständig sind. Ein Beispiel: Jemand hat Magenschmerzen. Bei der Arbeit an diesem Organ kommt sehr schnell heraus, was derjenige „geschluckt" hat, ob nun Nahrung oder unverdauliche seelische Belastungen.

Das erste quer liegende Energiefeld – Selbsterhaltung/Arterhaltung: Das Becken

Es betrifft die Selbsterhaltung und die Arterhaltung. Mit ihm wird der Beckenboden nach unten abgegrenzt. Selbsterhaltung und Arterhaltung sind mit die wichtigsten Energiefelder im Körper des Menschen, sie garantieren das persönliche Leben und das Leben der Menschheit.

Die Wirbelsäule hat im Becken ihre Basis und ihre Stabilität hängt von der Beschaffenheit dieser Basis ab.

Die Selbsterhaltung

Selbsterhaltung ist die wichtigste Energie für das Leben und den Erfolg. Hier liegt auch die Wurzel oder besser gesagt, die Manifestation unserer Programme, wie wir das Leben angehen und unser Schicksal bewältigen wollen oder glauben, bewältigen zu können: Entweder durch Tatkraft oder durch Demonstration von Schwäche. Hier zeigt sich auch der Selbstwert.

Wenn die Selbsterhaltung eine Betriebshemmung hat, wirkt diese abgesehen von der Unterversorgung von Körper- und Seelenhaushalt, auch im sozialen Bereich. Durch mangelnden Selbstwert wird zu viel von der Welt, von den Anderen, Partner, Freunden, Kindern, Kollegen, Chefs usw. verlangt. Beziehungen werden problematisch, es gibt Sozialfälle, im Extremfall Obdachlose, Kriminelle – und Suchtanfällige mit allen sozialen Ausfällen. Es beeinflusst auch die Arterhaltung, die Sexualität und Orgasmusfähigkeit. Auch Arbeitsfähigkeit und Kreativität werden blockiert.

Zur Selbsterhaltung gehört auch der Verdauungsbereich (das Hara). Wie schon beschrieben werden im Darm – außer der Nahrungssubstanz – auch Gefühle verarbeitet.

An seiner Funktionalität ist zu erkennen, wie weit diese Gefühle wirklich verarbeitet werden, oder im Verdauungskanal Schaden anrichten. Auch Fettansammlungen im Darmbereich zeigen nach außen, dass etwas nicht stimmt, verdeckt und nicht verarbeitet werden will – wie immer aus Angst.

Wie Gerda Boyesen herausgefunden und die Wissenschaft inzwischen nachgewiesen hat, sind Verdauungs- und Gefühlskanal identisch. Der Dünndarm wird nachweislich von einer feinstofflichen Substanz umgeben, die eine enge Verbindung zum Gehirn aufweist und durch welche seelische Probleme zum Bewusstsein gebracht werden und zur Verarbeitung kommen können.

Wenn im Verdauungstrakt Spannungen auftreten, werden Gefühle blockiert oder zurückgehalten. Gefühle sind aber notwendige Einrichtungen, für die Wahrnehmung unserer inneren Realität sind sie Motoren, ebenso für die Sexualität und die Lustentfaltung, für die Auseinandersetzung mit der Welt, für die Bewusstwerdung und Verarbeitung unserer Problematiken. Sie sind die Antriebsfedern für Aktivität und Kreativität.

Wenn Schmerzen im Bauch – im Hara – auftreten, so kann es sein, dass wir etwas geschluckt haben, was für unsere Seele unverdaulich ist. Dann ist unser Verdauungssystem blockiert und macht Probleme - Blähungen heißt: Zu viel! Durchfall heißt: Unverdaulich, raus damit! Verstopfung heißt: Unverdaulich, ich lass es nicht raus! Durchfall schwächt den Organismus, Verstopfung blockiert ihn. Es ist heilsam genau hinzuhören und die Botschaft, die zuerst kommt, ehe der Zweifel einsetzt, zu akzeptieren. Wer daran zweifelt: Zweifel ist eine Maßnahme des Verstandes, der sich immer einschaltet, wenn Wahrheiten drohen, die wir nicht akzeptieren wollen, weil sie entweder schmerzlich oder peinlich sind, oft beides, oder nicht in unser Weltbild passen. Es ist wichtig auch die unscheinbarsten Signale und Botschaften zu erkennen, anzunehmen und zu hinterfragen. Werden sie überhört, müssen sie sich verstärken und zeigen sich als Schmerz oder Krankheit usw. Dies gilt für alle Gefühle.

Negativ auf die Selbsterhaltung wirkt sich auch eine „Störung" der Arterhaltung aus, wenn die Hormone nicht sachgemäß funktionieren oder die Entfaltung von Lust und Lebenslust gehindert wird durch zu wenig Praxis oder unzureichender Befriedigung, kann die Selbsterhaltung mitleiden, die Arbeits- und Schöpferkraft blockiert werden und die allgemeine Lustlosigkeit auf alle Körperfunktionen übergreifen.

Die Frage ist: Was habe ich geschluckt, das ich nicht verdauen kann? Welche Nahrung bekommt mir nicht? Was will ich nicht fühlen, wovor fürchte ich mich? Was tut mir weh, wer hat mich gekränkt, beleidigt, angegriffen, missachtet? Und warum schlucke ich, warum wehre ich mich nicht rechtzeitig? Wie steht es mit meinem Selbstwert? Wer hat mich gehindert, so zu sein, wie ich bin? Und: Was kann ich jetzt für mich tun? Wie lerne ich meine Inhalte zu erkennen und dafür einzustehen?

Übung:
Schließ die Augen, tiefer atmen. Streichle mit deiner rechten Hand ganz behutsam im Uhrzeigersinn deinen Bauch. D.h. vom Schambein nach rechts oben, über den Dickdarm zur linken Seite, von dort aus nach unten zur Blase und wieder nach rechts und nach oben – usw. Mindestens 10 Minuten!. Bitte deine Gedärme um Mitarbeit.

Die Arterhaltung

Da Selbsterhaltung und Arterhaltung so nah beieinander liegen, haben sie auch viel miteinander zu tun und sind in gewisser Weise auch voneinander abhängig. Wenn der Selbsterhaltungstrakt blockiert ist, hat das auch Einfluss auf den Arterhaltungsteil, denn beide haben die selben Muskel- und Sehnenhalterungen. Wer nicht gut für sich sorgen kann, wird auch für Nachkommen nicht gut sorgen können – abgesehen von dem Mangel an Lebensenergie, die auch für den Lustbereich der Arterhaltung notwendig ist.

Der Gefühls- bzw. Lustbereich gehört in das 2. Chakra, das Gefühlszentrum, das sich im Hara befindet. Dennoch ist der Lustbereich nicht von der Arterhaltung zu trennen. Die Sexualität umfasst drei Bereiche:

1. Die Hormonproduktion, die zur Fortpflanzung dient und mit Liebe nichts zu tun hat. 1. Chakra – Arterhaltung.

2. Die Partnerbeziehung, die Liebe, die Begegnung von Seelen. 2. Chakra – Lustentfaltung.

3. Der sexuelle Orgasmus, als die unterste Stufe der Ekstase, ist eine Tür zu höheren Bewusstseinsebenen und hat seine Wurzel und seinen Inhalt aus allen Chakra-Bereichen.

Die Arterhaltung braucht den Orgasmus bzw. die Lust, denn ohne diese überwältigenden Lust-Sensationen würde sich niemand dieser Übung ausliefern. Ein Orgasmus ist aber nur möglich, wenn sich der Beckenboden entspannen kann, wenn er fähig ist loszulassen. Voraussetzung dafür ist die Hingabefähigkeit des gesamten Organismus = Entspannung.

Hingabefähigkeit und Loslassen, die für den Orgasmus gebraucht werden, sind auch für die Sexualität nicht nur körperliche Notwendigkeiten, sondern vor allem ein Resultat geistiger Einstellungen. Hier ist zu untersuchen, wie und ob übernommene, überalterte und unzeitgemäße Gesetze und Gebote unsere Haltung bestimmen und unser Leben beeinflussen.

Empfängnis und Zeugung – Lust, ein spirituelles Element

Orgasmusprobleme gibt es bei beiden Geschlechtern. Ein Samenerguss ist noch kein Zeichen für einen Orgasmus, sondern nur ein Zeichen der Bereitschaft zur Fortpflanzung. Der Samenerguss sagt nichts über die Qualität der Gefühle und Empfindungen aus, sondern nur etwas über die Funktion des mechanischen Ablaufs eines Naturphänomens. Die Natur will Zeugung und das um jeden Preis.

Bei Frauen ist die Empfängnisbereitschaft unabhängig vom Orgasmus. Der Orgasmus kann sein, muss aber nicht und bleibt auch wirklich oft aus. Wenn die Empfängnis bzw. die Zeugung von der orgiastischen Qualität eines Koitus abhinge, würde es vermutlich wesentlich weniger Kinder geben. Bekanntlich ist es heute – trotz sexueller Revolution – immer noch so, dass ein großer Prozentsatz aller Geschlechtsakte für die Frauen ohne Orgasmus stattfindet. Das hat meist keine körperlichen Ursachen, sondern ist ein seelisches Problem und hängt auch mit der jahrtausende alten Diskriminierung des weiblichen Geschlechts zusammen.

Noch im 19. Jahrhundert durften die Frauen möglichst keinen Orgasmus haben, jedenfalls wurde er nicht provoziert. Sie sollten keine Lust empfinden, denn Lust war Sünde und Sünde durfte nicht mit der Zeugung des Nachwuchses, vor allem der Stammhalter, in Verbindung gebracht werden. Was besagt, dass heute noch in unserem kollektiven Unterbewusstsein die Gedanken und Sinnfragen vergangener Generationen mitwirken. Ein schlagendes Beispiel für die verheerende Wirkung alter Glaubensinhalte ist die immer noch stattfindende Beschneidung von kleinen Mädchen in afrikanischen und islamischen Ländern. Wir brauchen nicht zu erwarten, dass heutzutage trotz großer Freizügigkeit in den Medien, schon eine innere Bejahung stattgefunden hat. Solange es noch keine würdigen Worte für die Sexualorgane gibt, ist mit einer Normalisierung bzw. Akzeptanz der sexuellen Vorgänge nicht zu rechnen. Es gibt in der deutschen Sprache entweder nur medizinische Termini oder Vulgärausdrücke wie „Möse" oder „Fotze" oder „Schwanz" oder „Schniepel" und ähnliches, was immer noch den Sexualbereich in eine schweinische und unwürdige Schublade verbannt hat und den Aspekt des Schöpferischen im Sinne von Heiligkeit oder Göttlichkeit des Körpers und seinen Organen nicht erlaubt.

Erst wenn erkannt und akzeptiert worden ist, dass alle Organe von der Schöpfung gewollt sind und ihren Sinn und ihre Notwendigkeit in sich selbst haben, erst wenn die Lust als ein Element der spirituellen Wirklichkeit und des spirituellen Wachstums akzeptiert ist, kann ein wirklich natürliches Verhältnis zur Sexualität entstehen und der Körper drückt das dann auch aus, durch Beweglichkeit, durch Proportionalität im Sinne von Harmonie (weder zu dick noch zu dünn), durch Kleidung (weder über– noch unterbetont).

Ein wichtiger Moment ist, dass dieser Mangel an Ernsthaftigkeit an wirklicher Akzeptanz, an Ehrfurcht, sich im Körper manifestiert hat und zum Ausdruck kommt. Es werden heute zwar Witze über Sex-Organe erlaubt, aber solange sich der Bereich des Unterleibs in einer „Pfui-Stink- und Unwertzone" befindet, wird es im Becken Spannungen geben.

Wo Spannung herrscht, kann Entspannung nur durch Entladung entstehen – wie bei Gewitter. Wenn die normale Lustbereitschaft durch Spannungen angestachelt wird, fließen die Problematiken der umliegenden Energiefelder mit ein.

Psoas und Sexualität/Selbsterhaltung/Arterhaltung

Haltung und Beschaffenheit des Psoas haben – wie schon beschrieben – einen bedeutenden Einfluss auf Sexualität, Selbsterhaltung und Arterhaltung. (Der Psoas ist ein Muskel der in Höhe der Taille an der Wirbelsäule beginnt, in zwei Strängen – links und rechts – durch den Bauchraum läuft bis jede sich noch einmal teilt und mit einem Arm den Schenkelhals umspannt und mit dem anderen das Schambein). Dieser Muskel ist zuständig für die vor- und Rückbewegungen des Beckens, z.B. beim Geschlechtsverkehr.

Die Blockade oder Verhärtung des Psoas verlangt beim Sex heftige Bewegungen, die sich bis zur Gewaltsamkeit steigern können. Der Psoas ist bei den meisten Menschen in Spannung, egal ob Hohl- oder Flachkreuz. Er kann aber auch erschlafft sein, was beim Flachkreuz vorkommt und eine Erlahmung erzeugt, die keinesfalls zu verwechseln ist mit Entspannung. In einer meditativen und eher entspannten sexuellen Begegnung löst er sich von selbst, seine Bewegungen geschehen automatisch, sind nicht mehr vom Willen gesteuert und müssen nicht provoziert werden.

Dies allein schon bringt äußerst lustvolle Empfindungen und führt zu einem intensiven, ekstatischen Orgasmus und damit zu einer ganzkörperlichen Entspannung.

Den Zustand des Psoas kann man, außer am Hohl- oder Flachkreuz auch an der Beweglichkeit bzw. Unbeweglichkeit der Wirbelsäule in Höhe der Gürtellinie erkennen. Die Gürtellinie, die Mitte des Körpers ist der Ort, an welchem sich die Prinzipien des Geistes und der Materie im Körper treffen. Wenn die spirituelle Ausrichtung noch nicht in den unteren Körperbereich vorgedrungen ist, wenn noch keine Gleichberechtigung von oben und unten, noch keine Anerkennung beider Bereiche als göttliche Funktionsherde erfolgt worden sind, ist der Psoas garantiert in Spannung. Er muss mühsam bewegt werden, was des öfteren Schmerzen, Schweiß und Mühe kosten kann (langer Weg zum Orgasmus).

Da geistige Einstellungen bzw. Weltbilder und Dogmen die Haltung und das Körperwachstum beeinflussen, haben sie natürlich auch Wirkung auf Erleben und Erleiden. Wie sollen Körperteile, die jahrhundertelang diskriminiert und auf irgendeine Weise versteckt, verschwiegen, verachtet worden sind, plötzlich funktionieren und sich entfalten, bloß weil heute offen darüber geredet und gewitzelt werden darf. Wenn das Becken zurückgezogen worden ist, also die Sexorgane gewissermaßen aus dem Verkehr gezogen wurden, oder die Schenkel zusammen gepresst worden sind, um den Unterleib zu schützen, wie sollen sie plötzlich funktionieren, wie sollen sich die Gefühle anders entfalten können, als entweder durch Gewaltanwendung der Wirbelsäule und des Psoas oder im Ernstfall durch Perversitäten, die in diesem Fall einen natürlichen Befreiungsakt darstellen aus unterdrückter Lebenskraft und diskriminierter Lebenslust. Kein Wunder, dass sich diese Kraft oft und immer mehr als Gewaltpotential auch auf andere Bereiche überträgt, denn wie alle Körperteile und Organe einen nervösen und arteriellen Zusammenhang haben und einander beeinflussen und bedingen, wirken auch im Seelenkörper die einzelnen Bedeutungsbereiche aufeinander ein und bestimmen unser persönliches Verhalten und das Verhalten aller Völkergruppen.

So haben z.B. Menschen aus dem asiatischen Raum eine andere Körpersprache bzw. Ausdruck, als Menschen westlicher Nationen, denn ihre geistige Basis hat unterschiedliche Wurzeln und damit unterschiedliche Wirkungen. Inder haben weit weniger Knieprobleme, denn ihre Religion führte zu anderen und hingabefähigeren Einstellungen: „Wenn ich wieder geboren werde, ist die Misere im jetzigen Leben nicht so schlimm, ich kann leichter loslassen, ich werde bei Wohlverhalten ein besseres Leben bekommen, oder finden".

Nun muss bei zurückgezogenem Becken bzw. Hohlkreuz nicht immer ein Gewaltpotential vermutet werden, das sich auf jeden Fall und nur sexuell ausdrückt. In der Stoßkraft des Beckens liegt auch eine Menge aktive Gestaltungskraft, der Wille zum Erfolg und zur Selbsterhaltung. Oftmals allerdings ist es so, ganz besonders in der Pubertät, dass der Durchbruch zur sexuellen Aktivität dynamisch oder exzessiv stattfindet, was heißen kann: Exzessive Onanie oder Unersättlichkeit, oder Hang zu Anregungsmaterial wie Pornos und andere Mittel zur Potenzsteigerung – denn die Sehnsucht nach Erlösung ist groß und wird von der eigenen seelischen Verfassung in Aktivität umgesetzt.

Mit diesen Ausführungen sollen keine persönlichen Schuldmotive erzeugt werden, denn jeder Mensch entscheidet irgendwie immer so, wie es gerade für ihn richtig ist. Hier sollen nur die Quellen und Ursachen aufgeführt werden, deren Wahrnehmung und Erkenntnis dazu dienen können, unser Leben bewusster und damit schließlich auch glücklicher gestalten zu können.

Ein wichtiger Widersacher – der wider die Sache ist – ist der Trotz, der wie bereits erklärt in der Po-Gegend sitzt. Er sagt: „Ich tue nicht was du willst, ich höre nicht, was du sagst, ich widersetze mich allem, was mir aufgedrängt, nahegebracht oder weisgemacht wird – auch wenn es die Wahrheit sein sollte – von dir nehme ich sie nicht an. Punkt". Die Ursache ist der Autoritätskonflikt. Trotz entsteht, wenn das Kind daran gehindert wurde, seine eigenen Ziele zu verfolgen und durchzusetzen – und wenn es daran gehindert wurde, den Ärger darüber auszusprechen. Z.B. war verboten mit dem Fuß aufzustampfen, hauptsächlich bei den Mädchen, denn die sollten ja lernen, sich anzupassen und einzufügen. Wenn Kinder nicht aufstampfen dürfen, bleibt die Energie in den Oberschenkeln und in den Po-Backen stecken. Mit der Zeit verdicken sich diese Körperpartien, weil die etwas unterernährten Zellen dazu neigen, Fett anzusammeln oder Muskeln zu verstärken.

Unterernährt heißt hier, dass die Zellflüssigkeit nicht entsprechend ausgetauscht werden kann und die in der Zelle befindlichen Substanzen nicht genug Nahrung bekommen und ihre Abfallprodukte, da sie nicht abtransportiert werden, Gifte produzieren, ungemütlich werden und stören. Wenn diese geblockte Energie nicht freigesetzt wird, verstärken sich mit zunehmendem Alter die äußeren Merkmale und die Symptome. D.h. Fettansammlung und zunehmende Dickköpfigkeit. Frauen, oder das weibliche Element, werden dann rechthaberisch, Männer, oder das männliche Element, hingegen stur. Die Entladung, die irgendwann mal stattfinden muss, zeigt sich bei Frauen im Gift verspritzen, bei Männern durch Gewalttätigkeit und Rücksichtslosigkeit oder bei beiden Geschlechtern durch exzessive Gewohnheiten wie fressen, rauchen und anderen ablenkenden Manövern, um der Wahrheit nicht ins Gesicht sehen zu müssen. Die Wut sitzt bei Männern hauptsächlich im Schulterbereich und den Oberarmmuskeln. Wenn sie nicht befreit wird, hindert sie auch die Realisation beruflicher Ziele, sie kommen nicht zum entsprechenden Handeln. Das heißt, sie könnten nicht adäquat handeln. Damit ist nicht gemeint, dass es ratsam ist, diese Wut an seinen Mitmenschen auszulassen, sondern – wie ich immer wieder betonen muss – durch eine gezielt geführte Stressabbauübung, die man entweder in einer Selbsterfahrungsgruppe lernen kann, oder allein zu Hause im stillen Kämmerlein üben sollte. Immer wieder ist dabei zu bedenken, dass erst die alte, gestaute Wut aus der Vergangenheit erlöst werden muss, bevor wir an eine gerechte Beurteilung der augenblicklichen Lage und der augenblicklichen Möglichkeiten zur Kommunikation denken können.

Übung:
Hilfreich zur Weckung von selbst- und arterhaltenden Blockaden und von zurückgehaltenen Gefühlen, sind Stampfübungen. Sie helfen bei der Auflösung von Trotz-Blockaden. Sie bringen das Blut im Gesäßbereich in Wallung. Wenn dann auch noch Worte wie: „Ich habe die Schnauze voll", oder „mit mir nicht" – usw. laut ausgesprochen oder am besten laut geschrien werden und das Ganze nicht nur zwei Minuten, sondern über einen längeren Zeitpunkt geht, können diesbezügliche Erinnerungen hochkommen und hinderliche Sperrmechanismen aufgelöst werden.

Übrigens können auch Kreislaufprobleme und Schwindelgefühle mit dieser Übung beseitigt werden. Der Energiefluss wird angeregt und sorgt für bessere Durchblutung und damit für einen Gefühls- und Befindensausgleich.

Die Auflösung braucht eine längere Phase der Beschäftigung mit dieser Problematik. Fürs erste wird aber sicher eine gewisse körperliche Entspannung eintreten, die immer einsetzt, wenn Muskeln übermäßig beansprucht worden sind, wie z.B. auch beim Sport. Die Verarbeitung der Problematik kann aber nur stattfinden, wenn auch die entsprechenden Erinnerungen aufgetaucht sind und eine Auseinandersetzung mit den Personen der Vergangenheit geschehen ist. Dies natürlich nicht in der realen Konfrontation, sondern in einem therapeutischen Prozess, in welchem stellvertretend ein Sofakissen beschimpft wird, oder in einer Gruppensituation ein Teilnehmen, der es auf sich nimmt, als Projektionsfläche zu dienen. Solche Gruppensituationen sind bestens dafür geeignet Projektionen aufzudecken und wo begriffen wird, dass jeder Mensch projiziert und dass es notwendig und hilfreich ist, jede Reaktion immer auf ihre insgeheimen – geheimen Gefühls- und Reaktionsauslöser zu hinterfragen. Denn alles was weh tut heißt, dass eine alte Seelennarbe getroffen worden ist, die noch nicht wirklich verheilt ist und sich in aktuelle Situationen einklinkt, denn erst dann ist sie wirklich wirkungsvoll verheilt und kann sich nicht mehr einmischen.

Zur Aufarbeitung gehört zuerst die Erinnerung und vor allem die Bewusstmachung der Meinungen, die wir uns als Kleinkinder oder auch Halbwüchsiger zugelegt haben - und die Aufarbeitung der daraus resultierenden Entscheidungen, wie wir diesen oder ähnlichen Erlebnissen begegnen.

Der nächste Schritt ist sich zu sagen: „Okay, damals war ich klein und hatte keine andere Möglichkeit. Jetzt aber bin ich groß, erwachsen, und jetzt kann ich mir andere Möglichkeiten der Reaktion ausdenken".

Hier ist zu warnen, dass solche Übungen im Alleingang Gefühle auslösen können, die ohne Hilfe nicht verarbeitet werden können und dass es dann notwendig ist, professionelle Unterstützung zu suchen. Hier möchte ich darauf hinweisen, dass nur herauskommen kann, was auch drin ist. Z.B. aus einem Gefäß kann nur das heraus geschüttet werden, was es enthält. Wenn also Gefühle, wie Wut aus uns herauskommen, so ist das kein Zufall, oder womöglich durch schwarzmagische Praktiken in uns hinein gezaubert, wie das manchmal auch Therapeuten zugeschrieben wird, sondern ist das Resultat unserer eigenen Geschichte und

Entscheidungen, das sich in unserer Struktur festgesetzt haben. Es kann, wie immer wieder betont werden muss, nur das herauskommen was drin ist, und es muss raus, wenn wir entspannen wollen.

Wenn wir das Becken mit den Inhalten Selbsterhaltung – Arterhaltung betrachten, kommen wir nicht umhin zu erkennen, dass Arterhaltung mit Sexualität zu tun hat und dass dieser ganze Bereich die Basis unseren Lebens darstellt.

In diesem Sinne haben auch Sexualität und Spiritualität eine gemeinsame Grundlage, nämlich die Beziehung zur Wirklichkeit, die eine Voraussetzung für geistige Klarheit und Erkenntnis ist. Wenn auch nur der geringste Teil unseres Körpers durch irgendwelche dogmatischen Einflüsse religiöser, weltanschaulicher oder philosophischer Art missachtet, verkümmert oder verdrängt werden, ist die Erkenntnis der Wirklichkeit verhindert. Z.B. wirklich ist, dass wir Sexualorgane haben und diese mehrere Funktionen besitzen. Sie sind ein Geschenk der Schöpfung, sie sind not-wendig, sonst gäbe es sie nicht und sie sind, was den Orgasmus betrifft, auch die unterste Stufe spiritueller Ekstase. Dies muss erkannt und mit allen seinen Konsequenzen durchlebt werden. Auch die so genannte Geilheit ist ein Aspekt Gottes, sie ist die materialisierte, entspiritualisierte Sehnsucht der Seele nach Vereinigung mit dem Ganzen, mit dem was unsere hilflose Sprache Gott nennt.

Übung:
Um das Becken zu lockern: Stell dich auf beide Beine (siehe Kap. 8 Das Hohlkreuz, Das Flachkreuz), Füße, wie bei allen bioenergetischen und körperdynamischen Übungen, in Hüftbreite auseinander. Gehe in die Knie soweit es möglich ist und beginne das Becken langsam nach vorne und nach hinten zu bewegen. Die Bewegung, der Knick, soll in Höhe der Gürtellinie stattfinden. Dabei

sollen die Knie gebeugt bleiben und der Kopf auf derselben Höhe bleiben, also kein Wippen oder Hopsen. Diese Übung soll mindestens 20 Minuten gemacht werden, dann leg dich auf die linke Seite mit etwas angezogenen Knien und beobachte, wie dein Rücken sich anfühlt, ob er sich bewegen oder lieber still liegen will. Lass ihn machen was er will. Das Angenehmste ist meistens, wenigstens für „Fortgeschrittene" das Becken ein wenig schwingen zu lassen. Dazu kann hilfreich sein, die Bauchmuskulatur rhythmisch anzuspannen und zu lockern. Es ist auch wichtig dabei, sich über Sex Gedanken zu machen: Was wurde dir beigebracht?

Über deine Lebensenergie nachzudenken ist ebenfalls ratsam, bist du mit deinen Kräften im Einklang, kannst du sie zu deinem Nutzen gebrauchen, ist es so, dass oft unerklärliche Müdigkeitsanfälle deine Arbeitskraft und deine Lebenslust blockieren. In diesem Fall ist es Zeit, an der Realisation und Bearbeitung deines Gefühlshaushaltes zu gehen.

Das zweite quer liegende Energiefeld – Wille und Unwille: der Solar-Plexus

Der Solarplexus ist das zweite quer liegende Energiefeld, das den Energiefluss im Körper entscheidend beeinflussen kann. In ihm werden seelische Energien in physische Energien, in Handeln, umgesetzt oder zurückgehalten.

Der Solarplexus befindet sich unterhalb des Magens. Er hat eine Muskelgewebe, das Zwerchfell, die den oberen Körperbereich gegen den unteren abgrenzt. Er liegt quer im Körper und ist der Ort, an welchen sich Wille und Unwille kundtun, der Ort, an welchem die Entscheidungen in Realität umgesetzt werden, ob und wie wir die Kraft und den Mut aufbringen, sowie die Verantwortung übernehmen können oder wollen, um uns zu wehren und unsere Gefühle auszudrücken. Dieses „im Körper quer liegen" sagt, wie auch bei den anderen quer liegenden Feldern, etwas über die Möglichkeit aus, sich quer zu stellen, nichts nach oben oder unten durchzulassen, Widerspruch zu leisten oder zu akzeptieren und sich einlassen. Oder dieses Feld wird lahm gelegt und wir überlassen es dem Schicksal, was mit uns passiert. Sein Gewebe ist stabil und oft in Dauerspannung.

Als Ort – einerseits von Willensbewegungen und der Verarbeitung von Einflüssen und Eindrücken, von Angriffen und Begegnungen, und andererseits durch die Nähe und Beteiligung des Magens, die Umsetzung von Nahrung in Lebenskraft, steht er für Umsetzung von Energie schlechthin: Von Gefühlen in Aktion, von Nahrung in Lebensenergie. Wenn diese Umsetzung mangelhaft ist oder blockiert wird, können alle möglichen Beschwerden und Krankheiten auftauchen. Dann ist auf jeden Fall zu fragen: „Was habe ich geschluckt, was ich nicht verdauen kann?" Meist ist es nicht falsche Ernährung, obwohl diese ganz sicher kein Zufall ist, sondern eine gewisse Sorglosigkeit unserem Sein gegenüber und bedeutet, etwas geschluckt zu haben, was nicht verarbeitet werden kann, jedenfalls nicht auf dieser materialisierten Ebene. Das können sein: Anforderungen, Zumutungen, Beleidigungen usw. auf die wir die Antwort verweigert haben und die deshalb in unserem System rumoren. Dazu kommt, dass wir dann auch die Gefühle, die aus dem Bauchraum hochkommen und eigentlich ausgedrückt oder ausgespuckt werden möchten, um unser System zu entlasten, nicht zeigen und oft auf halbem Wege wieder runter schlucken. Wenn das alles zurückgehalten wird oder worden ist, gibt es an der Vorderseite in Magenhöhe Muskelspannungen, Verdickungen, Fettansammlungen. An der Rückseite des Körpers ist dann oft an der Wirbelsäule zu sehen, dass diese in Magen - Solarplexus Höhe eingezogen ist (siehe Kap. 8 Das Skelett). Oft bildet sie auch eine Einheit mit dem Hohlkreuz. Hier ist die Wirbelsäule empfindlich geschädigt, denn schon in der frühen Kindheit mussten diese negativen Gefühle verschwiegen werden und haben da bereits durch die Dauerspannung des Solarplexusbereiches die Wirbelsäule nach innen gezogen und damit das Rückgrat verbogen. Man kann auch sagen: Der Wille des Kindes wurde gebrochen, seine Aufrichtigkeit - hat mit „sich aufrichten" zu tun – wurde unterbunden, sein Kreuz geschwächt. Kreuzschmerzen sind dann die Folge. Die Gefühle treiben ihr Unwesen und „kränken" den Körper, blockieren den Energiehaushalt, kreieren Träume, Angstträume, Alpträume, Phantasien und Gelüste. Hier ist die Wurzel von Amokbewegungen sowie von selbstzerstörerischen Aktionen.

Außerdem entsteht hier eine der Blockaden, die die Lernfähigkeit der Kinder beeinflusst. Die so genannte Faulheit ist immer ein Zeichen von unterdrücktem adäquatem (der Sache angemessenem) Ausdruck, den zu verheimlichen, zu verschweigen, unendlich viel Energie beansprucht. Auch Depressionen finden hier ihren Ursprung und ihren Niederschlag – wir fühlen uns nieder-„geschlagen". Heilung kann nur geschehen – wenn nicht gerade ein Wunder geschieht (auch das kommt vor) – wenn die Ursachen erkannt, die unterdrückten Gefühle ausgedrückt und die ursächlichen Schmerzen verarbeitet worden sind.

Das muss nicht immer Wut sein, auch andere Gefühle wie Liebe, Zuneigung, Mitgefühl oder was auch immer – machen Spannung, wenn sie keinen Ausdruck finden. Ausdruck ist notwendig, wendet die Not, um Beziehungen entweder zu vertiefen, oder auch, falls sie ausgelebt sind und keine Entwicklung mehr erlauben, sie zu beenden. Wenn etwas, eine Beziehung oder eine innere Realität am Leben gehalten werden soll, muss sie lebendig sein dürfen, nämlich wachsen – oder sterben. Gerade im zwischenmenschlichen Bereich ist Ausdruck die Triebfeder. Alles was zwischen Menschen geschieht, ist wie alles auf der Erde, der Entwicklung unterworfen: Dem Werden und Vergehen. Wenn wir diese Prozesse in unserem Inneren aufhalten, wird auch unser Schicksal entsprechend ausfallen. Wir können die Gesetze des Lebens nicht ignorieren, noch aufhalten oder bestimmen, wir werden aber, wenn wir sie missachten, die Konsequenzen tragen müssen. Es liegt an uns, herauszufinden, was wir verändern können und was nicht in unserer Macht steht, und es ist unserer Klugheit überlassen, wie wir das machen. Wenn wir sie in uns zurückhalten, wirken sie auf unser System, wenn wir sie befreien, befreien wir unser System und machen es fit für Neues. Wir halten uns zurück, weil wir Angst haben uns zu zeigen, Angst verletzt zu werden, Angst ausgelacht zu werden, Angst vor Strafe, vor Blamage, vor Verachtung, vor Diskriminierung und schließlich auch vor unserem eigenen Urteil über uns selbst. Dieser Urteil ist die Wurzel unserer Entscheidungen, unserer Fehlhaltungen und damit unseres Schicksals.

Alles was zurückgehalten wird, bleibt im Organismus und mischt sich zu gegebener Zeit in die aktuelle Situation ein. Z.B.– es muss immer wieder gesagt werden – bei Partnerproblemen und Auseinandersetzungen kommt der ganze unverarbeitete Schrott aus der Vergangenheit hoch und verstärkt den Ausdruck und die Problematik. Das erklärt die oft unverhältnismäßigen Reaktionen bei Auseinandersetzungen. Dies gilt für alle Gefühle, ob Hass, Trauer, Liebe, Angst, Entsetzen usw. Ausdruck von Gefühlen ist so lebensnotwendig für die Seele, wie die Darmentleerung für den Körper. Was reinkommt, muss entweder verarbeitet und genutzt werden, oder wieder raus. Da helfen weder Beschwörungen noch Magie noch Gymnastik noch Turnübungen, sondern nur das Befolgen der Naturgesetze. Jedenfalls sind diese Aggressionsprobleme an der verbogenen Wirbelsäule in Höhe des

Solar-Plexus (Magen) zu erkennen, oft verbunden, vor allem bei zunehmendem Alter, mit einer Verdickung des Oberbauches.

Alles muss in bewegung bleiben, sich entwickeln und verändern, verarbeitet und neu gestaltet werden.

- Stagnation macht Schmerzen,
- Widerstand macht Behinderung,
- Eigensinn macht einsam und krank.

Verdrängung ist keine Verarbeitung, Vergessen ist kein Weg zu geistiger Befreiung.

Den Partnern, Freunden oder auch Feinden jedoch die eigenen unverarbeiteten Gefühle überzukübeln, ist kein Weg – diese müssen zuerst verarbeitet werden, auf jeden Fall bewusst gemacht sein, damit wir sie unterscheiden können, zwischen den alten Verletzungen und den aktuellen Problemen. Sie haben nur insoweit etwas miteinander zu tun – als sie dieselbe Wunde berührt haben oder berühren, die noch nicht verheilt sind. Und Wunden können nur heilen, wenn ihre Ursachen verarbeitet worden sind.

Der Reinigungsprozess, der meist recht schmerzhaft verlaufen kann, wir nennen ihn auch Katharsis, ist die Basis für Energieentfaltung und Kreativität. Mit Kreativität ist hier nicht künstlerische Begabung gemeint, sondern die Fähigkeit mit unserem Schicksal kreativ umzugehen, unseren Problemen nicht auszuweichen, sondern sie zu bearbeiten und neue Verhaltensweisen zu gestalten.

Der Körper hat immer recht und er reagiert immer zu seinen Bedingungen.

Es geht auch nicht um Änderungen unserer Körperhaltungen, sondern um die Veränderung unserer Einstellungen. Unsere Struktur kann sich erst verändern oder regulieren, wenn wir unsere innere Haltung erkennen und ausbalancieren, aber die Knochen z.B. bleiben Knochen, wir haben keinen Einfluss auf sie. Die

Muskulatur kann sich zwar entspannen, aber die Struktur der Substanz bleibt. Was möglich ist, sind Erweiterungen von Sensorium und Wahrnehmungskapazität, bis hin zur grenzenlosen Flexibilität, die uns unweigerlich in die bedingungslose Lebendigkeit führt und sich dann auch auf den Körper auswirkt. Und – du bist nicht dein Körper, du hast ihn, du bist nicht deine Gedanken, deine Hoffnungen, deine Wünsche, deine Meinungen noch deine Blockaden und schon gar nicht dein Charakter: Du hast dies alles, aber du kannst dich von diesen Eigenschaften und Verhaltensweisen distanzieren. Und das musst du eines schönen Tages sogar, spätestens, wenn deine Seele deinen Körper verlässt und du dich selbst vor die Frage stellst: „Was habe ich in diesem Leben getan, was habe ich versäumt, was habe ich gelernt oder muss ich noch lernen?"

Es gibt viele Übungen um den Solarplexus zu entlasten, bzw. sich der Inhalte bewusst zu werden, die ihn blockieren. Da es hier um Gefühle geht, die wir im allgemeinen nicht akzeptieren wollen, uns nicht zugestehen oder sogar verleugnen, ist es nicht so einfach sie im "Alleingang" zu befreien. Die Angst vor Aggressionen – auch vor den eigenen, ist meist groß und der Umgang mit ihnen ist in der Schule nicht gelernt worden. Sie mussten versteckt, verschwiegen, verleugnet werden – aber – auf die Dauer richten sie sich gegen den eigenen Organismus, gegen die Lebenskraft, die Schöpferkraft, die Kreativität und gegen den Verstand, denn auch unsere geistigen Qualitäten – unsere Intelligenz – leiden, wenn unser Gesamtorganismus geschwächt und zurückgenommen ist. Die Verarbeitung kann nicht nur mental geschehen, sie muss auch körperlich agieren dürfen, denn nur dann kann eine tiefe Erkenntnis und damit eine tiefe Entspannung eintreten.

Was zur Auflösung beitragen kann, ist: Sich erst mal bewusst werden was ist es, was so quält.

Ich möchte es an einem uns allen bekannten Vorgang erklären: Eine geliebte Person, eine Partnerin, ein Partner, hat uns verlassen.

Wir jammern und klagen, wir können es weder verstehen noch akzeptieren, wir fühlen uns verlassen und ausgeliefert und das kann sich jahrelang hinziehen. Noch im 19. Jahrhundert gab es massenweise Selbstmorde aus Gründen des Verlassen werden, es war geradezu modern und passte in die Untergangsstimmung dieser Zeit.

Was in solchen Fällen absolut notwendig ist: Nicht nur zu jammern, sondern an den Ärger, an die Wut zu kommen: „Wie kommt diese Person dazu mich zu verlassen?" Erst wenn diese Wut erkannt, gefühlt und ausgedrückt worden ist, kann die Erkenntnis erwachen, wie weit wir selbst an dieser Trennung beteiligt sind und unbewusst mitgewirkt haben. Wenn das Selbstbewusstsein und das Selbstwertgefühl wieder erwacht sind, kann die Schmerzverarbeitung fortgeführt werden. Der Schmerz geht nämlich dann im Körper noch ein Stück tiefer in das dazu vorgesehene Verarbeitungszentrum, den Dünndarm. Hier kann die wirkliche Trauerarbeit stattfinden. Mit dem Erkennen der Eigenbeteiligung und dem Erkennen der Not-Wendigkeit dieser Trennung kann auch Vergebung stattfinden, eine Voraussetzung für neue Impulse, eine neue Perspektive für die Zukunft und für neue bewusstere Beziehungen.

In der Gegend des Brustbeins sitzen Verzweiflung und Hoffnungslosigkeit. Im Solar-Plexus Ärger/Wut. Im Hara die Freude, das Wohlbefinden. Erst wenn diese drei bereiche verarbeitet, d.h. leer geworden sind, kann Vergebung stattfinden, weil wir dann nämlich begriffen haben, dass die Trennung – oder was auch immer den Schmerz ausgelöst hat, not-wendig war und dass eine Eigenbeteiligung am Konflikt vorhanden war.

Wenn wir verstanden haben, warum wir so geworden sind, wie wir sind, wie wir uns mit unserem So-Sein selbst blockieren, können wir auch beginnen, neue Verhaltensmuster zu entwickeln, die mehr dazu angetan sind, uns mit Intelligenz, Gefühl und

Verständnis für uns und Andere, einzufügen in einen sozialen Prozess, der allen dient.

„Und wenn ein Glied leidet, so leiden alle Glieder mit
und wenn ein Glied geehrt wird, so freuen sich alle Glieder mit"
(Korinther 9/26).

Die Dynamische Meditation von Osho, die heute selbst in Managertrainings verwendet wird, ist eine hilfreiche Einführung in unseren inneren Zustand und gleichzeitig eine Möglichkeit, Spannungen loszuwerden. Diese Mediation kann in verschiedenen Instituten praktiziert werden, ist als CD mit Anleitung zu kaufen und sollte – um wirklich zu wirken – einige Wochen lang durchgeführt werden.

Ebenso helfen Selbstbefragungen in Meditationen, die allerdings so weit gehen sollten, das wir auch herausbekommen, was unseren Körper, unsere verspannten Muskeln denn nun eigentlich wollen, wie sie sich bewegen, bzw. ausdrücken wollen und wie wir es ihnen erlauben können. Hilfreich ist die Übung mit dem Sofakissen:

Übung:
Nimm das Sofakissen in deine Hände und drücke und quetsche es mit großer Kraft und sprich dabei Worte aus, die bis zum Geschrei führen können. Oft kann es dann passieren, dass wir uns an Personen erinnern, die uns geschadet haben, die uns gekränkt, verletzt oder missachtet haben. Dann ist es gut, in dieser Übung diese Personen zu beschimpfen, ihnen die Meinung zu sagen. Anschließend ist es angesagt sich zu erinnern, was wir durch diese Person Gutes und Lehrreiches oder wenigstens Positives erfahren haben – und ihr dafür zu danken. Denn bedenken wir – alles hat zwei Seiten, und gerade die miesesten Erfahrungen haben uns oft neue

und wichtige Impulse gegeben für unsere Entwicklung und unser Fortkommen.

Wer damit nicht zurechtkommt, wem es zu weit geht, wer nicht fertig wird und anfängt überdimensional zu leiden, sollte allerdings einen Therapeuten aufsuchen und diese Übung mit dessen Hilfe probieren. Siehe auch www.heinrichs-swoboda.de.

Das dritte, querliegende Energiefeld – Ort der Konditionierungen: Das dritte Auge

Das dritte Auge ist die Ausdrucksform des dritten quer liegenden Energiefeldes in unserem Körper. Es befindet sich zwischen den Augenbrauen in der Mitte unserer Stirn. Es ist der Ort unseres Weltbildes, unserer Einstellungen, Glaubensinhalten und Konditionierungen.

Hier finden geistige Prozesse statt. Hier sitzen unsere Eltern, Lehrer, Priester und alle Leute, die uns mit Lehren oder Glaubensinhalten zu beeinflussen suchten. Sehend wird dieses Auge erst dann, wenn es sich von allen diesen Konditionierungen befreit hat und die Wirklichkeit so erkennen will und kann, wie sie ist. Das 3. Auge muss eine verlässliche Verbindung zum Beckenboden haben, damit die Erdung gesichert ist, d.h. Wirklichkeitsakzeptanz. Dazu ist es notwendig, dass die Wirbelsäule durchlässig ist und die Informationen aus dem Körper unverfälscht zum Bewusstsein kommen können.

Das dritte Auge liegt an der Vorderseite der Schädelbasis als 6. Chakra, es ist das knochigste, das härteste von allen, was bedeutet: Seine Durchlässigkeit ist am schwersten zu erreiche. Diese Knochenplatte symbolisiert seine „Dauer", die über Geburt und Tod hinaus Inhalte transportiert, von denen unser Denken bestimmt wird und unsere Kompetenz gleichzeitig in Frage gestellt wird.

In der Chakralehre bedeutet es: „Sehen was mit den Augen nicht gesehen werden kann". Vorstellungen, Philosophien, Religionen, Anschauungen, es bedeutet Weitsicht, Hellsicht, Klarheit, Weisheit. Wenn unser Weltbild eingeschränkt ist und von Glaubenssätzen und Dogmen bestimmt wird, ist unsere Sicht behindert, kann unsere Wahrnehmung nicht realistisch sein, wir unterliegen Täuschungen, Projektionen und Vorstellungen, die mit der Wahrheit nichts zu tun haben. Das heißt, dass auch die Informationen, die aus dem Kosmos, aus dem All, aus der Umwelt, aus der Sphäre des Weltgeistes, aus der Schöpfung- oder aus dem „Himmel", der Zensur unseres persönlichen Weltbildes unterliegen und – wenn überhaupt – verstümmelt oder verwaschen in unserem Bewusstsein ankommen. Die Resultate sind bekannt: Irrtümer, Mangel an Vertrauen, Verwirrung, Orientierungslosigkeit, mit den Folgen: Angst, Verzweiflung, Größenwahn, Utopie, Wahnzustände, um nur einige zu nennen. Unsere hauptsächlichsten geistigen Blockaden sind also unsere Gedanken, Phantasien, Wünsche, Hoffnungen und Einstellungen. Sie bestimmen unser Leben und unseren Körper.

Unsere inneren und äußeren Haltungen sind von einander abhängig, sie beeinflussen sich gegenseitig, sie sind an einander gebunden und sie unterliegen unserem Weltbild. Weltbilder, die persönliche und die kollektive Sicht der Welt und des Weltzusammenhangs, beinhalten immer nur den Teil des Weltgeistes, der von einem Individuum auch verstanden werden kann. Weltbild bedeutet also die Sicht und die Geisteshaltung jenes Geistes, der gerade in einer Kultur oder Zivilisation herrscht. Dieser Geist, ist von Religion, Politik, Philosophie und dem jeweiligen Stand der Wissenschaft abhängig und kann nur ein kleiner Teil der Wahrheit sein. Der Geist der Schöpfung, den wir auch Gott nennen, kann sich in seiner Größe nur – wenn überhaupt – in einem gereinigten Bewusstsein offenbaren.

Von außen ist das dritte Auge nicht zu erkennen, es hat keine Form, es sei denn, starke Stirnfalten sprechen von intensiver und zwanghafter Denktätigkeit.

Das dritte Auge hat eine direkte Verbindung zum „Jadetor" oder dem „Tor des Todes" jener Stelle an welcher die Wirbelsäule in den Hinterkopf eintritt. Diese Verbindung läuft über die Schädelbasis, durch welche auch die Sehnerven zum Sehzentrum im Hinterkopf führen.

Das Jadetor ist das Tor zum Gehirn, aber auch das Tor für die Energieströme, die aus dem Kosmos von oben in den Körper einströmen. Hier ist zu sehen, ob und wie Informationen aus dem Körper ins Gehirn oder Informationen aus dem obersten Energiezentrum, dem 7. Chakra, eingelassen werden = nämlich, wie sitzt der Schädel auf dem Hals? Gibt es Knicke und wie viele? Jeder Knick ist – wie in der gesamten Wirbelsäule – eine Bremse oder Blockade.

Das Jade-Tor ist die letzte Instanz vor der Bewusstwerdung. Seine Dringlichkeit wird erst wahrgenommen und verstanden, wenn es darum geht, die letzten und tiefsten Geheimnisse zu hinterfragen, nämlich dann, wenn es keine Auswege noch Umwege mehr gibt, durch die wir uns betäuben oder sonst wie von der Wahrheit fernhalten können. Hier beginnt die Stunde der Wahrheit.

Das Jadetor wird vom Verstand bewacht oder bestimmt. Hier kämpfen Verstand und Bewusstsein ihren letzten Kampf. Der Verstand ist das Resultat unserer Erfahrungen und Entscheidungen, unser Krieger, der uns schützen will. Bewusstsein indessen bedeutet die Wahrnehmen der Wirklichkeit ohne Urteil, ohne Einmischung, Bewusstsein ist die Basis für Weisheit und letztlich für Erleuchtung.

Unter diesem Begriff wird die letztendliche Bewusstwerdung der Einheit mit allem was ist erlebt. Es gibt hier allerdings viele Stationen und offenbar keine Endstation. Es ist anzunehmen, dass sich Bewusstsein ähnlich unbegrenzt ausdehnen kann, wie sich das Weltall ausdehnt, für uns allerdings nicht nachvollziehbar, wir wissen weder wohin noch wozu noch wie weit.

Auch hier ist Demut angesagt und zu akzeptieren, was uns gegeben ist und was uns mit unserem begrenzten Wahrnehmungsorganen nachvollziehbar ist.

Das Jadetor hat natürlich seine Gründe, wenn es sich verschließt oder verschlossen hat. Es war einfach zu viel für das Kind – damals – das seine Intuition nicht mit den dargebotenen Erklärungen der Wirklichkeit in Einklang bringen konnte. Seine innere Stimme hat beschlossen: „Nicht alles auf einmal, nicht so schnell, nicht dies oder das, sondern nur dasjenige, was auch verarbeitet werden kann ohne in den Wahnsinn zu verfallen". Deshalb ist es auch ratsam, weiterhin sorgsam mit dem dritten Auge und dem Jadetor umzugehen. Beeinflusst durch Vorstellungen, Lehrmeinungen, Philosophien, Religionen, Dogmen kann das verstörte Bewusstsein den Informationen aus dem Körper, der in der Rangliste der geistigen Welt an unterster Stelle steht und die Basis darstellt, nicht die Bedeutung einräumen, die ihm eigentlich zusteht. Es ist irritiert, ist auf seiner Suche nach der Wahrheit fehlgeleitet, missbraucht, belogen worden, es sucht seine eigene Wahrheit und weiß meist nicht wo. Im dritten Auge sind deshalb auch die Irrtümer, Verwirrungen und Geisteskrankheiten zu Hause.

Manche Leser werden fragen, warum dieses Tor auch das Tor des Todes genannt wird. Wenn Energien und Informationen zwischen dem Körper und dem Kopf nicht mehr ausgetauscht werden, bedeutet das Tod: Nichts mehr wird gespürt, wahrgenommen und realisiert.

Die eigentliche Bedeutung ist aber die, dass hier, an diesem Ort der Bewusstwerdung der Tod seine weltliche Bedeutung verliert, hier wird er das Tor zur Wahrheit, zur Ewigkeit, hier wird der Tod zur Verwandlung.

Am „Tor des Todes" ist zu sehen, wie der Mensch sich auf die Wirklichkeit eingestellt hat: Wie sieht die Haltung des Kopfes aus? Gibt es einen Knick, eine Verschiebung?

Wie der Kopf auf diesem Tor platziert ist, sagt unter anderen auch etwas über das Vertrauen aus. Das Vertrauen sitzt über dem Tor des Todes oder dem Jadetor am unteren Ende des Hinterkopfes. Das Neugeborene erfährt Vertrauen durch die Sorgsamkeit, mit der die Mutter das Köpfchen hält. Es kann sein Köpfchen noch nicht selbst halten und ist auf Hilfe angewiesen. Wenn die Mutter oder die Betreuung des Neugeborenen unachtsam mit dem Köpfchen umgeht, bewirkt das einen Vertrauensverlust oft größeren Ausmaßes. Auch das Urvertrauen das von Anbeginn an in jedem Wesen angelegt ist, kann damit vernebelt werden, was sich oft lebenslang als Hang zu Zweifel und Misstrauen auswirken kann.

Viele Mütter sind heute noch der Meinung, dass das Neugeborene noch nicht denken, noch nicht wahrnehmen kann, sondern sich in einem Traumzustand befindet und dass man es deshalb auch alleine lassen, in einem Nebenzimmer abstellen kann. Das ist ein Irrtum. Wir wissen heute, aus vielen Analysen mit Rückführungen, dass das Neugeborene hellwach ist, was die Stimmung in seinem Umfeld betrifft und mit Entscheidungen darauf reagiert. Wenn die Mutter unaufmerksam oder abgelenkt worden ist und sich leicht ablenken lässt, deutet das Kind dies als Missachtung, bekommt Angst und versucht z.B. das Köpfchen selbst zu halten, bevor die Muskulatur dazu gekräftigt worden ist. Das heißt, es hat beschlossen, seine Angelegenheiten selbst in die Hand zu nehmen, sobald das möglich ist, weil die Mutter oder die Eltern dazu nicht in der Lage zu sein scheinen. Resultat: Spannung im Nacken, in der Muskulatur, die die Halswirbelsäule stützt, und Spannung im Kapuzenmuskel. Von da an sitzt der Leistungsdruck im Nacken, sowie der Stolz etwas leisten zu können – und die

Überforderung, die schließlich Schmerzen an dieser Stelle verursacht.

Bei vielen Menschen bewirkt z.B. Streicheln an dieser Stelle des Hinterkopfes einen Tränenausbruch. So kann man, wenn man jemand helfen will sich auszuweinen, diesen Prozess mit streicheln unterstützen. Die meisten Leute versuchen – weil sie selbst Angst vor „negativen" Gefühlen haben und nicht reingezogen werden wollen – statt dessen zu trösten: „Ist doch nicht so schlimm" usw. Viel hilfreicher ist dagegen, das Weinen zu unterstützen und zu fördern, nach dem Gesetz: Alles muss fließen. Denn alle Tränen, die nicht geweint worden sind, müssen geweint werden, so wie alle Gefühle, die nicht ausgedrückt worden sind, rumoren und irgendwann ausgedrückt werden müssen, um den Organismus zu befreien.

Die meisten Menschen halten ihren Kopf nicht direkt über der Wirbelsäule, entweder ist der Hals ein wenig verschoben oder der Kopf zu irgendeiner Seite geneigt (siehe Kap. 14 Die verschiedenen Kopfhaltungen).

Übung:
Stell dich vor einen Spiegel und bewege deinen Kopf, probiere die verschiedenen Kopfhaltungen aus.

Bei dieser Übung geht es um die Regulierung bzw. um die Beeinflussung der Haltevorrichtungen des Jadetors. Dabei ist zu fragen: Erlaube ich mir alle Informationen, die aus meinem Körper in mein Gehirn kommen, wahrzunehmen? Erlaube ich mir, meine innere Wirklichkeit total anzunehmen? Was wäre die schmerzlichste Information? Was wäre die wunderbarste Information? Bin ich bereit mich meiner ganzen Wirklichkeit zu stellen?

Auch hier ist, wie bei allen Übungen, hilfreich, den Atem zu vertiefen. Je länger eine intensive Atmung beibehalten wird, um so deutlicher wird unsere Wahrnehmung und um so intensiver wird die Erfahrung.Bei dieser Übung sollte auch die Wirbelsäule möglichst aufgerichtet werden, so dass der Atemstrom bis ans Beckenende reicht.

Danach ist es angesagt, sich hinzuknien – auf den Fersen sitzen und die Stirn auf den Boden zu legen. Die Arme entweder seitlich des Körpers oder nach vorne auf den Boden ablegen. Diese Haltung der Demut kann eine tiefe Entspannung des ganzen Körpers unterstützen.

Immer wieder werden wir bei allen Prozessen mit der Demut konfrontiert, wie sie uns schon bei Hiob gezeigt worden ist. Annehmen was wir nicht ändern können, aufmerksam sein mit dem was wir ändern können.

Wenn Halsstarrigkeit und Hochmut überwunden werden durch Erkenntnis und Akzeptanz und zur Demut von den unabänderlichen Gesetzen transformieren, werden wir auch dem Tod begegnen ohne Angst und auch – ohne Hoffnung. Solange Hoffnungen in uns bestehen, auf einen leichten Tod, auf ein Leben nach dem Tod, auf Himmel, ewiges Leben usw. können wir nicht JA sagen zu dem was uns begegnen wird. Wahre Demut heißt annehmen – auch wenn die Zustände nach dem psychischen Tod völlig andere sein werden, als wir erwartet haben, als wir ahnen oder zu wissen glauben.

Die Botschaft des „Tor des Todes" lautet: „Tue was du tun musst JETZT- und schiebe nichts auf, es kann zu spät sein. Lebe jetzt deine Kapazität deinem Lebensalter gemäß, unmittelbar und kompromisslos. Und finde heraus, was dir dabei einfällt, denn das ist dann deine eigene Wahrheit".

Übung:

Stehen, den Körper spüren, von den Fußsohlen ausgehend die Energie wahrnehmen und verfolgen, die den Körper aus der Erde kommend durchströmt.

Dann einfach mal ausprobieren wie es sich anfühlt die Wirbelsäule ein wenig aufzurichten, so als ob der Scheitel an einem Seil befestigt ist und nach oben gezogen wird und sich die Wirbelsäule langsam etwas mehr aufrichtet, etwas mehr in ihre Richtigkeit kommt und damit sich auch deine Blickrichtung ändert oder ändern kann. Gleichzeitig wird sich dabei auch die Haltung deines Beckens verändern, die Wirbelsäule auf eine andere Weise in das Beckengewölbe eintreten und damit eine andere und neue Stellung annehmen und eine andere und neue Einstellung zu deiner Lebenskraft und deiner Sexualität provozieren. Dabei ist äußerste Aufmerksamkeit angesagt, so dass du deine Körpersignale aufnehmen und erkennen kannst. Dann erfährst du ganz sicher etwas über dich selbst, über deinen innersten Zustand, deine Seele, dein wahres – wirkliches und unbedingtes Wesen.

(Denn das Reich Gottes besteht nicht in Worten sondern in Kraft. (Korinther 4/20).

Das dritte Auge ist die letzte Station vor dem 7. Chakra, dem Scheitel. Dies ist der Raum auf den wir keinen Einfluss haben, wir können ihn weder öffnen noch schließen, denn seine Funktionalität wird von den Energieströmen gestaltet, die entweder schwach oder intensiv durch unseren Körper laufen dürfen. Dies wird auch als der Platz für Erleuchtung angesehen, d.h. es wird Licht in unserem

Kopf, wir erkennen die Realität – und in höherem Sinne – die kosmische Realität.

Je nachdem, wie diese Zentren funktionieren und mit einander korrespondieren, entscheidet sich der Energiefluss in unserem Körper. Wenn ein Zentrum blockiert ist, wirkt sich das auf alle anderen Zentren aus und verhindert die Kommunikation unter einander und mit der Außenwelt und mit dem Geist der Schöpfung.

13 Der Oberkörper – Die Beziehung zum „Himmel"

So wie die untere Körperhälfte, das Becken, die Basis darstellt, die Erde repräsentiert und unsere Beziehung zu ihr und zur Realität, bedeutet die obere Körperhälfte die Beziehung zum „Himmel", das heißt zu den geistigen Ebenen unseres Seins.

Der Brustkorb enthält die Organe: Herz, Lunge, Magen, Leber, Galle und Milz. Ihre geistige Bedeutung ist:

- Herz = Liebe, Mitgefühl
- Lunge = Kommunikation, Authentizität
- Magen = Verdauung, Prüfung
- Leber = Konfrontation, Widerstand
- Galle = Verarbeitung
- Milz = Reinigung, Unterstützung

Diese Organe dienen der Bewusstwerdung dessen, was in uns hinein gekommen ist und verarbeitet werden muss.

Der Brustkorb hält diese Organe zusammen und an seiner Beschaffenheit ist zu erkennen, welche Organe ihrer Bestimmung gemäß arbeiten und welche eher unterdrückt oder weniger beachtet sind.

Der Brustkorb – Formen und Atem-Muster

Die beiden Extremformen des Brustkorbs sind: Zu unterentwickelt oder zu überentwickelt im Verhältnis zum Unterkörper. Unterentwickelt bedeutet eine kindliche Haltung = ich bin noch so klein – ich brauche – ich kann nicht – hilf mir – ich kann nichts dafür (wie schon im Kap. 8 Das Skelett beschrieben). Diese Menschen repräsentieren den Ohnmachts-Typ, sie weigern sich Verantwortung zu übernehmen, neigen aber zur Manipulation und den entsprechenden Verhaltensweisen des Charakters, der dem weiblichen oder dem kindlichen zugeschrieben wird. Andererseits können sie sich auch in ein Kollektiv, in eine Familie einordnen und wollen auf jeden Fall Harmonie. Auch der Tratsch ist hier zu Hause, muss aber in diesem Zusammenhang nicht unbedingt negativ beurteilt werden, sondern eher als hilfloser Versuch der Wahrheit näher zu kommen – nach dem merkurischen Prinzip: Erst wenn alles an den Tag gekommen, ausgesprochen und verstanden worden ist, kann Klarheit entstehen, können Missverständnisse ausgeräumt und Kriege vermieden werden. Sie suchen Austausch, stehen aber nicht gern zu ihrer Meinung und zu ihren Erkenntnissen, sondern reden lieber drum herum: „Man könnte doch" oder „man sollte vielleicht" ...

Der überentwickelte Oberkörper weist meist einen panzerartigen Brustkorb auf, besonders die Gegend unterhalb des Grübchens bis zum Herzraum ist verdickt und erscheint verhärtet.

Er repräsentiert den Macht-Typ, der sich aufbläst, um zu herrschen (Typenlehre = Psychopath). Er will alles bestimmen und verliert oft die Beziehung zur Realität, zur Erdung. Seine Beine sind oft schwach, magere Waden, schwache Fußgelenke. Er repräsentiert den männlichen Charakter, den Tat-Menschen. Sein insgeheimer – spiritueller Antrieb ist die Sehnsucht nach Ordnung, nach Klarheit, nach Wahrheit, die oft erkämpft werden müssen, zur Not mit Gesetzen.

Wenn der Brustkorb verformt oder verspannt, entweder eingedrückt oder aufgeblasen ist, wenn er keine oder eine reduzierte Atembewegungen zeigt, sind alle seine Organe in Gefahr, sie können nicht ihrem Auftrag gemäß funktionieren. Auch wenn beide Typen im Grunde ihrer Seele ein lauteres Motiv haben – auch wenn dieses Motiv (noch) unbewusst ist, erscheinen diese offensichtlichen Ausdrucksformen wie Ohnmacht – Macht, oft in ihrem negativsten Ausformungen, z.B. Gewalt als Macht, Erpressung als Ohnmacht. Erst wenn die Ursachen dieses Verhaltens bewusst geworden sind, können diese Eigenschaften zum Segen einer Gemeinschaft werden. Dies gilt für beide Typen.

Die Einstellung des Atem-Musters zeigt, wie das Kind begrüßt worden ist und was in den 1. Lebensstunden stattgefunden hat. Der 1. Atemzug ist eine Befreiung und bringt Gefühle des Glücks und des Angenommenseins von der Welt, von der Erde: Sie hat die Geburt erlaubt, es ist so etwas wie ein feierlichen Augenblick und das Kind atmet auf.

Es bringt aber auch neben der Neugierde die Angst, denn das Kind hat schon im Mutterleib und während der Passage des Geburtskanals erfahren, dass Freude und Leid nahe beieinander liegen und einander bedingen: Freude kann nur empfunden werden, wenn wir auch das Leid kennen, so wie Licht erkannt werden kann, wenn wir auch die Dunkelheit erfahren haben.

Das Kind hat gelernt oder erfahren, dass Gefühle durch tiefere Atmung aktiviert werden, dass sie Erregung und schmerzhafte Sensationen verstärken, dass, wenn Atmung eingeschränkt wird, diese Phänomene reduziert und sogar verhindert werden können, z.B. bei Angst stockt der Atem automatisch. Flache Atmung senkt den Energiespiegel. Die Angst und auch andere Gefühle werden weniger oder überhaupt nicht mehr wahrgenommen. Dabei wird auch die Herztätigkeit in Mitleidenschaft gezogen, der Puls herabgesetzt und der Blutdruck entsprechend beeinflusst. Blut-Hochdruck sagt: Zu viel gestaute Energie. Bei Blut-Niederdruck: Die Energie ist in andere Bereiche abgesunken.

Die Lungen – Atmung ist Leben/Fühlen

Die Lunge versorgt unseren Organismus mit lebenswichtigem Sauerstoff. Austausch, Kommunikation, Atmung ist eine Bedingung des Lebens. Wenn die Arbeit der Lunge behindert wird, wenn sie zu wenig atmen darf oder kann, wenn sie unregelmäßig oder stockend arbeitet, ist unser Körper von Sauerstoff unter versorgt.

Zurückhaltung von Atmung heißt: Nicht fühlen wollen, nicht ausdrücken wollen, Angst vor Ausdruck, Angst vor Versagen, sich zeigen, sich darstellen, sich blamieren, sich aussetzen. Angst vor Gefühlen, vor Schmerz, Tränen. Zurückhaltung von Atmung – macht depressiv. Zu wenig Atmung bedeutet: Es könnte beim Ausatmen etwas herauskommen – herausplatzen, was verboten und diskriminiert worden ist. Daraus kann Asthma entstehen: „Ich nehme lieber Atemnot in Kauf, als zwischenmenschliche Schwierigkeiten". Bei zurückgehaltener Atmung werden auf jeden Fall Gefühle und Ausdruck von Gefühlen vermieden.

Wenn der Atem „stinkt", so kann das durch schlechte Verdauung ausgelöst werden, ist aber meist zusätzlich ein Zeichen von innerer Not, von Angst und unverarbeiteten Gefühlen. Die Luft bleibt dann zu lange in der Lunge, bzw. die Luft in den tieferen Lungenbezirken wird zu selten ausgetauscht und fängt an zu „stinken". Bei einer therapeutischen Übung kommt es oft vor, dass der Atem bei intensiver Auseinandersetzung mit seelischen Problemen ebenfalls zu riechen beginnt. Das ist so zu erklären, dass durch die Muskelarbeit Giftansammlungen aus den Zellen freigesetzt werden, in den Kreislauf kommen und auch über den Atem ausgeschieden werden können. Die Atmung wirkt auf die Organe entweder unterstützend oder behindernd. Z.B. kann ein Orgasmus nur stattfinden mit Tiefenatmung.

Übung:
Frage: Was darf ich unter keinen Umständen ausdrücken, sagen, aus mir heraus lassen? Was würde passieren, wenn ich ausdrücke, wie ich mich fühle? Was will ich nicht fühlen? Auch mit der Lunge können wir sprechen, ihr gut zureden, sie beruhigen, sie streicheln, sie ermutigen.

In der Arbeit mit Menschen und der Forschung in der individuellen Vergangenheit kommt es, nach vielen Schmerzerinnerungen fast immer zu einer tiefen Einsicht in die Vergangenheit und vor allem auch in die Zusammenhänge des Seins. Die Geburt ist – wie der Tod – die wichtigste Erfahrung überhaupt und wer das Glück hat, sich an sie zu erinnern, wird ein Stück Urvertrauen wieder finden, das in den Wirren des Lebens, der Lernens und des Suchens verschüttet worden ist.

Zugleich mit den Glücksgefühlen kommt aber auch – wie gesagt – die Angst. Das Kind spürt die physische Trennung von der Mutter nicht nur als Befreiung, sondern gleichzeitig auch als Trennung.

Dies vor allem dann, wenn die Beziehung zwischen Mutter und Kind nicht auf eine neue Weise aufgebaut wird und die Phasen der Beziehung und Erziehung, die mit der ersten Stunde beginnt, von unbewussten Handlungen und Emotionen der Mutter bestimmt werden, (siehe Kap. 13 Der Brustkorb, Das Manko-Loch). Notwendig ist sofort nach der Geburt und in den folgenden Tagen der seelische Kontakt zwischen Mutter und Kind, der sich in Körperkontakt und Blickaustausch kundtut. Wer einem Neugeborenen schon mal in die Augen geschaut hat, weiß: „Hier schaut mich ein Wesen an, das aus einer anderen Sphäre kommt, das weiß woher es kommt und wohin es geht". Es kann für eine sensible, mitfühlende Person wie ein Blick in die Ewigkeit sein, jedenfalls in jenen zeitlosen Raum, in welchem sich Seelen begegnen können und nicht Masken, Grimassen, Schauspieler oder Mimikris.

Wenn die Mutter nicht mit ihrer ganzen Präsenz „DA" ist – sondern durch Narkose, Krankheit oder seelischen Belastungen verhindert wird, will das Kind den Schmerz des Getrenntseins, des Sichverlassenfühlens, des Einsamseins oder womöglich auch der Verständnislosigkeit oder der Zurückweisung nicht spüren. Sein Atem stockt und es lernt, wie es Schmerz reduziert – es fühlt nicht mehr, die Intensität lässt nach und es fängt an zu denken. Das Ausgestoßensein aus der Geborgenheit des Mutterleibs wird oft wie eine Austreibung aus dem Paradies wahrgenommen.

Hier entsteht dann die Entscheidung, wie dieser Mensch der Welt begegnen will, entweder mit Zurückhaltung – Manko-Loch = eingedrückter Brustkasten, oder mit Konfrontation, starkes Brustbein = aufgeblasener Oberkörper.

Es kommt bei beiden Haltungen auch auf die Beschaffenheit und die Stellung der Füße an.

♦ Platte Füße bedeuten: Zu schwer getragen.

♦ Übermäßig gehobener Spann bedeutet: Den Versuch, sich abzuheben und zu vergrößern.

♦ Verkrampfte Zehen bedeuten: Den Versuch sich fest zu krallen wie ein Vogel auf einem Ast.

♦ Schwache oder dünne Knöchel im Verhältnis zum übrigen Knochenbau bedeuten: Wenig Erdung, wenig Beziehung zur Realität, Schwierigkeiten mit Durchstehen und Durchsetzen. Allerdings findet man hier auch oft eine gewisse Zähigkeit, die sich aber auch oft in Sturheit ausdrückt und in Mangel an Mitgefühl sich selbst und anderen gegenüber.

Es ist schwer Menschen nahe zu kommen, die keinen Stand haben oder zu viel Stand demonstrieren, denn sie wollen nicht fühlen, sondern durchschauen. In Verbindung mit den oben beschriebenen Oberkörpertypen entsteht entweder eine Verstärkung der Haltung, oder ein Widerspruch. Ein schwacher Oberkörper in Verbindung mit breiten Füßen oder starken Knöcheln heißt hier nicht, dass sie zu sich stehen, sondern eher, dass sie krampfhaft versuchen, dennoch einen gewissen Halt zu bekommen. Oder ein starker Oberkörper mit schwachen Füßen bedeutet: Wenig Erdung, aber auch eine gewisse Unsicherheit ihren Standpunkt zu vertreten – was sich meist aber in einer betonten Sicherheitsgeste des gesamten Körpers auswirkt – breitet Stand, Fäuste in den Hüften, vorgeschobenes Kinn oder aufgeblasene Backen.

Die Brüche in der Körperlinie von der Seite aus gesehen, zeigen die sich widersprechenden Tendenzen – das Wollen und sich nicht erlauben (Nase weit nach vorne), die Zuneigung und gleichzeitige Abneigung (das Manko-Loch), die Sehnsucht und ihre Verurteilung (der zurückgehaltene 7. Halswirbel, der Witwenhöcker), die Liebe und die Angst davor (der vorgeschobene Bauch).

Der Bauch geht nach vorne was bedeutet: Geborgenheit ist die größte Sehnsucht. Diese Person möchte eigentlich aktiv werden, auf jemand oder auf das Leben zugehen, aber im Nacken, der zurückgehalten wird, sitzen die Autoritäten der Kindheit, die Gebote und Gesetze und die Angst vor Strafe, wenn diese Gebote nicht eingehalten werden oder worden sind.

Wie auch immer, das Kind stellt sich auf das ein, was es vorfindet, und diese Einstellung wird bestimmend für sein Leben, seine Haltung und sein Schicksal. Wenn ein Neugeborenes erleben muss, dass seine Mutter bei der Geburt stirbt, so hinterlässt das tiefste Wunden, die oft schwere Schulgefühle beinhalten, die dann diesem Menschen lebenslänglich, auch bei anderen und weniger schwierigen Ereignissen begleiten, verfolgen, heimsuchen, quälen. Bei solchen Schicksalsschlägen, für die nicht die geringste Erklärung gefunden werden kann, denn das Kind ist „unschuldig" wird sich dieser Mensch fragen: „Wieso gerade ich".

Die Frage „warum und wieso gerade ich" kann nur in einer religiösen Anbindung geahnt werden. Auch in „past-life" Erinnerungen, also Erinnerungen vergangener Leben, ob nun durch einen Einführungsprozess oder in Träumen oder Trancen, können Antworten gefunden werden. Es ist dabei gar nicht so wichtig, ob diese „past-life" Situationen tatsächlich stattgefunden haben, wichtig ist, dass bewusst gemacht wird, dass diese Bilder mit dem augenblicklichen Leben zu tun haben. Wie Träume, die den augenblicklichen Zustand einer Seele in Bilder packen, damit sie bewusst gemacht und verarbeitet werden können.

Eine typische Oberkörper-Krankheit ist die Depression. Durch mangelnde Ausatmung und zurückgehaltenem Ausdruck – das Kind atmet nicht genügend aus um zu vermeiden, dass etwas herauskommt, was nicht sein darf, bildet sich Schleim in der Lunge bzw. in den Bronchien. Dieser Schleim verhindert wieder die tiefe Atmung und drückt auf die Lunge – dabei entsteht Depression = Bedrückung. Auch Asthma hat meist diese Entstehungsursache. Hier nun eine Übung bei Atemnot, Asthma oder Depression:

Übung:
Ein Kissen in beide Hände nehmen, es kräftig drücken und dabei sprechen. Alles rauslassen, ob Stimme oder Worte, was gerade hochkommt. Den Ausdruck so lange wiederholen, bis eine deutliche Aussage kommt. Das Ganze möglichst mit viel Ausdruck, die Lautstärke steigern und so lange durchführen, bis eine spürbare Entlastung im Brust-Lungenbereich stattgefunden hat.

Es ist nicht so wichtig, was gesagt wird, sondern mehr mit welcher Intensität. Am besten ist schreien, in Wut kommen und alles herauslassen, was gerade ansteht. Wenn du Hemmungen hast zu schreien – hilft auch schon sprechen, wenn es längere Zeit durchgehalten wird. Es ist gut bei dieser Übung eine befreundete Person dabei zu haben, die dich in den Arm nehmen kann, wenn Tränen ausbrechen oder die Stimmung unerträglich zu werden scheint.

Zurückhaltung ist meist schon der Kindheit eingeübt worden und ist nicht so einfach zu durchbrechen. Erinnerungen werden hoch gespült, die schmerzlich sind, die verarbeitet und verstanden werden müssen.

Bei all diesen Ausdrucksübungen kann, wenn sie intensiv werden, eine Menge Material aus der Vergangenheit hochkommen. Im Alleingang ist die Verarbeitung meist nicht zu machen, es sei denn, derjenige hat schon eine längere Zeit der Therapie hinter sich und bestimmte Techniken der Verarbeitung gelernt. Auch in Selbsthilfegruppen, die sich immer mehr bilden, kann durch die Begleitung von Freunden, eine Menge aufgearbeitet werden. Wichtig ist dabei, dass nichts mehr heruntergeschluckt, sondern ausgedrückt wird und die Tränen fließen dürfen, bis sie versiegen und die Schreie herauskommen dürfen, bis keine mehr da sind.

Die Galle/Leber – Anpassung oder Selbstausdruck

Verdauungshilfe, Auflösung von Substanzen. Bitterkeit, die „Galle kommt hoch", Stolz, Wut, Verweigerung, „Gift und Galle". Wenn Unverdauliches – ob Physisches oder Seelisches in den Organismus kommt und nicht verdaut – verarbeitet wird, wird

Galle gestaut – Gallensteine können entstehen, Schmerzen, Verhärtung von unausgedrückter und verdrängter Wut, die sich gegen den eigenen Körper richtet (Gallensteine), etwas verhärtet. Gelbsucht: Gift und Galle werden sichtbar über die Haut und die Schleimhäute.

Übung:

Leg deine Hände auf die Gallengegend und frage dich:

Was macht mich bitter, was hat mich verbittert, was kann ich nicht verdauen – aushalten? Was hindert mich daran mich zu wehren, meinen Ärger zu zeigen? Warum muss ich mich selbst schädigen?

Wir schädigen uns immer selbst, wenn wir Angst haben Andere zu schädigen durch Ehrlichkeit oder Aggressivität unsere Beziehungen zu gefährden.

Hier ist – wie hier immer wieder betont wird – soziale Intelligenz zu lernen und zu üben: Austausch von Gefühlen um für einander Verständnis zu bekommen und um gemeinsam herauszufinden: Wie können wir zusammen sein und zusammen arbeiten ohne einander zu verletzen, zu schädigen, zu stören.

Eine Verweigerung der Ausscheidung macht krank. Es kommt zur Ansammlung von nicht weitergegebener Galle.

Übung:

Frage: Was kann und will ich nicht verdauen, was geht über meine Kräfte oder über meine Hutschnur? Bin ich zu stolz, zu schwach, zu uneinsichtig, oder habe ich ein Recht darauf meine Gefühle, ganz besonders die nicht erwünschten, zu zeigen? Muss ich mich opfern oder darf ich sein, wie ich bin? Muss ich ein Beispiel sein für Edelmut oder für Authentizität, d. h. mich zurücknehmen oder ausdrücken? Was ist wichtiger: Meine Anpassung oder mein Selbstausdruck, was ist gesünder? Leg deine Hände auf deine Leber und bitte sie um Mitarbeit und um Verständnis für dein Zögern.

Die Nieren –
Loslassen/Die Energie fließen lassen

Die Nieren liegen in unmittelbarer Nähe des Solar-Plexus/Galle.

Alle Doppelorgane haben etwas mit Beziehungen zu tun. Es geht etwas an die Nieren – wird intensiv, unausweichlich, schmerzlich, bedrohlich. Sich hilflos fühlen, nicht weiterwissen, ausgeliefert sein. Das Brauchbare vom Unbrauchbaren unterscheiden.

Was an die Nieren geht, kann auch in die Knie zwingen. Statt Hoffnungslosigkeit oder Unterwerfung ist Anteilnahme an sich selbst und Hingabe an die Existenz erforderlich, das heißt: Loslassen damit unsere Energie wieder in Fluss kommt, symbolisch ausgedrückt durch urinieren, die Flüssigkeit entlassen, seelisch bedeutsam als Hingabe und Demut. Die Verbindung zu den Knien – den Symbolen von Demut und loslassen, gibt den Nieren eine spirituelle Qualität: Sie sind unerbittlich in ihrem Hinweis auf Wesentliches – Lebensnotwendiges, auf den Fluss in uns, der nicht unterbrochen werden darf. Weil Flüssigkeit alles durchströmen und untereinander verbinden muss, was lebendig ist und sich entfaltet. Im Namen der Schöpfung ist fließen gleich leben. Folgende Frage ist zu stellen.

Übung:
Was geht mir an die Nieren, was kann ich nicht

aushalten, wie bekomme ich Kraft, um das Unausweichliche zu akzeptieren und durchzustehen?

Der Magen – Schlucken oder Sicherbrechen

Die Stichworte sind: Auffangstation von Nahrung und allem was wir geschluckt haben. Was er nicht annehmen kann, wird entweder unbearbeitet weiter gegeben oder heraus gekotzt.

Übung:
Fragen an den Magen: Warum esse ich etwas, was ich nicht verdauen kann? Warum schlucke ich seelischen Müll? Was möchte ich mit viel Essen zudecken? Essen statt Liebe? Essen statt Krieg? Essen zum Zeitvertreib? Was hindert mich unverdauliches sofort zurückzuweisen, bevor ich es schlucke? Wenn ich kotze: Was will eigentlich heraus? Warum täusche ich Krankheit und Verdauungsbeschwerden vor (kotzen) statt anzudrücken was in meinem Leben und Zusammenleben mit Anderen zum Kotzen ist?

Das Manko-Loch – Das Energieloch

Wenn wir uns die Brust ansehen, so ist oft zu beobachten, dass das Brustbein eingedrückt ist, ich nenne dies das „Manko-Loch", auch als Trichterbrust bekannt. Dieses Energieloch kann bei jeder Struktur vorkommen, auch wenn die Beine von viel Durchhaltevermögen und Zuverlässigkeit zeugen. Das Manko-Loch heißt: Hier hat etwas gefehlt, dieses Kind ist in seinen ersten Lebensmonaten oft allein gelassen worden. Viele Mütter dachten, und manche denken das heute noch, dass man das Kind schreien lassen muss, damit sich die Lungen gut entwickeln und deshalb wurde der Säugling ins Kinderzimmer abgeschoben. Das Kind liegt in seinem Bettchen, wimmert, schreit und hört schließlich auf zu schreien, denn es hat keinen Sinn, die Mutter kommt nicht. Wenn sich diese Situationen oft wiederholen, wird die Resignation geboren, das Kind sagt sich: „Ich kann machen was ich will, ich kriege doch nicht, was ich brauche". Dieser verhängnisvolle Satz tut seine Wirkung: dieser Mensch bekommt tatsächlich nicht, was er braucht, weil sein Vertrauen verkümmert und sein Selbstbewusstsein geschwächt ist, so dass er nicht wirklich lernen konnte, für sich selbst ausreichend zu sorgen, sich so darzustellen, dass er wahrgenommen – für wahr genommen – und geliebt wird und er ist auch unfähig das zu genießen was er bekommt.

Um den Schmerz des Alleingelassenseins nicht zu spüren, atmet das Kind weniger tief. Dadurch entwickelt sich das Brustbein nicht vollständig, sondern weist eben dieses Manko-Loch auf. Eine Vertiefung in der Mitte der Brust am unteren Ende des Brustbeins (siehe Kap. 13 Das Herz). Die flache Atmung wird oft lebenslänglich beibehalten und verhindert, Gefühle wahrzunehmen. Es ist notwendig sich immer wieder bewusst zu machen, dass Gefühle auf die Atmung angewiesen sind: Sie verstärken sich durch Sauerstoff und verringern, verharmlosen sich und werden sogar oft ganz ausgeschaltet bei schwacher Atmung. Da es viele verschiedene Gefühle gibt und diese alle einen Zusammenhang haben, werden bei flacher Atmung auch die positiven Gefühle nicht mehr ausreichend wahrgenommen, das Sensorium stumpft ab und das Gemüt, der Seelenhaushalt, ist eingeschränkt und ist, um überhaupt was zu spüren und wahrzunehmen, auf spektakuläre Eindrücke angewiesen. Die feinen Seelenströmungen bleiben im Unbewussten und verkümmern.

Das Manko-Loch

Hier liegt einer der Gründe, weshalb Filme und Fernsehmachwerke mit viel Gewalt einen so großen Zuspruch haben: Die Gewalt, die gezeigt wird, löst intensive Gelüste aus und der Sex z.B. wird dann auch entsprechend intensiv. Außerdem wird die Aggressivität stellvertretend auf dem Bildschirm oder der Leinwand ausgelebt und das eigene Potential kann scheinheilig hinter Staunen oder Empörung über „so viel Gewalt" versteckt werden. Diese Mittel sind immer dann notwendig, wenn das Gewaltpotential im eigenen Körper nicht bewusst wird und darauf angewiesen ist, sich in Phantasien oder auch in Gewalt gegen Sachen auszudrücken.

Das Manko-Loch bedeutet Resignation, große Sehnsucht nach Liebe und Begegnung, aber ebensoviel Angst davor. Solche Menschen laufen lieber einer unerreichbaren Prinzessin oder einem Prinzen nach und spüren dabei unendliche Liebes-Schmerzen. Je weiter ihr Ideal entschwindet, um so größer und zwingender wird die Liebe, ja sogar Visionen tauchen auf von der „Ewigen Liebe", von „für einander bestimmt sein" usw. Aber wehe, die Prinzessin oder der Prinz dreht sich um und wartet auf den „Liebenden". Dann bekommt es der- oder diejenige mit der Angst zu tun und bleibt ebenfalls stehen. Das heißt, Nähe wird schwer ausgehalten, weil sie bedrohlich ist. Das Kind hat einfach erlebt, dass die Mutter zwar anwesend war, aber immer wieder zu früh gegangen ist oder wenigstens mit ihrem Herzen nicht anwesend war, vor allem gerade dann, wenn das Kind besonders bedürftig war. Die seelische Begegnung hat zu wenig oder gar nicht stattgefunden, so dass das Kind kein Vertrauen entwickeln konnte. Solche Schwachstellen, die sich als Antriebshemmung zeigen, werden von anderen oft als Energielosigkeit wahrgenommen und erzeugen entweder Abneigung oder rufen Helfer auf den Plan, die dann irgendwann Macht ausüben. Aber auch Sadisten, die ein leichtes Spiel mit ihnen haben, denn wer sich nicht wehren kann, wird überwältigt oder missbraucht.

Der Satz: „Ich suche Nähe aber bitte komm mir nicht zu nahe", der die Sehnsucht aber gleichzeitig die Angst vor Nähe ausdrückt, kann auch aus der Erfahrung kommen, dass die Mutter manchmal kommt und auch nahe war, dass sie aber zu früh wieder geht, das heißt: Das Kind kann sich nicht auf sie verlassen, es erfährt zu früh, dass alles, was beginnt auch wieder endet, und kann es in diesem Alter und Zustand weder ertragen noch verstehen. Es wünscht sich Geborgenheit bis in alle Ewigkeit. Dies aber ist eine der wichtigsten Lernaufgaben im menschlichen Leben: Alles was beginnt – endet. Und: Geborgenheit und Liebe nicht von Menschen zu erwarten, sondern durch Arbeit am Bewusstsein zur Erfahrung der All-Einheit im All-Einssein zu gelangen. Das ist der Zustand, um den alle religiösen Sucher schon immer gerungen haben und der auch tatsächlich nur in der Hinwendung zum Göttlichen erfahren werden kann. Wir werden auf jeden Fall wieder verlassen, spätestens durch den Tod. Was wir lernen müssen und erfahren können ist, dass die Heimat, nach der wir suchen, nur in uns selbst zu finden ist.

Das Manko-Loch, ist nur dann ein Unglück, wenn es uns beherrscht und wir den alten Entscheidungen glauben und folgen, wenn das „ich kriege doch nicht, was ich brauche" oder „Nähe bringt mich um" unsere Kräfte reduzieren. Aber gerade die alten

Wunden, die Stellen der Schmerzen, des Rückzugs und der Vereinsamung, können der Schlüssel für Energiequellen sein, denn da, wo die tiefsten Wunden geschlagen worden sind, liegen auch die stärksten Heilkräfte bereit. Diese Kräfte haben zunächst dafür gesorgt, dass diese Teile geschützt werden. Durch die Aufdeckung dieser Verletzungen wird auch deren Verarbeitung möglich und die Seelennarben können eine neue und andere Art der Heilung erfahren, nämlich die der Selbstheilung verbunden mit Selbsterkenntnis und Akzeptanz.

Es bleiben zwar Narben, denn die Erfahrungen können nicht gelöscht werden, aber neue Lernprozesse können sich anschließen, die einer erwachsenen Identität entsprechen und nicht einem kindlichen Schutzbedürfnis.

In diesen Fällen ist der wichtigste Lernprozess sich zur Wehr zu setzen und zwar nicht erst nach langen Überlegungspausen, sondern möglichst sofort. D.h. Antwort geben auf das was auf uns zukommt. Hier ist wieder soziale Intelligenz angebracht, was heißt, der Situation entsprechend zu reagieren und nicht aus dem Hintergrund alter Verletzungen und Wunden.

Das Manko-Loch hat auch noch einen anderen Aspekt: Energien, die durch den Brustraum laufen, z.B. von den Händen kommend, können durch das Energiedefizit in der Gegend des Herzens aufgehalten werden. Wie schon beschrieben, nimmt der Körper Strahlungen auf, die von oben und unten – von Himmel und Erde in ihn einströmen, oder links und rechts durch die Hände. Diese beiden Strahlungsrichtungen bilden ein Kreuz. Wenn wir die Arme seitlich ausstrecken, bilden wir dieses Kreuz nach und können sogar die Energie spüren, wenn wir auf unsere Empfindungen achten.

Das „Kreuz" hat hier mehrere Aspekte. In der Vulgär-Medizinsprache ist der untere Teil der Wirbelsäule gemeint, wir sagen: Ich habe Kreuzschmerzen – was auf den Tatbestand hindeutet, dass wir zu viel getragen, geschleppt haben und nun die

Rechnung dafür bekommen. Hier machen sich auch die Defizite bemerkbar, die dadurch entstehen, dass unsere Vorstellungen, unser Weltbild nicht realistisch mit den Gesetzen der Natur in unserem Körper kommunizieren, d.h. die unteren Bereiche, die Sexualität und die Verdauungs- und Ausscheidungsorgane haben nicht den Stellenwert, den unser Denk- und Fühlsystem beinhalten. Das bewirkt einen „Bruch", einen Knick in der Wirbelsäule.

Hier, in diesem Zusammenhang möchte ich aber den Begriff des Kreuzes auf eine andere Weise erklären. Wenn wir unsere Arme seitlich ausstrecken, bildet unser Körper ein Kreuz. Jeder christlich erzogene Mensch erinnert sich dann sofort an Jesus und an das Leiden, das er auf sich genommen hat. Das Kreuz ist in der christlichen Mystik auch das Zeichen für Tod. Das Kreuz ist aber in seiner ursprünglichen Bedeutung die Begegnung von Geist und Materie. Die Senkrechte leitet die himmlischen Ströme in die Materie und die irdischen in den Himmel. Die Waagerechte bezieht sich auf die materiellen Bedingungen, auf die Welt, und besonders auf die Umwelt und wie wir damit umgehen, d.h. wie wir der Materie begegnen. Die beiden Prinzipien, Geist und Materie, treffen sich da, wo sie sich im Körper begegnen, im Herzen. Hier ist der Ort der Begegnung und Auseinandersetzung von Geist und Materie, von Verstand und Gefühl, von Seele und Körper. Ich möchte mich hier auf die ältere Deutung einlassen und es als Zeichen der Begegnung und der Auseinandersetzung der Materie mit dem Geist ansehen, die in jedem Menschenleben, ja in allem Lebendigem, stattfindet. Beide Strömungen treffen sich in unserem Herzen, verbinden sich dort und stellen den Kontakt zur Wirklichkeit her. Durch die Füße mit der Erde, durch den Kopf mit dem Himmel, durch die Arme mit der Welt. Und das Herz ist der Motor, der den Kreislauf antreibt, so wie es symbolhaft für die Liebe steht. Es ist der Ort der universellen Begegnung des Geistes der Schöpfung, mit seinen beiden Erscheinungsformen grobstofflich – feinstofflich in jeder einzelnen Seele.

Übung:
Stelle mit deinem Körper das Zeichen des Kreuzes dar und lass dich auf die Empfindungen und Gedanken ein, die in dieser Haltung entstehen. Werde dir bewusst: „Ich stehe zwischen Himmel und Erde und empfange beide Strömungen in meinem Körper. Meine Hände und Arme leiten die Energien des Lebens in mein Herz, meine linke Seite nimmt auf, meine rechte Seite gibt weiter: Ich bin ein Kind dieser Erde und kann alles aufnehmen was ich brauche und weitergeben was auch anderen und der Erde dient."

Das Herz – Der Ort der menschlichen und kosmischen Liebe

Das Herz liegt hinter dem Manko-Loch. Dies ist der Ort der Liebe, der Menschenliebe, der Gottesliebe und der universalen Liebeskraft des Universums. Es ist das wichtigste Zentrum, denn es muss die Lebensenergie im Form von Blut durch den Körper schicken. Herzprobleme sind von außen unter anderem entweder am Manko-Loch oder an der Verdickung der Herzgegend oder auch an der Ausformung des Rippengeflechts zu erkennen. In allen Fällen will es geschützt werden.

Das Herz sollte eine ganz besondere Beachtung finden. Immer wenn das Herz getroffen wird, können wir sicher sein, dass es um etwas Wesentliches geht, um unser ganzes Sein, um unsere Wirklichkeit. Wir denken vielleicht zuerst, an Liebesgeschichten, an Beziehungen, Verletzungen, an unsere Sehnsucht nach Nähe, nach

Begegnung und Innigkeit und gleichzeitig die Angst davor. Aber das ist nur die eine Seite der Liebe.

Es geht hier nicht nur um die Liebe zwischen den Menschen, sondern vor allem auch um die Liebe in einem höheren Sinn, es geht um die Essenz, um die kosmische Liebe, um den tiefsten Kern unseres Wesens, das unabhängig von Schicksal oder Zufall auf der Suche nach sich selbst alle Widerstände und Festlegungen überwinden muss, um sich selbst zu begegnen, zu erfahren, zu erkennen, anzunehmen und einzuordnen in den kosmischen Plan. Dazu brauchen wir allerdings auch die Liebe zwischen Menschen und anderen Lebewesen, die uns als Partner, als Spiegel und als Herausforderung mit uns selbst konfrontieren und zur Bewusstwerdung anregen und beitragen.

Unser Herz reagiert immer, wenn auch viele Menschen es erst wahrnehmen, wenn es aus der Fassung gerät, wenn es Schwierigkeiten macht oder krank wird.

Bei allen Signalen und Krankheiten des Herzens, auch wenn sie noch so harmlos erscheinen, wie Herzklopfen oder Extrasystolen, (außerprogrammmäßige Pulsschläge), ist zu fragen: „Was brauche ich im Grunde meines Herzens eigentlich, was braucht mein Herz"?

Von außen ist durchaus zu sehen, wieviel Platz dem Herzen zugeordnet ist. Wenn der Brustkasten eingedrückt ist (siehe Kap. 8 Das Skelett), kann man annehmen, dass das Herz wenig Platz hat. Dabei ist oft die Wirbelsäule an dieser Stelle nach hinten gedrückt, hat also einen kleine Buckel. Gegenüber befindet sich dann das Manko-Loch (sh. Skelett) das besagt, dass das Kind nicht genug Liebe bekommen hat und wie es darauf reagiert hat.

Hier befinden sich die Schlüsselsätze; "Ich kriege doch nicht, was ich brauche, ich kann machen, was ich will", oder „ich muss alles alleine machen, niemand ist für mich da", oder „ich gehöre nicht dazu". Dies findet, wie schon beschrieben, nicht wörtlich statt, sondern im nonverbalen Raum der Seelensprache, die erst später in die Schulsprache umgesetzt wird, die aber dennoch wirkt. Das ist aber auch gerade der Punkt, dass Bewusstsein nur stattfinden kann, wenn diese Sprache identifiziert worden ist und von da her einen neuen Ansatzpunkt bekommen kann: Entweder können wir ihr etwas hinzufügen, sie ergänzen oder in ihre Gegenaussage verwandeln. Total löschen können wir sie nicht, sie wird sich immer wieder einmischen und uns in ihren Bann ziehen, besonders in Stress-Situationen, wenn wir keine Zeit haben uns an unsere Schlüsselsätze zu erinnern und keine Kraft haben sie zu revidieren. Bewusstes Sein heißt hier: Wach sein in jedem Augenblick und auf diese hinter-rück-sichtslosen Überfälle sofort reagieren.

Beispiel: Der Satz „ich gehöre nicht dazu", kann seine verhängnisvolle Wirkung verlieren, wenn wir, sobald er auftaucht sagen „ich gehöre dazu" und sofort aktiv werden, uns einmischen, jemand begegnen usw. Ich möchte hier nicht, wie manche Verhaltenstherapeuten, behaupten, dass damit schon das Problem beseitigt ist, sondern nur, dass mit dieser Methode dazu beigetragen werden kann, diesem Satz auf seine Schliche zu kommen: Wo kommt er her, wer oder was hat mich dazu gebracht, ihn zu formulieren und zum Verhaltensträger zu machen. Erst die Auseinandersetzung mit der entsprechenden Person (nicht mit der, die sie heute ist, sondern mit der, die sie damals war) oder der entsprechenden Situation kann uns den schmerzlichen Punkt erinnern und noch einmal erleben lassen, von dem aus wir – durch die Erfahrung des Schmerzes – neue Verhaltensentscheidungen treffen können – aus der Not der Einsicht und des Schmerzes geboren. Ein zurückgezogenes, verstecktes Herz zeigt sich oft deutlich, die meisten Menschen können es nur nicht deuten oder wollen es auch nicht deuten oder gedeutet wissen. Für Partner kann es oft auch gerade recht kommen, dann brauchen sie sich wenigstens selbst nicht total einzulassen und können es dem Gegenüber zuschieben: „Ich würde ja, aber er oder sie lässt es nicht zu". Auch werden Menschen angezogen, die gerne Macht ausüben und ihre Machtgelüste in Beschützertum verpacken. Beschützer werden aber meist auch zu Bestimmern: „Wenn ich schon die Verantwortung für dich übernehmen soll, musst du auch tun, was ich will".

An der Stelle über dem Herzen kann es aber auch Verdickungen geben, kräftige Knochen- und Muskelformationen, die einen Panzer darstellen, mit welchem das Herz geschützt werden soll: „Niemand kommt mir zu nahe, niemand erreicht mein Herz so ohne weiteres, niemand tut mir weh". Das heißt, diese Menschen sind schwer zu erreichen, sie haben es schwer ihr Herz zu öffnen.

Dieser Panzer bedeutet das Gegenteil des eingedrückten Brustbeins. Dieser Mensch stellt sich eher einer Situation, er ist fähig nein zu sagen und meistens sagt er es zu oft, wohingegen das Manko-Loch das Nein nur in seiner Zurückhaltung ausdrückt und nicht mit offener Abwehr. Der Panzer stellt sich und gibt Rückmeldung, wenn auch oft lieblos oder scheinbar lieblos, denn die Angst vor Verletzungen will das Herz schützen und tut das oft übertrieben, mit totaler Abwehr oder verschlüsselten Mitteilungen. Man kann mit ziemlicher Sicherheit annehmen, dass hinter besonders abwehrendem Verhalten auch ein besonders zartes Seelchen verborgen ist, das nicht gelernt hat, sich zu offenbaren und das sich vor Nähe fürchtet.

Wenn die Wirbelsäule zwischen den Schulterblättern eingedrückt ist, deutet dies auf einen unterentwickelten Selbstwert hin. An dieser Stelle sitzt das Ego, das zu wenig ausgebildet worden ist und entweder zu Minderwertzuständen oder zu überhöhten Forderungen an sich selbst und Andere führt (siehe Kap. 13 Das Ego).

Immer, wenn ein Organ ganz besonders geschützt wird, ist anzunehmen, dass die Wunden noch nicht verheilt sind und die Abwehr mit allen Mitteln aufrecht erhalten werden muss. Dies kann sich erst ändern, wenn eine bewusste Bearbeitung der

Vergangenheit und eine Versöhnung mit den Personen und den Bedingungen stattgefunden hat.

Wer seine Schlüsselsätze nicht kennt, kann sie auch nicht ändern.

♦ Wer seine Wunden verdrängt hat, kann sie nicht heilen.

♦ Wer seine Vergangenheit nicht aufgearbeitet hat, nimmt alle Wunden mit in die Zukunft.

♦ Nur wer seine Schutzmechanismen aufgeben kann, wird der Realität bewusst begegnen können.

♦ Wer der Realität bewusst begegnen kann, wird sein eigener Meister.

Unser Herz ist das Organ das uns über die Oberflächlichkeiten und Verstrickungen des Alltäglichen hinaus hebt in den unbegrenzten Raum des Eigentlichen, Wesentlichen, in den Raum der Anbindung an die Ewigkeit oder an das Göttliche, oder wie immer wir diesen Bereich unserer Existenz nennen wollen. Erst diese Erfahrung wird in die Demut führen, die uns Jesus mit dem Wort: „Lass es geschehen nach deinem Willen" vorgelebt hat. Dazu gehört aber auch, dass wir unsere Herzensangelegenheiten nicht nur auf einen Partner beziehen oder einzelne Menschen, sondern sie als den Brennpunkt unseres Daseins betrachten, als die Antenne und den Sender, die über das Persönliche hinaus führen in den überpersönlichen Raum des Ganzen, in die All-Einheit.

Bisher wurden unsere Herzensangelegenheiten meist als unsere ganz private und höchstpersönliche Sache angesehen und gehandhabt. Sie gehörte zu dem Intimbereich, der zu schützen war und der niemandem etwas angeht. Wenn wir aber unser Herz öffnen – und das heißt wirklich öffnen, ohne etwas auszuschließen

– kann es keine Intimität mehr geben, denn wenn das Herz spricht, fallen die Schranken der Scham und der Angst. Scham und Angst sind entstanden durch Konditionierungen, Erziehung und schmerzlichen Erfahrungen. Jedes Kind kommt auf die Welt mit einem offenen Herzen. Erst die mannigfachen Verletzungen bauen die Mauern auf, die zunächst auch gebraucht werden, um das Herz zu schützen. Also Erfahrung und Erziehung wirken gleichermaßen und ihre Resultate müssen irgendwann wieder abgebaut werden, wenn unsere Beziehungen intensiv, wahrhaftig und befriedigend werden sollen. Aber es geht nicht nur um unsere Beziehungen sondern vor allem um unsere Entwicklung, unser Wachwerden, um unsere geistige Verfassung, um unsere spirituellen Erfahrungen und um unsere Lebenskraft. Die Lebenskraft ist eng mit den Funktionen des Herzens verbunden. Wenn das Herz unregelmäßig arbeitet oder krank wird, ist die Frage zuerst: Was braucht dein Herz eigentlich? Und wenn dies beantwortet ist, kommt die Frage: Wie kann ich es bekommen? Meistens geht es natürlich um Liebe. Zunächst mal um die Liebe, die wir in der Kindheit nicht bekommen haben und die wir deshalb von unseren Partnern oder Freunden oder Kindern verlangen – meist in Unkenntnis des uralten kindlichen Verlangens, das noch nicht gestillt worden ist. Gleichzeitig mit dem Liebesentzug ist auch das Urvertrauen gestört worden, d.h. die Beziehung zum spirituellen Urgrund unseres Daseins.

Diese Urkraft wieder zu entdecken scheint eine der wichtigsten Aufgaben in unserem Leben zu sein und dafür tun wir alles: Wir stürzen uns in schwierige Beziehungen, stolpern und fallen, um wieder aufzustehen, wir kreieren uns allen möglichen „Unsinn" um auf den Sinn zu kommen, wir brechen uns womöglich Knochen und fügen uns Wunden zu, weil wir herausfinden müssen, was statt dessen in unserem System zusammenbrechen und was geheilt werden muss, um zu überleben und zu wachsen. Das Herz gibt uns die Antwort.

Das Leben ist ein einziger Lernprozess. Wer nicht mehr lernen will, vertrocknet innerlich, wird stumpf und vorzeitig alt. Menschen, die eine längere Bewusstseinsarbeit machen, sei es mit Hilfe eines Therapeuten, Trainers oder mit Freunden, erfahren meist eine erstaunliche Entwicklung ihrer Sensibilität, ihres Auffassungsvermögens, ihrer Intelligenz und ihrer Liebesfähigkeit.

Sie werden wacher, lebendiger und schneller in ihrer Auffassungsgabe und ihren Entscheidungen. Wenn das Hirn nicht mehr so besetzt ist von Gedanken, Problemen und Konflikten, wird es frei für neue Informationen, lebendiger und angstfreier für Entscheidungen, empfänglicher für geistige Flexibilität und die Kreativität wird entwickelt. Wenn das Herz nicht mehr besetzt ist von Kränkungen und Idealen, wird es frei für die Liebe.

In der Schule wird das nicht gelehrt. Im Gegenteil, die Kinder werden zur Leistung und zum Konkurrenzkampf erzogen, was nicht dazu beitragen kann, Frieden unter den Menschen zu erzeugen und Liebe zu entwickeln.

Die Liebe zu uns selbst entsteht, wenn wir die Ursachen unseres Verhaltens und unseres „Fehlverhaltens" kennen und verstehen gelernt haben, wenn wir das Kind erkennen, das wir waren und das, in seiner damaligen Situation, nicht anders konnte. Selbst-Verständnis wird Selbst-Liebe und damit wächst auch das Verständnis für andere und die Liebe bekommt ihre Basis im Mitgefühl.

Durch die Erziehung zu einem „anständigen" Menschen wird auch die Liebesfähigkeit gestört, bzw. in Frage gestellt und die Liebe wird unter das Postulat der Treue gestellt. Treue in diesem Sinne ist ein politisches Gebot, das den Frieden und die Ordnung aufrecht erhalten soll. Das Wichtigste aber ist die Treue zu sich selbst und zu seinen Gefühlen, ihnen zu trauen, ihnen zu folgen und sie auszuleben. Dabei ist soziale Intelligenz nötig, was heißt – sich einzuordnen und zu entscheiden: Was kann ich mir leisten – muss ich jedem Impuls unbedingt folgen oder kann ich auch mal –

aus Liebe – zurückstecken, verzichten? Das ist eine Entscheidung der eigenen inneren Moral, die aus dem Herzen kommen muss, statt aus dem Computer.

Diese Moral muss jeder für sich entwickeln und jeder muss lernen, zu seinen eigenen Entscheidungen zu stehen, sie zu vertreten und einzuordnen. Wenn allerdings Besitz und Wohlstand wichtiger sind als die Fragen des Herzens, kann nicht mehr von Liebe gesprochen werden, denn dann regiert die Gier, das Habenwollen, die Sicherheit – kurz der Computer. Solange unsere Beziehungen von unserem Computer gesteuert werden, ist das Herz in Gefahr und es wird eines Tages antworten.

Wir brauchen Liebe, aber zuerst müssen wir lernen uns selbst zu lieben und zu dieser Liebe zu stehen, erst dann können wir auch Liebe geben. Aber auch hier ist zu beachten, zu erkennen, zu fragen: Gebe ich nur um zu bekommen?

Wenn das zur Taktik wird oder zum Beruf (alle Helferberufe gehören dazu), kann es zur Falle werden und dazu führen, dass wir mehr geben als uns selbst gut tut, dass wir Energie preisgeben, die wir für uns selbst brauchen würden, dass wir uns selbst ausbeuten.

Befrage dein Herz, was du ihm zumuten kannst und was nicht. Und damit du von anderen verstanden wirst, sprich aus, was du fühlst und denkst. Erst wenn wir uns verständlich machen werden wir verstanden, erst wenn wir verstehen, können wir lieben, erst wenn wir verstanden werden, können sich Herzen öffnen und sich begegnen.

Liebe ist, wenn wir die Anderen – Partner, Kinder, Freunde da hingehen lassen können, wo sie glauben, sich realisieren zu können. Alles andere ist Macht, Politik und Egozentrik.

Übung:
Dies ist eine Übung für jeden Morgen, wenn du im Bett aufwachst.

Lege deine Hände auf das Herz, atme in dein Herz und beginne zu fragen. Dein Herz wird dir antworten, wenn es dir traut.

Frage: Wie fühlt sich mein Herz an, habe ich Kontakt zu meinem Herzen? Kann ich meine Liebe fließen lassen, wohin sie will, kann ich meine Liebe zeigen? Höre ich auf die Stimme meines Herzens und folge seinem Rat, seinen Impulsen, seinen Einsichten und seiner Kraft? Vertraue ich der Stimme meines Herzens?

Dein Herz sagt dir immer die Wahrheit, deine innere Wahrheit. Letztendlich müssen wir der Stimme unseres Herzens folgen, wo immer sie uns hinführt. Auch wenn es uns in die „Irre" führt, dann ist eben die Irre dran und wir haben etwas zu lernen. Auch Umwege sind Wege, wir müssen sie sehen und erkennen, wenn wir uns auf einem Irrweg befinden. „Wer seine Lager erkannt hat ..."

Eine Geschichte:

Das Kind eines befreundeten Paares ist im siebenten Monat im Mutterleib gestorben. Der Vater erzählte mir, dass dieses Kind bei der Geburt, die herbeigeführt werden musste, seine Hände auf sein Herz gelegt hatte. Ich erinnerte mich, dass der Embryo einer Bekannten, die im 5. Monat abgetrieben hatte, auch seine Händchen auf der Brust gekreuzt hatte, sie waren so intensiv auf die Brust gedrückt, dass die Abdrücke blutunterlaufen zu sehen waren. Dies ist ein Zeichen, dass diese Wesen, selbst der 5 Monate alte Embryo, wussten was ihnen blüht und dass sie wohl wussten, dass sie diesen Körper verlassen müssen. Die Hände über der Brust zu kreuzen ist seit alters her ein Zeichen von Demut.

———

So wie der Brustkasten sich um das Herz herum entwickelt und gestaltet hat, so wirkt unsere Herzqualität nach außen. Wir können diese Qualität unterstützen durch die Arbeit am Bewusstsein. Wachsen kann nur was Nahrung bekommt, Nahrung bekommen wir durch unsere Wurzeln. Unsere Wurzeln stecken in der Erde = in der Realität. Unser Körper ist das Vehikel. Unser Atem ist unsere Unterstützung.

Der Tabernakel – Das Tor in unserem Rücken

Das Herz hat zwei Seiten, eine Vorder- und eine Rückseite. Die Vorderseite unseres Herzens strahlt nach vorne. So wie unsere ganze Vorderseite sensitiv auf Begegnungen reagiert, sich einstellen kann, so hat auch die Rückseite unseres Herzens eine sensitive „Öffnung". Da wir aber hinten keine Augen haben, sind wir mehr auf unser Sensorium angewiesen, wir müssen spüren, wahrnehmen was wir nicht sehen, sondern nur fühlen und empfinden oder ahnen können. Unser Rücken ist zum Schutz mit vielen Muskelsträngen ausgestattet und wenn diese in Dauerspannung sind, was oft vorkommt, denn der Feind im Rücken ist gefährlich, sind auch unsere „Fühler" blockiert, so dass unsere Herzensenergie weder heraus kann, noch Energie von außen aufgenommen werden kann.

Dieser ganz besondere Platz in unseren Körper, das Herz, dem nicht nur die menschliche Liebe zugesprochen wird, sondern auch die universelle Liebe, von der wir abhängen und von der wir bestimmt sind, hat wie alles, zwei Seiten, eine offene, offensichtliche und eine verborgene, unsichtbare. Ich möchte diese Stelle, diese Rückseite des Herzens, dieses ganz besondere Tor in unserem Rücken den „Tabernakel" nennen. Tabernakel ist in der christlichen Mystik der Schrein in der Mitte des Altars, in welchem die Hostien aufbewahrt werden, die symbolisch „den Leib des Herrn" darstellen sollen.

Ich möchte hier eindeutig betonen, dass ich diese Begriffe nur symbolisch verwende und damit nicht etwa der herrschenden

Kirche das Wort spreche. Dennoch sind in der Lehre Jesu viele Wahrheiten enthalten, die für uns heute noch brauchbar sind und in den Symbolen des Christentums viele Elemente, die aus dem kollektiven Unterbewusstsein der ganzen Menschheit eingeflossen sind und für uns heute noch Bedeutung haben können, wenn wir sie in unser Verständnis übersetzen können und wollen. Da das kollektive Unterbewusstsein alle Weisheit enthält, können alle Informationen für unser Bewusstsein nützlich werden. Was allerdings heute notwendig sein wird ist, dass wir die Weisheiten, die uns erreichen, von der Politik, die damit gemacht wurde, unterscheiden lernen.

Jesus sagte – nach der Überlieferung: „Dies ist mein Leib, nehmt hin und esset", was heute heißen mag: „Alles ist göttlich, benutze es" oder „Ich bin der Weg, die Wahrheit und das Leben – folge mir" was in unsere Sprache übersetzt heißen mag: „Wenn du den Weg der Wahrheit der Authentizität gehen willst, dann musst du sein wie Jesus: Unbestechlich, klar, wahrhaftig authentisch und furchtlos. Oder werden wie andere Weise aus dem Morgen- oder Abendland.

Der Tabernakel in unserem Rücken, der sich nur nach hinten öffnen kann und den wir deshalb mit Rippen und Muskelpolstern geschützt haben, ist der geheimste Ort unseres Körpers. Er enthält das Geheimnis unseres Seins, den göttlichen Inhalt unserer Identität. In ihm, oder durch ihn, kann die Offenbarung stattfinden, das offen- bar – werden unseres wahren, unseres eigentlichen Selbst, das im Grunde nichts anderes ist, als der Ort der Manifestation des Geistes der Schöpfung. Diese Erfahrung kann aber nur stattfinden, wenn wir uns öffnen, öffnen nach allen Seiten und durchlässig werden.

Durchlässig sein heißt, dass wir alles was auf uns zukommt, in uns einlassen und wieder entlassen, also ein Durchgang werden. Das heißt nicht, wie es uns gelehrt worden ist und wie wir es eingeübt haben, uns zu verschließen, zurückhalten und verdrängen, sondern ganz im Gegenteil: Sich berühren lassen, darauf reagieren, es verarbeiten und loslassen. Das bedeutet innerliche Reinheit, nicht im Sinne von Moral sondern im Sinne von Klarheit. Alle Wunden wollen und sollen verarbeitet und verheilt sein, so dass keine Schmerzen oder Widerstände mehr auftreten. Dies erfordert höchstes Bewusstsein, höchste Wachheit und Bereitschaft, jeden Widerstand, jeden Schmerz sofort wahrzunehmen und zu verarbeiten. Dieser hohe Anspruch ist es, der die Seele dazu bringt, sich immer wieder auf das Leben einzulassen und immer wieder an dieselben Probleme zu geraten, bis sie erkannt und verarbeiten worden sind.

Wenn wir unser Herz schützen, hindern wir es an seinem Ausdruck, denn wenn nichts rein darf, kommt auch nicht raus – oder nur sehr zögernd und mit vielen Vorbehalten, Rückziehern und Ängsten. So genanntes „Herzeleid" ist, bei allem Respekt vor den Leiden und Wachstumsmöglichkeiten einer Individualität, immer eine Funktion des Ego, denn: Nur das Ego kann leiden. Unser wahres Selbst kennt keinen Schmerz, es ist unzerstörbar, unverletzlich und somit der Ewigkeit verbunden. Um es zu erreichen suchen so viele Menschen den Weg aus dem Leiden und beginnen, ihr Leidenspotential auszuräumen.

In vergangenen Epochen sind viele Weise in die Wüste gegangen um sich selbst oder Gott zu finden und sind Lehrer geworden. Auf der persönlichen Ebene heißt „in die Wüste gehen" nach innen zu gehen, sich selbst, seine innere Wahrheit zu finden, sein innerstes „Ge-heimnis" zu entdecken, das in den Regionen unseres Körpers versteckt ist und uns immer wieder Impulse sendet mit den Fragen nach dem Wesentlichen, nach der Wahrheit, nach dem Sinn. Aber auch die reale Wüste, die Einsamkeit und ihre Wunder, können als Erfahrung wirksam werden (siehe Jesus, Buddha usw.).

Für die körperliche, geistige und seelische Entwicklung ist es nötig durchlässig zu werden. Das Herz öffnen meint, dem Geben und Nehmen bewusst ein Tor zur Verfügung zu stellen, durch welches die Lebensströme fließen können und Liebe ausgetauscht werden kann. Dazu muss sich der „Tabernakel" öffnen. Wie sollen wir nun mit diesem „Tabernakel" umgehen. „Du lieber Gott" – höre ich sagen: "Das ist mir zu hergeholt – oder zu heilig, zu gefährlich, zu verrückt, zu esoterisch". Genau das ist es alles auch und deshalb auch so interessant, so notwendig – Not wendend – erhellend, einleuchtend, erleuchtend.

Apropos: Erleuchtung ist nichts anderes als Erkennen. Je mehr wir erkennen, um so heller wird es in und um uns, um so klarer und verantwortungsvoller werden dann auch unsere Handlungen.

Es gibt auf diesem Weg kein Ziel, keinen Endpunkt, sondern nur eine unendliche Ausdehnung und Erweiterung, wohin weiß niemand. Es gibt nur ein „Weiter". Was wir tun können und sollen – wachsam sein, uns wehren, für uns sorgen und dabei – wie immer – die soziale Intelligenz nicht vergessen, denn wir sind nicht allein und können und müssen einander unterstützen. Wir wissen, von hinten droht das Unsichtbare, das Unbekannte, das Ominöse: Oder wie wir auch immer das, war wir mit den Augen nicht sehen können, bezeichnen. Es beschäftigt unsere Phantasie, unsere Imaginationskraft, unseren Projektionszwang.

Die Projektion gehört mit zu den Gesetzen der Bewusstseinsarbeit. Wir müssen projizieren, denn nur die Projektion – die von sich und den eigenen Erfahrungen ausgeht – bringt uns zur Erkenntnis: Wir können immer nur das erkennen, was wir von uns selbst wissen. Wie schon gesagt, eine Fliege erkennt eine Fliege, weil sie eine Fliege ist. Aber wir müssen unsere Projektionen als Arbeitsmaterial erkennen und dürfen sie nicht zum Dogma werden lassen.

Durchlässig werden wir dann, wenn wir die Bremsen, Blockaden, Eiterherde der Seele in uns abgebaut und geheilt haben. Dann können wir unser Herz offen halten und die

Ereignisse, die uns früher verletzt haben, fließen durch uns hindurch.

Dann werden wir ohne Angst offen für die Wirklichkeit und unser Bewusstsein kann sich bis an die Grenzen des Unfassbaren ausdehnen. Dann öffnet sich auch der Tabernakel und wir übergeben das was uns durchwandert, was durch uns hindurchgegangen ist, der Ewigkeit, der Zeitlosigkeit, in der alles aufgezeichnet ist und zum Bild wird. Dann sind wir nur noch Durchgangsstation oder, anders ausgedrückt, Wesen, die sich den Zeitläufen hingeben und sich auf ihre ganz spezielle und einmalige Weise leben, darstellen und präsentieren, als Beitrag zur Entwicklung des Ganzen. Gewiss ein schöner Auftrag, wenn wir begriffen haben, wer wir in Wirklichkeit sind: Kinder der Schöpfung.

Hier werden große Worte benutzt, denn es liegt mir am Herzen, die Großartigkeit und Wichtigkeit lebendiger Prozesse ins Bewusstsein der Leser zu bringen und mitzuhelfen, Respekt und Wertschätzung zu aktivieren, um das Leben unter uns und auf diesem Planeten als Prozess zu begreifen, der in den gesamten Kosmos hinein wirkt und seinerseits die Energien empfangen kann, die wir aus dem Weltraum empfangen.

Übung:
Mache es dir bequem, beginne intensiver zu atmen und gehe mit deiner Aufmerksamkeit an die Rückseite deines Herzens, den Ort, den ich den Tabernakel nenne. Stell dir vor, hier findest du eine Tür, die verschlossen ist. Nimm sie wahr, verneige dich vor dieser Tür, lausche und klopfe an. Keine Fragen, keine Forderungen bitte, sondern einfach nur warten, horchen. Vielleicht bekommst du eine Mitteilung, eine Erkenntnis oder ein Bild, dessen Symbolik du entschlüsseln sollst. Aber auch wenn gar nichts geschieht, nimm es hin, dann ist es

einfach noch nicht Zeit zur Öffnung dieser Tür, dann wirst du noch einiges aufzuarbeiten und zu erledigen haben.

Mache dir bewusst, dass das Geheimnis deiner Innerlichkeit von deinem Ego bewacht und von deinen Muskeln beschützt wird. Sei dir bewusst, dass dein Herz sich vor Angriffen aus dem Hinterhalt fürchtet. Sei dir bewusst, dass dein Sensorium noch trainiert werden muss, um aufzuwachen oder wenigstens wacher zu werden. Dieser Platz ist die sensibelste Stelle in deinem Körper. Diese Tür kann nicht gewaltsam geöffnet werden, sie öffnet sich von selbst und erst dann, wenn der Weg in eine andere Dimension frei geschaufelt ist. Dass sie offen ist, erkennst du unter anderem auch daran, dass du zwar weiterhin erreichbar bist, die Realitäten dich aber nicht mehr betreffen, nicht mehr verletzen, weil du durchlässig geworden bist. Diese Durchlässigkeit ist nicht zu verwechseln mit Verdrängung, mit der du zeitlebens versucht hast, dich zu schützen. Wenn diese Tür geöffnet ist, brauchst du keinen Schutz mehr. Du bist erreichbar, aber nicht mehr verletzbar, du bist offen und wach, du kannst auf die Wirklichkeit reagieren mit Authentizität und verantwortest, was du bewirkst und was dir geschieht.

Wenn du bei dieser Übung keinerlei Antwort bekommst, wende dich an dein Herz und sprich mit ihm: „Liebes Herz, was brauchst du, was kann ich für dich tun, bitte gib mir Antwort, ich brauche dich, ich brauche deine Mitarbeit".

Warte nicht, bis dein Herz dich erst im Augenblick deines Todes anspricht oder einfach aussetzt. Wenn du es jetzt ernst meinst, frage es jetzt. Es wird dir Antwort geben und du wirst dieser Antwort folgen müssen. Die Sprache deines Herzens ist dein Wegweiser, wo auch immer es dich hinführt – du hast etwas zu lernen und dein Herz weiß was du zu lernen oder zu realisieren hast und wozu.

Dann sage die Worte: „Tabernakel, du Tor zur Ewigkeit, was kann ich tun, dass du dich öffnest?"

Überhaupt ist es hilfreich, wenn wir jeden Abend vor dem Einschlafen uns auf unser Herz besinnen und Zwiesprache mit ihm halten – ganz besonders für Leute mit Herzproblemen.

Wovon das Herz voll ist, davon fließt der Mund über.
(Matthäus 12/13/36).

Der Bauchnabel - Die Bedeutung der mütterlichen Zuwendung

Wenn bei einem stehenden Körper, von der Seite betrachtet, der Nabel am deutlichsten vorne ist, heißt das, dass dieser Mensch hauptsächlich nach menschlicher Nähe und Geborgenheit sucht, das scheint wichtiger als seine Sexualität.

Der Nabel symbolisiert die Beziehung zur Mutter, die Zeit der Geborgenheit im Mutterleib und die Stillzeit. Das Kind hat zu wenig bekommen und sucht immer noch nach mütterlicher Zuwendung oder Schutz. Der Nabel, zeigt den Hunger nach Nähe, der nicht befriedigt worden ist, oder auch den Überdruss an mütterlicher Zuwendung, die oft als Überwältigung und vor allem als Mittel zur Manipulation verstanden worden ist.

In diesen Mangelfällen wird der Ausgleich oft in Beziehungen gesucht, d.h. die Partner werden mit Zuwendungserwartungen überfordert: Er/sie soll für ALLES da sein. Da die Mutterliebe zuerst über den Nabel erfahren worden ist, wenigstens was den materiellen Teil betrifft, kann das Kind und später dieser Mensch nicht unterscheiden lernen zwischen Liebe und Versorgtwerden.

Dass dieses Versorgungsverlangen Beziehungsprobleme fördert, ist einzusehen. Jede Art von Abhängigkeit, ob materielle oder seelisch-geistige ist eine Entwicklungshemmung – auch für den Gebenden. Der Gebende kann sich zwar seiner „Liebesfähigkeit" rühmen, aber oft genug artet dies in Machtergreifung aus: Wenn ich schon alles tun muss, will ich auch bestimmen.

Genau so schädlich ist die Überfürsorglichkeit der Mutter, sie lässt das Kind sich nicht nach seinen eigenen Entscheidungen entwickeln. Dies ist eine sehr versteckte Art der Erpressung: Du bekommst alles von mir, wenn du tust, was ich will. Diese Überfürsorglichkeit provoziert einen inneren Widerstand gegen das „sich einlassen auf Nähe" weil die Angst vor Überwältigung zu stark ist. Das kann z.B. bei Männern zu einem vorzeitigen Samenerguss führen, er muss zwar seinem sexuellen Drang folgen, kann aber nicht lange in der Vagina bleiben – aus Angst, festgehalten und bestimmt zu werden.

Wenn das Brauchen eines Kindes und die Sexualität eines Erwachsenen sich vermischen, kann sich die Sexualität nicht voll entfalten. Beide Bedürfnisse haben unterschiedliche Wurzeln und nichts miteinander zu tun. Geborgenheit sucht Schutz, Sexualität aber kann sich nur entfalten, wenn eine gewisse Autonomie, ein zu sich selbst stehen, erworben worden ist. Wenn sich kindliche Bedürfnisse einmischen, kann dies bei Frauen den Orgasmus verhindern und bei Männern des vorzeitigen Samenerguss bewirken oder andere Hemmnisse, wie z.B. endlose Verzögerungen der Ejakulation, die nicht mit tantrischer Praxis verwechselt werden dürfen. Bei Tantra wird die Verzögerung willentlich und bewusst herbeigeführt und kann jederzeit willentlich zum Orgasmus kommen.

Hier in dem Kapitel Nabel wird noch einmal auf die Sexualität eingegangen, denn im Nabel und seinen Bedürfnissen spiegeln sich auch alle anderen Bedürfnisse und Notwendigkeiten. Durch den Nabel kommt nicht nur Nahrung vom Mutterleib zu uns, sondern auch die zum Manifest gewordenen Bedingungen einer Kultur und seiner Wirkungsweise: Wir haben schon mit der Muttermilch mitbekommen, was in unserem Kulturbereich wirksam war und ist.

Das Brauchen meint Zuwendung von Mutter und Vater, die sexuelle Begegnung aber unabhängige Partner, die Verantwortung für ihr Handeln und ihr Sein übernehmen und zu ihren Gefühlen stehen. Da Sex mit den Eltern tabu war, aber dennoch sexuelle oder erotische Empfindungen in der Zärtlichkeit mit Eltern wachgerufen worden sind, besteht die Schwierigkeit bei vielen Erwachsenen, diese Beziehung – Eltern oder Partner – nicht präzise von einander trennen zu können. Dann werden sexueller Ausdruck und Lust blockiert von unterschwelligen und unbewussten Schuldgefühlen. Wenn z.B. die Partnerin zu sehr die Mutterrolle spielt durch übertriebene Fürsorglichkeit, wird das von dem Kind im Manne wohl dankbar angenommen, denn wer lässt sich nicht gern verwöhnen? Aber der „Mutter" darf er doch seine Geilheit nicht zeigen, denn das war damals verboten und wirkt immer noch im Muskelkontext des Beckenbodens nach, macht zurückhaltend und blockiert die Erektionen oder den adäquaten Ausdruck von Lust. Wenn Frauen ihre Bedürftigkeit nach Versorgung und Geborgenheit durch den Vater, mit der sexuellen Triebkraft, die der Partner auslöst, vermischen, kann ebenfalls eine Blockade eintreten. Denn die Tochter-Vater-Beziehung ist tabu und wenn sich in diese Beziehung sexuelle Gefühle einmischen, erzeugt dies Schuldgefühle in Form von „sich verkaufen".

Verhängnisvoll werden Partnerbeziehungen immer, wenn ein Missbrauch stattgefunden hat. Dies hat keine spezifische Körperhaltung zur Folge, aber mehrere Zeichen der allgemeinen Zurückhaltung oder versteckte Aggression. Jedes Kind liebt zunächst den gegengeschlechtlichen Elternteil und da diese Beziehung keine Partnerbeziehung werden kann, bleiben die Sehnsüchte unbewusst bis ins Erwachsenenalter erhalten. Das ist oft eine der Ursachen, warum manche Leute hartnäckig an einer unglücklichen Liebe festhalten und immer und immer wieder versuchen, sie zu einer glücklichen zu machen. Dieses Kind will endlich siegen, endlich den im Wege stehenden Ehemann der

Angebeteten oder die Ehefrau des Geliebten ausschalten. Dieses Verlangen hat nichts mit Liebe zu tun, sondern ist ein Versuch, alte Wunden symbolisch mit einem Erfolg endlich zu heilen.

Diese Tabus gegenüber dem gegengeschlechtlichen Elternteil wirkt sich häufig in Partnerbeziehungen aus, bei welchen ein großer Altersunterschied besteht. So wird zwischen einem alten oder wesentlich älteren Mann, der eine Vaterfigur darstellt, und einer jungen Frau meist nur eine Sexualität stattfinden können, die sich nicht oder nur schwer wirklich ausleben kann. Wenn der Versorgungsaspekt mitwirkt, ist eine schrankenlose Hingabe kaum möglich. Denn Bezahlung kann heißen – Hure sein, beschützt werden, Abhängigkeit, Kleinkindgefühl, sich nicht selbst verteidigen, nicht selbst für sich sorgen zu können.

Die Befürchtung wie eine Hure zu sein ist oft im tiefsten Unterbewusstsein vorhanden. Dies hat seine Ursache nicht nur in persönlichen Erfahrungen, sondern im kollektiven Unterbewusstsein einer Völkergruppe, Zivilisation oder Kultur. Auch das Matriarchat wirkt hier nach, auch wenn es heute überwunden scheint, sind die Positionen noch nicht endgültig geklärt.

Auch geistige Überlegenheit oder Bildungs- und Erfahrungsüberlegenheit erzeugt Minderwert mit allen seinen Folgeerscheinungen. Ebenso ist es mit einer Partnerschaft, in der die Frau den stärkeren Teil vertritt. Der Mann wird „klein" gemacht, sein Selbstbewusstsein gestört, wie soll er seine Männlichkeit vertreten.

Übersättigung zeigt sich am eingezogenen Nabel und einem dazugehörigen aufgeblähtem Brustkasten. Das passiert, wenn Mütter aus Mangel an Partnerschaft ihre Kinder zu Partnern machen. Dann wird der Nabel oft übermäßig eingezogen, was den Brustkasten wiederum aufbläht und Selbstbewusstsein und Kraft demonstrierten soll (siehe Kap. 8 Das Skelett, Das Hohlkreuz, Das Flachkreuz). Die Überforderung durch die Mutter wird hier oft zu übersteigerter Demonstration von Kraft: „Ich brauche niemand – geh weg von mir!".

Die Übersättigung kann auch dadurch ausgedrückt sein, dass der übrige Körper eine abwehrende Haltung einnimmt, z.B. ein angezogenes Kinn, das auf Ekel hinweist. Eine notorische Abwendung des Gesichts lässt auf Misstrauen, Abscheu oder Interesselosigkeit schließen, hinter der sich auf jeden Fall Gefühle wie Ärger oder Wut verbergen. Auch Trauer will nicht immer gezeigt werden. Jedenfalls wird eine direkte Begegnung nicht gewünscht. Ich wiederhole: Wenn in der Kindheit ein offener Gefühlsausdruck nicht erlaubt worden ist, entweder als Übertreibung, Irrtum oder Witz angesehen wurde, fühlte sich das Kind weder respektiert, anerkannt noch verstanden und musste seine Gefühle, damit der Schmerz nachlässt, verdrängen. Da aber alles Verdrängte insgeheim weiter schwelt und zu Ballungszentren wird (zusammenblockt), reagieren Erwachsene noch oft wie Kinder – bockig, verschlossen, dauerbeleidigt, bissig, ironisch oder unterwürfig, scheinheilig oder verlogen, so dass ein angenehmes und harmonisches Zusammenleben nicht oder nur unter vielen Verbiegungen beziehungsweise hinter Masken stattfinden kann. Wer aber seine Gefühle übergeht, macht nicht nur sich selbst etwas vor, sondern auch seinen Mitmenschen. Viele Menschen wissen nicht, dass sie verdrängen, spüren aber intuitiv, dass da etwas nicht in Ordnung ist. Da sie aber nicht gelernt haben damit umzugehen, bleiben diese Gefühle verborgen und die Zwischenmenschlichen Kontakte bleiben ungenau, verhalten, machen unglücklich und konfliktanfällig.

Alle Gefühle haben einen logischen Zusammenhang und eine gesetzmäßige Reihenfolge. Letztendlich münden sie, wenn sie verdrängt werden, in die Wut. Die Wut muss zur Aggression reifen, denn nur durch Ausdruck wird der Körper von Spannungen erlöst und kann der Freude, der Liebe und der Zufriedenheit Platz machen. Dies sollte immer wieder bewusst gemacht werden. Um die Aggression abzubauen ist es nicht ratsam, sie als solche unseren Mitmenschen überzubraten, denn das macht Krieg und unsere Partner bekommen etwas ab, was mit ihnen nichts zu tun hat, wozu sie nur der Auslöser waren. Ein wichtiger Faktor ist dabei die Trauer, die ausgedrückt werden muss, egal in welchem Gefühlszusammenhang sie auftaucht, denn ihr Ausdruck bereitet den Boden für Verständnis und Liebe. Um diese alten Potentiale zu erkennen und aufzulösen gibt es etliche therapeutische Techniken, z.B. die Dynamische Meditation. Auch die Beschäftigung mit der Körpersprache führt zu Einsichten die das Tor öffnen zu bewusstem Leben und Handeln.

Bei allen Übungen, bei allen Erinnerungen an die „Schandtaten" der Eltern, darf nicht vergessen werden, dass sie auch eine liebevolle Seite hatten, dass sie es eigentlich nur gut gemeint haben, dass sie es einfach nicht besser wussten und deshalb eigentlich auch keine direkte „Schuld" haben. Auch sie hatten eine schwierige Jugend, auch sie sind oder waren Kinder ihrer Zeit, auch sie hatten keine oder nur wenig „geistige Führung", auch sie waren in irgendeiner Weise arm dran. Nach einer symbolischen Elternbeschimpfung ist es immer Zeit ihnen auch zu danken. Sie haben dich in die Welt gerufen, sie haben Opfer für dich gebracht, sie haben dir geholfen zu leben, zu überleben.

Was wir nicht vergessen sollten: Alles hat immer zwei Seiten, das „Gute" kann nur sein, weil es auch das „Schlechte" gibt, so wie es Tag und Nacht gibt, Himmel und Hölle, Tränen und Lachen, Gott und den Teufel – dich und die Welt!

Übung:

Leg deine Hände auf deinen Nabel, atme tiefer und sprich mit deinem Nabel. Stell dir vor – er ist noch immer mit deiner Mutter verbunden, egal ob sie noch lebt und wo sie jetzt gerade ist. Sei dir jetzt bewusst, dass die

Beziehung zu deiner Mutter symbolisch die Beziehung zur Erde und zum Leben auf dieser Erde darstellt: Du hast immer noch eine Verbindung zur Schöpfung und diese Verbindung ist unzerstörbar, sie geht über den Tod hinaus und reiht dich ein in den großen Zusammenhang aller Seelen und allen Seins. Sag Danke zu deinem Nabel, zu deiner Mutter, die dich geboren hat und zu deinem Vater, der dich gezeugt hat – im Auftrag der Schöpfung.

„Des Himmels Sinn ist fördern ohne zu schaden,
des Berufenen Sinn ist wirken ohne zu streiten".
Laotse

Das Ego – Die ICH-Struktur

In unmittelbarer Nähe des Tabernakels sitzt das Ego. Es ist die Stelle zwischen den Schulterblättern, die wir mit unseren Händen nicht erreichen, nicht schützen können, ohne uns zu verrenken. Das Ego ist die Ich-Struktur, die sich aus unseren Gefühlen in Verbindung mit den von der Gesellschaft aufoktroyierten und anerzogenen oder selbst gewählten Verhaltensmustern zusammensetzt, das zu sich ICH sagt, das dieses ICH für sein wahres Wesen hält und bis aufs Messer verteidigen muss. Das Ego ist verletzlich, es bezieht seinen Wert aus der Anerkennung der Anderen und baut sich auf aus den Erfolgen, die es errungen hat. Wer über sein Ego nicht hinaus schauen kann, bleibt gefangen in einer Egozentrik, die bis zum Wahn gehen kann. Nur das Ego kann verletzt werden und leiden, die Seele oder das wahre Selbst, wie wir das Unsterbliche an uns nennen, kann nicht getroffen werden, denn es ist mit dem universalen Geist verbunden, erlebt sich als ein Teil davon und versteht sich als Geist. Diese Wahrnehmung kann nur stattfinden, wenn das Ego erkannt und seine Funktionen unter die Entscheidungen eines wachen Geistes gestellt worden sind.

Eine Geschichte über das Ego ist die Siegfrieds-Sage. Er hat, um seine Haut unverletzlich zu machen, in Drachenblut gebadet. Dabei ist ihm jedoch widerfahren, dass just ein Lindenblatt vom Baum gefallen ist und sich zwischen seinen Schulterblättern festsetzte. Gerade an dieser Stelle hatte deshalb Siegfried keinen Schutz und Hagen konnte ihn mit seinem Speer durchbohren. Der Speer traf ihn mitten ins Herz. Wie viele dieser alten Geschichten, beherbergt diese eine tiefe Weisheit, hier die, dass nur das Ego getroffen werden kann, unser wahres Selbst aber ist unverletzlich und unsterblich. Und dabei ist zu erkennen und zu erinnern: „Ich bin nicht mein Ego, ich habe es, ich kann es benutzen, aber ich darf mich nicht mit ihm identifizieren". Das ist schwer, denn so haben wir es gelernt und wir brauchen es zur Realisation unseres praktischen Lebens. Viele Erleuchtete predigen, dass man das Ego loslassen muss, dass man es wegwerfen soll. Aber – wer sorgt dann für unser Brot, für unser Bett, für unser Haus, für unser Wohlbefinden, für unsere Kinder? Wir brauchen also das Ego um mit dem Leben und der Realität zurecht zukommen, wir müssen aber lernen uns oder unser wahres Selbst von unserem Ego zu unterscheiden. Es soll nicht unser Meister sein, sondern unser Diener. Dazu brauchen wir viel Wachheit, viel Aufmerksamkeit, viel Einsehen und Verständnis, viel Verantwortungsbereitschaft und viel Mut.

Die Nähe des Ego zum Tabernakel ist bemerkenswert. Einerseits ist es der Zerberus am Tor zum Himmel, der es bewachen muss, als Handlanger der universalen Bewusstseinskräfte, denen es dienen muss, um das Lebendigsein als Schule zu garantieren. Andererseits untersteht es der Transzendenz des Herzens, das seine Tore öffnet, wenn die Liebe es erfüllt und überquillt. Hier muss die Unterscheidung getroffen werden, was aus Liebe geschieht oder aus anderen Gründen, wie z.B. Macht,

Gier, Eitelkeit, Ehrgeiz oder Größenwahn. Wer sich seiner niederen Motive bewusst ist, kann sie nicht mehr anwenden ohne sein Gewissen zu übergehen. Wer sein Gewissen – „sein gewiss – sein" übergeht, macht sich sündig. Hier geht es nicht um Sünden, die von irgendwelchen Religionen verhängt werden aus politischen und gesellschaftsrelevanten Gründen, sondern um die Sünden gegen die Gesetze der Natur und des universellen Geistes, die nicht in unserer Hand sind, sondern akzeptiert und befolgt werden müssen und die sich gegen unseren Körper und unser Leben richten, wenn wir sie missachten. Z.B. wenn Machtgelüste das Liebesverhalten bestimmen, so kann das nicht die Sprache des Herzens sein, sondern die Sprache des Egos, die nicht mit Liebe zu tun hat. Und das Ego führt stracks in die Hölle – und die Hölle ist hier.

Die Stelle zwischen den Schulterblättern ist von der Entwicklung der Wirbelsäule her, diejenige, an welcher sich zeigt oder manifestiert, wie sich der Mensch, der Jugendliche, aus den Zwängen der Familie und der Erziehung in der Pubertät befreit hat. Wenn diese Stelle tief zwischen den Schulterblättern zu versinken scheint, ist die Durchsetzungskraft und die Selbstverständlichkeit der Realisation des eigenen Lebens gestört. Dieser Mensch sucht meist Hilfe bei anderen und übernimmt keine Verantwortung. Tritt die Wirbelsäule an dieser Stelle aber hervor und macht sogar einen kleinen Buckel, bedeutet das, dass die Rückseite abgesichert werden musste durch Ausbuchtungen und das Herz geschützt werden wollte. Außerdem sitzt an dieser Stelle auch der Rucksack der Verantwortung, die zu früh übernommen worden ist oder werden musste.

Das Ego muss lernen zu handeln, es muss sich entwickeln, kräftigen, stabilisieren und manifestieren – zu sich stehen, sich behaupten können, um sich mit der Welt der Erwachsenen auseinander setzen zu können und ihre eigene Welt zu kreieren. Dies ist ein wichtiger Prozess, denn hier, in der Zeit der Pubertät und durch die Pubertät, ist auch der Ort, an welchem soziale Intelligenz entwickelt werden muss.

Das gilt auch für das Verhalten der Völker. Vorläufig sieht es in der Welt noch eher nach sozialer Dummheit aus und die Konsequenzen sich deutlich und spürbar. Hier zeigt sich auch, dass soziales intelligentes Verhalten zuerst im zwischenmenschlichen Bereich geübt werden muss, bevor es als Selbstverständlichkeit und Weisheit in das Verhalten von Völkergruppen eingehen und praktiziert werden kann.

Übung:
Geh mit deiner Aufmerksamkeit an die Stelle zwischen deinen Schulterblättern und schicke deinen Atem dorthin. Sprich mit deinem Ego, bitte es dir zu dienen. Bedanke dich für seine Präsenz und bitte um Zusammenarbeit: „Gib mir Signale und hilf mir, bewusst zu werden".

Bedenke, dass – wenn du Bedingungen an jemanden stellst – derjenige in den Trotz gehen kann: Nun gerade nicht! Aber wenn du um etwas bittest, kann vielleicht derjenige zur Mitarbeit bereit sein wird. Denn jeder will gebraucht werden und für etwas gut sein und jeder hat seinen Platz in einer Gemeinschaft, an welchem nur er fruchtbar wirken kann. So auch das Ego. Auch wenn es sich hier um Muster und Verhaltensweisen handelt, sind auch diese ein Weg zur Erweiterung des Bewusstseins und können uns dienen.

Die Kehle und die Ohren – Eindruck und Ausdruck

Die Kehle bedeutet: Schlucken, etwas hereinlassen, vereinnahmen und etwas herauslassen, loswerden. In ihr sind Ausdruck, Authentizität, Wahrhaftigkeit impliziert. Die Kehle als

Tor zu unseren Organen ist ein spirituelles Organ. Sie vermittelt Eindruck und Ausdruck, Kommunikation ist ihr Vehikel. Sie nimmt auf und gibt ab. Sie schluckt – entweder Nahrung oder Eindrücke. Sie leitet Nahrung in den Körper und drückt aus – durch Stimme und Worte, was ausgedrückt werden soll oder möchte. Die Nahrung wird über den Mund aufgenommen, die Eindrücke über die Ohren. Kehle und Ohren sind durch die Eustachsche Röhre miteinander verbunden.

Die Ohren sind unsere einzigen Sinnesorgane, die sich nicht selbst ausdrücken können, sie sind auf die Kehle angewiesen. Alles was in die Ohren kommt, vernommen wird, erreicht die Seele unfiltriert, auch während des Schlafs, in der Narkose und auch während des Sterbeprozesses bleiben sie bis zum Ende wach. Dies ist ein geistiger Prozess und hat mit hell-hören, hell-fühlen und überhaupt mit wahrnehmen des Unsichtbaren zu tun.

In einem gesunden Körper müssen sich Eindrücke und Ausdrücke die Waage halten = alles was nicht gebraucht wird oder stört, oder verdaut ist – muss ausgeschieden werden (siehe Nahrung). Der physische Prozess läuft über den Verdauungskanal, der geistig-seelische, wenn er nicht verarbeitet werden kann – über den Ausdruckskanal – die Kehle – durch Ausdruck-Stimme-Sprache. Was nicht verdaut – sprich verarbeitet werden kann, macht körperliche Probleme.

Die Krankheiten des Kehlkopfes bzw. des ganzen Halsbereichs sind bekannt: Entzündungen, Verdickungen, Kropf usw.

Die Stimmbänder spiegeln unsere Stimmung, an ihrer Klangfarbe bzw. Modulation erkennen wir unseren inneren Zustand. An der Form des Halses, ob verdickt oder besonders abgemagert, ist zu sehen, wie es mit der Ausdrucksbereitschaft steht. Auch Unterkiefer und Mund haben einen Zusammenhang mit dem Ausdruckszentrum, schließlich sind sie beteiligt am Ausdruck. Wenn der Unterkiefer zusammen gepresst ist, liegt eine Ausdrucks- oder Sprachhemmung vor. Die Zähne scheinen verbissen, d.h. etwas wird verbissen und mit Gewalt zurück gehalten. Die Artikulationshemmung hängt wieder eng mit den Geboten und Verboten zusammen und beinhalten Angst vor Authentizität, vor sich zeigen und auszudrücken, sich zu offenbaren. Die Kommunikation ist eingeschränkt und hat Folgen. Dieses Thema ist in fast jedem Körperteil verankert, d.h. der ganze Körper drückt seine Hemmung in verschiedenen Teilen verschieden aus. Z.B. in den Händen als Handlungshemmung, in den Augen als Jalousie, die herunter gelassen wird, um sich nicht zu verraten, im Atem, der zurück gehalten wird, aus Angst vor unkontrolliertem Ausdruck.

An den zusammen gebissenen Zähnen bzw. Kiefern ist eine Portion Aggressivität vorhanden: Wer nicht zubeißen darf um sich zu wehren, sammelt Wut an und versteckt sie irgendwo. Auch Gier nach mehr Nahrung ist dort versteckt.

Der spirituelle Aspekt dieser Kehlkopf-Kiefer-Region ist der Umgang mit der „Wahrheit" und die Entscheidung, sie preiszugeben. Hier ist zu fragen: „Was ist meine Wahrheit? Was braucht mein Körper und was braucht meine Seele?" Wenn die Seele das nicht bekommt, was sie braucht, wird der Körper Fressgier oder Ekel entwickeln. In beiden Fällen ist zu untersuchen und zu fragen: „Wer bin ich, was brauche ich, was ist überhaupt ICH?" Diese Fragen führen dann unweigerlich zum nächsten Zentrum, dem 3. Auge, das entweder blind oder sehend ist, entweder herum tappt in Konditionierungen oder die Realität erkannt hat und in dieser Realität den Sinn des Lebens oder den Kern des Daseins begreift oder wenigsten ahnen und sich in Dankbarkeit und Ehrfurcht vor der „Unbegreiflichkeit des Seins" verbeugen kann.

Über die Notwendigkeit von offener Kommunikation ist hier schon so viel gesagt worden, dass ich es nicht mehr wiederholen möchte. Nur dies eine noch: Wir haben immer die Wahl welchen

Weg wir gehen wollen, entweder den Weg des unbewussten Leidens oder den Weg des bewussten Erlebens.

Auch wenn wir uns davor fürchten in einer Beziehung unsere Wahrheit auszusprechen, weil es der Beziehung schaden könnte – sie nicht auszusprechen schadet ihr auf die Dauer auf jeden Fall. Also – warum nicht jetzt unsere innere Wahrheit offenbaren?

Viele Menschen glauben ihre Probleme mit sich selbst am besten verarbeiten zu können. Das stimmt nur, wenn sie dabei lebendig bleiben und das wird erst dann stattfinden, wenn die Probleme ernsthaft verarbeitet worden sind. Das aber ist ein langer Weg. Erst wenn die Angst vor Konsequenzen uns nicht mehr im Weg steht, können wir uns öffnen und erst dann sind wir fähig wirklich der Mensch zu sein, als der wir gedacht bzw. entworfen sind.

Wenn die Kommunikation mit der Welt stimmt, kann auch die Kommunikation mit Gott oder dem Göttlichen eine Basis finden. Wer bei sich selbst zu Hause ist, ist auch in der Welt und damit in der Ewigkeit zu Hause, jener Dimension, in der wir unsterblich sind. Das ist der tiefste Sinn des Kehlkopfchakras und seiner Verbindung zu den Ohren, jener Organe, die immer offen sind, die nicht nur Töne oder Laute hören können, sondern auch die Wahrnehmungsorgane sind für Schwingungen und feinstoffliche Zentren, für morphogenetische Felder (Sheldrake) und außersinnliche Phänomene.

Übung:
Frage: Was will ich ansprechen, nicht ansprechen? Leg deine Hände auf deine Kehle und höre ihr zu.

Frage: Muss ich alles schlucken oder darf ich im rechten Augenblick NEIN sagen. Dazu gehört absolute Aufmerksamkeit in jedem Augenblick und der Mut zur Offenheit und zur Veränderung – wie immer diese sich darstellen wird: Sie ist die Bedingung für Wachstum.

Die Zeichnung der Ohren, ihre Größe, ihr Abstehen oder Anliegen, sagen etwas über unser Hörvermögen bzw. unsere Hörbereitschaft oder Hörzwang aus. Große Ohren vermitteln – alles zu mir, ich will es wissen. Kleine Ohren – langsam, langsam, es kommt schon noch zur rechten Zeit an, nur keine Überstürzung.

Große Ohren: Ich will alles hören, bin neugierig. Kleine Ohren: Ich halte mich bedeckt, es geht mich nicht alles was an – oder: Ich tue so, als ob ich nicht höre!. Dabei kommt es sehr auf die Gestaltung der Ohren an. Abstehende Ohren kann eine Vorbeugung von Hörschwäche sein, aber auch Wissen wollen und sich einmischen. Wer nicht hören will muss fühlen, sagt ein altes Sprichwort.

Ohrenkrankheiten möchten uns sagen: „Etwas will nicht mehr gehört werden – es reicht!" Oder „ich brauche Stille, ich muss mal nach Innen hören, mich selbst wahrnehmen und anerkennen und lieben lernen. Meine Innenwelt ist jetzt wichtig".

Übung:

Frage: Was will ich nicht hören, nicht wahr haben, was brauche ich unbedingt? Was will ich hören, was höre ich, wenn ich in mich hinein horche, und was, wenn ich mich für die Schwingungen des Universums öffne?

Setze dich hin und öffne dein Ohren bewusst, lass alle Geräusche in dich hinein. Und dann beginn in dich hineinzuhorchen und deiner inneren Stimme zu lauschen.

14 Die verschiedenen Kopfhaltungen

Nase nach oben gerichtet – Blick von oben herab – Hochnäsigkeit, sich nicht einlassen wollen oder können, wirklicher Kontakt wird nicht gewünscht. Suche nach höheren Regionen, Hochmutshaltung, aber auch Sehnsucht nach dem Wesentlichen. Ausschau nach Gott.

Wenn die Nase hochgehalten wird, sieht das ganz nach Hochnäsigkeit aus, „mit dem Schmutz da unten will ich nichts zu tun haben" oder „ich halte mich raus und befasse mich lieber mit höheren Welten, mit geistigen Höhenflügen, das hier ist eine Zumutung". Dahinter steht natürlich die Angst vor der Realität, die Angst vor Konfrontation, vor Begegnung, vor Berührung, vor Zuwendung, vor erkannt oder nicht anerkannt werden, vor Liebe, vor Hingabe und – vor aufgeben müssen der so mühsam erworbenen Meinungen und Eigenschaften, die wir für unsere Individualität und unseren Charakter halten.

Kann auch sein, dass jemand sein Doppelkinn nicht vorführen will, weil er oder sie sich davor fürchtet, sein wirkliches Alter erkennen zu lassen, eine Angst, die oft im Leben wiederkehren kann und gerade die Selbstverständlichkeit des Alterungsprozesses verhindert. Aber nicht ist alberner als jünger sein zu wollen, jünger scheinen zu wollen, denn gerade dahinter verbirgt und offenbart sich eine unreife Persönlichkeit. Wer ernst genommen werden will, muss zuerst mal sich selbst ernst nehmen und dazu gehört, zu sich selbst zu stehen, sich zu vertreten und darzustellen.

Wenn die **Nase sehr weit vorsteht**, heißt das zuerst mal Neugierde, "Ich will alles wissen, kontrollieren, erfahren. Meist ist gleichzeitig der Nacken zurückgehalten und das Brustbein flach: "Ich will wissen, halte mich aber zurück, stelle mich nicht." Diese

„naseweise" Haltung verbirgt die Angst, die im Nacken sitzt, hinter einer scheinbaren Offenheit, die nichts anderes in Sinn hat als zu beobachten, sich selbst zu schützen, mit Rückzug zu reagieren und in Sprachlosigkeit zu verfallen. Das eingezogene Brustbein, eine Angewohnheit aus dem 1. Lebensjahr = zurückgehaltener Atem verhindert Schmerz und Enttäuschung, alle Gefühle bleiben flach (siehe Manko-Loch).

Nase nach unten gerichtet – Blick von unten – forschend, suchend mit Misstrauen oder Unsicherheit. Oft steht dahinter Besserwisserei und festgefahrene Meinung. Suche in den Tiefen des Unterbewusstseins, Demutshaltung oder Unterwürfigkeit, Selbsterforschung oder Zweifel.

Der Beobachterblick kommt aus der Angst vor Konfrontation und Bestraftwerden. Er will sich schützen, nichts aussagen, sondern erst mal abwarten. Wenn das Kinn stark angezogen ist, kann das auch etwas forschendes haben und sagt: „Zeig erst wer du bist, eh' wir überhaupt miteinander reden" oder bei heftig angezogenem Kinn: Ekel, Abscheu – hinter denen eine angelernte Abwehr gegen alles schmutzige steht. Z.B. gegen Organe, die einen Geruch ausbreiten, gegen Sexualität etc.

Wenn **der Kopf hängend nach vorne gesunken** ist heißt das: „Ich lasse den Kopf hängen, mir ist alles zu viel, ich kann nicht mehr". Dies ist nicht zu verwechseln mit einer gedankenvollen Konzentrationshaltung, die Stärke zeigt, oder eine natürliche Demutshaltung, die das innere Loslassen anzeigt.

Wendung des Gesichts nach rechts – Misstrauen, verstecken der eigenen Meinung, Forschungsdrang, verstecken der männlichen Eigenschaften insbesondere der Aggressivität.

Wendung des Gesichts nach links – Ablehnung, Gefühle verbergen, Zuwendung versagen, negative Meinung, Misstrauen.

Wenn **der Kopf zur Seite geneigt oder gedreht** ist, heißt das, dass kein direkter Kontakt erwünscht ist. Dahinter kann Misstrauen, Angst oder Scheinheiligkeit stehen. Zu vermuten ist, dass eine negative Haltung zum Leben und zum Schicksal vorherrscht, ein „ich lasse mich nicht ein", oder „zeig du erst mal wer du bist, dann sehen wir weiter" oder „ich bin ja gar nicht so, ich will mich nur vorsehen" usw.

Neigung des Kopfes nach rechts – Scheinheiligkeit, versteckte Prüfung, keine oder nur vorgetäuschte Anteilnahme: „Mach mir nichts vor".

Neigung des Kopfes nach links – demonstrative Fürsorglichkeit, meist aus egoistischen Motiven, Scheinheiligkeit, Angst entdeckt zu werden: „Tu mir nichts, ich bin doch so lieb".
Generell ist die Neigung des Kopfes nach links oder rechts eine „scheinheilige" Demonstration von „Geneigtheit", wir zeigen – heucheln – Nettigkeit, Zuwendung oder Hilfsbereitschaft und eine Verweigerung von Begegnung. Meist ist sich derjenige dessen nicht bewusst, er hat sich einfach diese Haltung angewöhnt um sich zu schützen und um seinen inneren Zustand, von dem er oft jedenfalls keine Ahnung mehr hat, weil die Ursachen längst vergessen sind, zu vertuschen.
Je sanftmütiger sich jemand gibt, dauerfreundlich, dauerlächelnd und damit vorgibt: „Ich bin doch so lieb, ich bin doch ganz harmlos, ich meine es doch gut, du brauchst doch keine Angst vor mir zu haben", um so mehr ist zu vermuten, dass sich dahinter eine tiefsitzende unbewusste Aggressivität verbirgt oder eine totale Weigerung, seine zutiefst verletzte Seele irgend jemand zu zeigen. Je dauerbrummiger, unfreundlicher, schlechtgelaunt

sich jemand zeigt, um so tiefer und hoffnungsloser wird seine Sehnsucht nach Nähe sein, die sich nicht wagt, ans Licht zu kommen aus Angst vor Enttäuschung. „Ich lasse mich erst gar nicht ein, dann kann ich auch nicht mehr verletzt werden".

Kopf gerade – sich in die Augen schauen ohne Wendung zeigt Offenheit, Begegnungsmöglichkeit, Authentizität und heißt: Zu sich und seinen Gefühle und zu ihrem Ausdruck stehen, Wohlwollen und Bereitschaft zu offener Kommunikation.

Bei der Betrachtung der Kopfhaltung kommt es auf die Haltung des Mundes an. Sind die Lippen zusammen gepresst, heißt das: Nichts kommt über meine Lippen. Sind sie locker oder sogar leicht geöffnet: Ich lasse alles rein und raus, ich bin offen und empfänglich, ich erwarte.

Bei der Betrachtung müssen immer auch die Ausdrucksweisen der übrigen Körperteile berücksichtigt werden.

Auf keinen Fall zeigt eine Neigung des Kopfes eine direkte und ganz ehrliche Kommunikation an, sondern dieser Haltung ist immer etwas Übertriebenes beigemischt – und warum übertreiben wir? Weil unser Körper vielleicht etwas ausdrücken will, von dem unser Mind, unser Verstand, nicht überzeugt ist, und deshalb auch fürchten müssen, nicht ganz zu überzeugen. Oder weil sich bei Betulichkeit und auch Sorge leicht der Hang zum Mitbestimmen oder sogar zum Herrschen einmischen kann, was mit Scheinheiligkeit neutralisiert werden soll. Wer aufrichtig und aufgerichtet – kommuniziert, stellt auf jeden Fall einen unmittelbaren Augenkontakt her, der es möglich macht, einander in die Seele zu blicken (Aufrichten hat mit aufrichtig sein zu tun). Jede Abweichung vom direkten Kontakt bedeutet entweder Angst vor entdeckt werden oder vor entdecken. Sich nicht der Wirklichkeit stellen wollen heißt immer, dass dahinter unbewusste

Ängste stecken, die aus den Erfahrungen der Kindheit kommen und die Fähigkeit zur Authentizität blockieren.

Keine dieser Haltungen sollte Gewohnheit werden, denn durch Gewohnheiten kann das Sensorium ausgeschaltet werden und verkümmern, kann die Initiative gebremst werden und inaktiv machen. Das Sensorium muss wach bleiben, um alles wahrnehmen zu können, was auf uns zukommt. Wir müssen nicht alles hinnehmen, was uns geboten wird und können unterscheiden lernen zwischen dem, was sich verändern lässt und dem, was den großen Gesetzen des Seins unterliegt und hingenommen werden muss.

Niemals sollten Haltungen des Körpers isoliert betrachtet und beurteilt werden. Z.B. kann ein hängender Kopf, der Resignation auszudrücken scheint, auch ein Hilferuf sein; und durchaus im Gegensatz stehen zu angespannten Beinen, die Aktivitätswünsche signalisieren. Dabei ist zu untersuchen, wie die Körpermitte aussieht, denn dort zeigt sich die Fähigkeit der Zusammenarbeit von unten und oben, von Geist und Materie, von Denken und Handeln (sh. Kap. 6 Die Körperproportionen). Meist ist dann der Solarplexus in Spannung, was sich durch Härte oder Verdickung bemerkbar macht. Auch Fettansammlungen sind Zeichen von Blockaden. Hinter all diesen Haltungen steht – wie gesagt - immer die Angst, hinter Angst steht immer – wenn auch nicht bewusst – die Wut. Hinter der Wut kann, wenn sie ausgedrückt worden ist, die wahre Trauer hervorkommen, die verstanden hat und akzeptiert: „So ist es, ich kann und will es nicht ändern, ich nehme es als meine Lernaufgabe hin, ich danke Gott für diese Lehre."

Übung:
Mach einen Augenblick Pause und lasse dir einen Satz zu deiner Körperhaltung einfallen. Dann sei dir bewusst, dass dies womöglich einer deiner eigenen Schlüsselsätze ist.

Partnerübung:
Stellt euch gegenüber und probiert alle diese
Kopfhaltungen mit einem Freund einer Freundin aus.
Nach einiger Zeit werdet ihr vermutlich erkennen, dass
nur der unverstellte, gerade Blick mit „Gesicht vor
Gesicht" ohne Ausflüchte eine wirkliche echte und
authentische Kommunikation möglich macht.

Diese Übung kann auch alleine vor dem Spiegel gemacht
werden. Du schaust dir in die Augen und probierst die
verschiedenen Kopfhaltungen aus. Dann werde dir bewusst, was
hinter deinen Lieblingshaltungen verborgen ist und frage dich:
„Warum muss ich sie beibehalten? Was hindert mich offener zu
werden? Will ich die Folgen meiner bisherigen Haltung weiter auf
mich nehmen? Oder will ich endlich andere Kontakte
ausprobieren, indem ich meine Haltung verändere?" Besprich dich
mit deinen Freunden, macht diese Inhalte mehr zu euren
Gesprächsinhalten – statt euch über nichtssagende Dinge
auszutauschen, eure Meinungen zu vergleichen und eure
Standpunkte zu verhärten.

Es ist eine altbekannte Tatsache: Auf der Meinungsebene sind
wir Feinde, auf der Gefühlsebene können wir Freunde werden. Du
hast die Wahl. Dein Körper ist das Medium.

Fazit: Authentische Kommunikation ist der einzige Weg aus
Missverständnissen. Es muss gelernt werden, sich nicht vor der
Wahrheit eines anderen und der eigenen Wahrheit zu fürchten,
noch sie zu missachten. Lieben können wir einander nur, wenn wir
uns verständlich gemacht haben. Wenn wir uns nur unsere Masken
zeigen, werden nur unsere Masken geliebt. Wenn wirklich DU
geliebt werden willst, musst du dein wahres Gesicht zeigen.

Die Bewältigung der Angst ist eine unserer wichtigsten Übungen, denn sie führt uns zur Selbsterkenntnis und damit zu unseren „wahren" Inhalten und Aufgaben, zu den Aufgaben uns selbst und der Welt gegenüber. Wer nur sich selbst im Auge hat, kann die Liebe, aus der wir entstanden sind, weder erkennen noch leben. Er wird solange durch ein Schicksal gepeitscht, bis er entweder zerbricht oder aufwacht und sehend wird. Wir brauchen einander in diesem Prozess der Erkenntnis, wir brauchen Spiegel, in denen wir uns erkennen können, wir brauchen Widerspruch und Kritik und wir brauchen Verständnis. Am schlimmsten sind die dran, die den Schmerz vermeiden wollen durch Nichtbeachtung oder Selbstbeweihräucherung, sie torkeln am Wesentlichen vorbei und zahlen eine große Rechnung = Zeitverschwendung! Aber wer seine Lage erkennt hat, wird handeln.

Goldene Regeln

- Wer sich hängen lässt, übernimmt keine Verantwortung.
- Wer sich aufbläht, will Macht ausüben.
- Wer sein Herz verschließt, will sich nicht zeigen.
- Wer viel gibt, erwartet viel.
- Wer wenig gibt, hat kein Vertrauen.
- Wer viel redet, redet drum herum.
- Wer wenig sagt, glaubt nicht an sich selbst.
- Wer sich viel aufregt, ist voll mit versteckten und unbewussten Aggressionen.
- Wer sich zurück hält, hat Gefühle, die er nicht zeigen will.
- Wer ewig lächelt, versteckt seine missachteten Gefühle.
- Wer viel krank ist, erschleicht sich Zuwendung.
- Wer jammert, sucht Schuldige.
- Wer seinen Körper missachtet, kennt keine Ehrfurcht.

♦ Wer ewig leidet, kennt weder Demut noch Selbsterkenntnis.
♦ Wer ewig zürnt, hat Autoritätsprobleme.

Wer Bewusstsein erlangt, kann alle diese Haltungen erkennen und einordnen und damit beginnen, sie loszulassen, sich zu entspannen und ja zu sagen zu dem wie er geworden ist und noch werden kann auf dem Weg zur Vollendung.

Nun ist es nicht so einfach Muster und Verhaltensweisen aus dem Verhaltensrepertoire zu erkennen und vor allem nicht leicht, sie loszuwerden. Meistens mischen sie sich unbewusst in aktuelle Situationen ein, sie kommen einfach hoch und wir halten sie für durchaus angebrachte, spontane Reaktionen. An ihrer Intensität können wir erkennen, dass alte Verletzungen mitwirken, besonders dann, wenn der Anlass eigentlich gering erscheint, die Reaktion aber äußerst heftig ist.

Wenn wir erkannt haben, dass hinter emotionalen Ausbrüchen oder hinter Animosität gegenüber einer Person eigentlich eine alte, schmerzhafte Erfahrung steckt, die wir mit einer ähnlichen Person oder Beziehungsform gemacht haben, können wir die Auseinandersetzung emotionsfreier gestalten und die Schwachpunkte in unseren Beziehungen ohne Verurteilung ansprechen und klären. Auf diesem Gebiet muss für die meisten Menschen noch eine Menge erkannt und gelernt werden.

In diesen Fällen hilft nur Offenheit, authentische Kommunikation und von dem intensiven Wunsch nach Lösung getriebene Äußerung von Gefühlen. Wie macht man das aber, ohne viel Geschirr zu zerschlagen, ohne zu kränken, zu verschrecken oder in die Flucht zu treiben? In manchen Fällen ist es notwendig, einen Therapeuten aufzusuchen und Beistand zu suchen, jedenfalls eine neutrale Person. Hier muss soziale Intelligenz gelernt werden um herauszufinden: „Was will ich in einer Beziehung ändern und wie kann es geschehen, dass wir eine neue Basis finden für den weiteren Verlauf einer Beziehung oder einer Zusammenarbeit".

Wenn wir bereit sind, uns selbst nicht nur als Opfer zu sehen, sondern uns als gleichwertiger Teilhaber und Auslöser zu erkennen, wenn wir weiter bereit sind, Verantwortung zu tragen für ein besseres Zusammenleben, wird dies auch gelingen.

Übung:
Stell dich vor eine Wand in ungefähr 40 cm Abstand, je nach Körpergröße. In Kopfhöhe mit beiden Händen ein Kissen an die Wand halten und die Stirn mit aller Gewalt gegen das Kissen drücken. Dabei tief atmen und die Stimme erheben bzw. heraus lassen und Worte finden, wie z.B. „ich habe die Nase voll", oder „hau ab", oder „es ist mir zu viel" usw. Diese Worte so lange wiederholen, bis dir andere einfallen, und dann auch diese wiederholen.

Nach einiger Zeit wird bewusst werden, was dir zu viel ist, was du abschütteln möchtest, wen oder was du loswerden willst.

Obige Übung ist auch hilfreich bei Kopfschmerzen. Denn Kopfschmerzen sind immer ein Zeichen – wenn sie nicht ein manifestes Leiden bedeuten, dass Gefühle oder Wahrnehmungen nicht ins Bewusstsein gelassen werden. Durch den Druck aus dem Körper können sich Schmerzen zuerst verstärken, sich dann aber auflösen, wenn bewusst geworden ist, was wir verdrängen. Die Frage – „was will ich nicht wissen" – ist bei jedem Signal, bei jedem Schmerz aktuell, - „was will ich nicht wahrhaben, nicht erleiden, was kann passieren, wenn ich mich meiner Probleme bewusst werde, wenn ich mich ihnen stelle?" Dann kommt oft die kindliche Angst hoch, die aus alten Tagen noch im Unterbewusstsein hockt und sich vor Erkanntwerden, Strafe und

„sich – schämen – müssen" schützen will. Und dann ist die Frage zu stellen „Was will ich jetzt? Was kann mir helfen? Wie kann ich mir selbst helfen und – oder Hilfe von Anderen bekommen? Will ich raus aus dem Dilemma, oder lasse ich mir noch ein bisschen Zeit"? Auch der Problematik Raum geben ist manchmal nützlich, damit der Druck größer und unsere Initiative angeregt und die Suche nach einer Lösung intensiviert wird.

.

15 Das Gesicht –
Das Aushängeschild

Das Gesicht ist das Aushängeschild, das wir der Welt zeigen, mit dem wir uns entweder präsentieren oder verschleiern, je nach unserer Bereitschaft zu Authentizität. Jedes Kind hat gelernt sich zu verstellen, da gibt es keine Ausnahme. Es hat sich zu seinem eigenen Schutz Masken zugelegt, die es je nach Bedarf aufsetzen kann, um zu verstecken, zu täuschen, zu verführen, zu manipulieren. Es hat herausgefunden, welche seiner Masken am wirkungsvollsten sind, und die dann zu seiner Standardmaske erkoren, das war lebensnotwendig. Z.B. gibt es Leute, die immer gut drauf sind, die immer lächeln, freundlich sind, immer bereit zu helfen, sie haben keine Probleme und vermitteln: „Mir geht es gut" und zwar zu allen Zeiten, jedenfalls in der Öffentlichkeit. Das waren garantiert Kinder, die ihre Eltern nicht belasten wollten, die sich womöglich ungeliebt, unverstanden, überflüssig gefühlt haben und signalisieren mussten „mir geht es gut", um den Eltern zu vermitteln: „Du brauchst dich nicht um mich zu kümmern, ich schaffe das schon". Oder sie fühlten sich aufgerufen ihre Eltern zu trösten, zu unterstützen, ja sogar den verschwundenen oder beziehungsschwachen Partner zu ersetzen und immer noch gut drauf zu sein: „Sieh mal, ich bin ja für dich da". Getrieben von der Angst auch noch den Elternteil zu verlieren, der noch da ist. Meistens sind ihre Augen strahlend und weit offen. Je deutlicher die Iris freisteht zwischen den Augenlidern, um so wahrscheinlicher ist es, dass dieses Kind auf die Welt kam mit blankem Entsetzen weil es nichts vorgefunden hat, als eine Mutter oder Eltern, die andere Sorgen hatten als sich um die Beziehung zu einem Säugling zu kümmern, der ohnehin nur im Bettchen lag und vor sich hin geschrien oder geträumt hat. Bei solchen Augen und auch bei einem Dauerlächeln ist zu fragen: Was haben die Augen gesehen, was sie so entsetzt aussehen lässt, oder was hat dieses Wesen dazu gebracht vorwiegend zu lächeln? Was soll damit kaschiert, versteckt, verdrängt werden und was bedeutet diese Art von Kommunikation mit der Welt, mit mir? Was erreicht mich da? Kann ich diesem wohlwollenden, freundlichen und im Grunde nichtssagenden Ausdruck trauen? Nichtssagend deshalb, weil er oft ohne Variationen oder ohne Bewegung ist.

Diese Augen blicken, wenn sie gerade nicht lächeln, meist starr, bewegungslos, und obwohl sie oft jemand unverwandt ansehen können, ohne mit der Wimper zu zucken, zeigen sie keinen Inhalt. Der Ausdruck ist leer, so als ob sie durch einen hindurch sehen. Das ist aber auch ihr Anliegen – zu durchschauen, denn die Verletzung und die Angst in der frühen Kindheit war derart, dass sie nicht verstehen konnten, was ihnen da begegnet und wissen wollten, was dahinter steckt. Sie suchen, wollen aber selbst nicht zeigen, wer sie sind und wo sie stehen, denn das war damals nicht gefragt, verboten oder missverstanden und gefährlich. Dahinter steht meist eine tiefe Resignation. Die letzte Ursache aber ist die Sehnsucht nach Liebe – weil ihre Seele um die Liebe weiß.

Die Augen –
Die konditioniertesten Organe

Sehen – Blind sein – sehen wollen – nicht sehen wollen, Offenheit – Verschleierung.

Linkes Auge: Ausdruck des inneren Zustandes, Seelenausdruck, gehört der weiblichen Seite an, führt nach Innen, passiv.

Rechtes Auge: Ausdruck von Energie, Wille, Macht, gehört der männlichen Seite an, kommt von Innen, aktiv.

Aufgerissene Augen – so dass der obere Teil der Iris freisteht: Entsetzen. Wenn das Augenlid halb die Iris verdeckt: Abwartehaltung, Resignation, Misstrauen. Wenn die Iris unten freisteht, also keinen Kontakt mit dem unteren Augenlid hat: Bettlerblick, Mitleid heischend, Schuldzuweisung, beleidigt sein, Unterwürfigkeit. Auch Unterwürfigkeit entspringt einer tiefen Verletzung, diese Seele hat sich geschworen: Ich werde nie mehr jemand verletzen. Auch hinter dieser Entscheidung – wie hinter jeder „Haltung" steht das Wissen um die Liebe und die Notwendigkeit, sie irgendwie unter allen Umständen zu realisieren.

Kurzsichtigkeit entsteht meist in der Kindheit: Das Kind will seine Wahrheit nicht so genau sehen. Die Eltern oder die Umgebung können nicht verkraftet werden, das Kind will sich schützen. Blindheit: Nicht sehen wollen, Aktivierung anderer Sinnesorgane als Auftrag der Seele an das Bewusstsein.

Hier höre ich Protestschreie: Das ist doch Schicksal, wie kann jemand sich für Blindheit entscheiden? Antwort: Der Auftrag einer Seele an sich selbst ist entweder selbst gewählt oder von einer höheren Macht verordnet. Im Verordnungsfall war die Seele noch nicht reif, sich selbst zu entscheiden. In jedem Fall ist es eine Herausforderung, die übrigen Sinnesorgane zu aktivieren und das Bewusstsein zu schulen.

Gerade solche Fälle machen deutlich, dass wir in der Tiefe der Vergangenheit suchen und den Sinn erforschen müssen, um überhaupt etwas zu verstehen – oder wenigstens zu erahnen – worum es eigentlich geht.

Unsere Augen sind die konditioniertesten Organe, alles was wir sehen wird sofort benannt und in Begriffe umgesetzt, die in unserem Kulturkreis üblich sind. Dies beginnt schon in den 1. Lebenstagen, die Eltern benennen alles und die Lehrer setzen das fort = alles hat einen Namen und ist damit festgelegt. Deshalb ist es oft schwer, die unsichtbare Realität wahrzunehmen, die dem Sensorium zugänglich ist. Z.B. können wir mit geschlossenen Augen bei einer Umarmung völlig andere Wahrnehmungen haben, als unsere Augen uns weismachen. Oder wir sehen eine Stuhl und sagen „Stuhl". Dabei wird meist nicht bewusst, aus welchem

Material dieser Stuhl besteht, seine Herkunft, seine Geschichte bleibt unbekannt. Unsere Wahrnehmung bleibt oberflächlich. Um unsere Wahrnehmung zu vertiefen, müssen wir unser Sensorium einschalten.

Die Augen verraten etwas über unsere Fähigkeit oder Bereitschaft zur Kommunikation. Auch hier finden wir die beiden geschlechtsspezifischen Wesensanteile weiblich, männlich. Das linke Auge ist das weibliche, das Rechte das männliche. Meist sind beide Augen in einem unterschiedlichen Zustand oder Ausdruck. Das weibliche Auge kann den Blick direkt in die eigene Seele erlauben und anderen Seelen begegnen, wenn es denn für eine Begegnung offen ist. Es vermittelt Gefühle wie Angst, Entsetzen, Hilflosigkeit, Trauer, Wut, Mitgefühl, Witz usw. Das männliche Auge, das nach außen gerichtet ist, zeigt Tatendrang und Aggressivität. Wenn diese Verfassungen nicht gezeigt werden dürfen, wird ein innerer Vorhang vorgeschoben. Es kommt nichts raus, aber auch nichts rein. Das Auge macht zu. Dies ist bei den meisten Menschen der vorherrschende Ausdruck der Augen in einer ersten Begegnung.

Übung:
Frage: Was will ich nicht sehen – oder wollte ich nicht sehen? Was will ich nicht wahrhaben und mich damit auseinander setzen? Was stört meinen Schönheits- oder Gerechtigkeitssinn? Wie sehen meine Urteile über mich und andere aus? Wie urteile ich über Gott und die Welt? Was ist die Wahrheit, die hinter der Oberfläche steht?

Schließe deine Augen, atme tiefer. Nach etwa fünf Minuten öffne deine Augen und schaue an, was dir ins Blickfeld kommt. Benenne die Gegenstände oder Wesen nicht, sondern schaue sie einfach an, ohne Meinung, ohne Urteil, so als ob du nichts über sie weißt.

Die Augenbrauen – Die Beschützer der Augen

Sie beschützen die Augen, verhindern, dass der Schweiß von der Stirne in die Augen rinnt. Wenn die Brauen in der Mitte, an der Nasenwurzel höher sind als außen, sieht das nach Angst oder Zweifel aus. Wenn sie hoch gebogen sind, kann das Hochmut und Besserwisserei andeuten, aber auch Überlegenheit und Zuversicht.

Wenn sie an den Seiten nach oben gehen – Höhenflüge sind erwünscht, die Realität ist eher gleichgültig, unwichtig, will nicht wahrgenommen werden.

Die Nase – Unser Riecher

Die Nase ist unser Geruchsorgan und hat neben dieser Aufgabe auch noch die Bedeutung des „Riechers", d.h. etwas zu riechen, zu ahnen oder wahrzunehmen, was nicht zu sehen ist. Sie ist ein Instrument, das uns den feinstofflichen Teil unseres Lebens und unserer Wahrnehmungsfähigkeit vermittelt. Je nachdem, wie weit sie nach vorne springt, zeigt sie die Neugierde an, mit der etwas erfahren werden will. Wenn aber gleichzeitig der Nacken zurückgezogen wird und Zurückhaltung signalisiert, ist die Neugierde zwar vorhanden, wird aber nicht kommuniziert, derjenige will für sich etwas erfahren, sich selbst aber nicht so ohne weiteres preisgeben.

Die Nase rümpfen bedeutet die Ablehnung einer augenblicklichen Situation. Auch naseweise Verhaltensweisen werden oft an einer vorspringenden Nase identifiziert. Nase weit vorn, heißt, mit der Nase voran, etwas ausschnüffeln wollen, sich einmischen oder sich absichern. Nase zurückhalten heißt, wie oben beschrieben, nicht riechen wollen, nicht wahrnehmen wollen, Ekel, Abscheu oder Angst.

Der „Nase nach gehen" heißt, sich auf seine Intuition verlassen, einen Spürsinn zu haben und auf die eigene Wahrnehmen zu vertrauen. Auch große oder kleine Nasen haben eine eigene Bedeutung. Große Nasen sagen etwas über „mit der Nase voran" aus. Sie stellen sich eher einer Tatsache und forschen gern. Kleine Nasen bezeugen eher eine gewisse Zurückhaltung kindlicher Art: „Ich lasse mich nicht auf alles ein, was mir in den Weg kommt, ich tue so als ob ich nichts merke oder als ob ich darüber stehe."

Mit der Nase und der Geruchsfähigkeit hängt auch der Ekel zusammen. Der Ekel entsteht durch die zu frühe Sauberkeitserziehung und die mangelnde Sexualaufklärung. Die Ausscheidungsorgane „stinken" und ebenso werden die naheliegenden Sexualorgane in diesen Zwiespalt gebracht.

Einerseits dienen uns die Ausscheidungsorgane zur Entleerung und Entlastung unseres Körpers, werden aber auch durch ihre Geruchsqualität diskriminiert. Ebenso ist es mit den Sexorganen, einerseits bringen sie angenehme Empfindungen und Gefühle, andererseits wird ihr zu frühe Berührung in der Kindheit verboten und diskriminiert. Um sich vor dem Sex-Drang zu schützen, produziert das Kind dann Ekel.

Ekel entsteht immer, wenn das Kind seine Sexualorgane nicht berühren durfte, denn dies war „pfui". Zum Schutz vor seinen Exkrementen, seiner eigenen Lust und seinem Lusterwachen entwickelt das Kind dann Ekel und demonstriert damit auch nach außen seine Anständigkeit. Damit wird die Moral verfestigt, die immer noch ihr Unwesen treibt, solange es schlechte und gute, d.h. erlaubte und verpönte, ja sogar verachtete Organe und Verhaltensweisen und die dazu gehörigen Bezeichnungen gibt. Wenn Kot und Urin schmutzig sind, wie können oder sollen ihre Ausscheidungsorgane „geheiligt" werden. Der anerzogene Abscheu vor Geruch (kein Tier kennt das!) kann sich leicht zum Abscheu vor den Organen verwandeln und ihre Funktionen beeinflussen. Die Benutzung von chemischen Mitteln um „Sauberkeit" herzustellen oder vorzutäuschen, ist ein weiterer Verstärker von Ekelanwandlungen und entfernt das Gemüt der Menschen immer mehr von der Natur und ihrer Realität. Die Haltung, die sich daraus ergibt, bestimmt auch den Körperausdruck. Alle Bereiche, die zurückgezogen werden, verweigern die Begegnung mit der Wirklichkeit.

„Naseweis" sagt man zu Kindern, die trotz ihrer Kleinheit schon schlaue Sprüche dreschen. Eine Nase für etwas haben heißt – etwas erahnen, ob Vorteil oder Schaden. Nasen haben eine unmittelbare Verbindung zu den Augen und vor allem zum Kehlkopf. In den Augen können Tränen ausgelöst werden. Der Kehlkopf ist zunächst zum Schlucken da. Er ist aber auch unser wichtigstes Ausdrucks- und Kommunikationsorgan. Er drückt aus, was in Sprache umgesetzt werden soll, aber er kann auch zurückhalten und verweigern. In diesen Fällen von Ausdruckslosigkeit kommt der ganze Bereich um den Kehlkopf in Spannung und kann zu Krankheiten führen. Vermehrte Halsentzündungen, besonders bei Kindern, deutet auf Ausdrucksblockaden, Verweigerung oder Verzicht hin. Dahinter steht meist eine tiefe Resignation, was die Selbstwert- und die Selbstdarstellung beeinträchtigt. Nase, Kehlkopf und Ohren sind durch die Eustachsche Röhre miteinander verbunden und von einander abhängig. Was in die Nase kommt, passiert unweigerlich den Kehlkopf (siehe Kehle-Ohren). Riechen und hören sind somit wichtige Wahrnehmungsorgane für feinstoffliche Realität.

Riechen, prüfen, Naseweis sein, Neugierde, Riecher haben, rümpfen, sortieren, beurteilen, unterscheiden – lernen.

Wahrnehmen „riechen" von feinstofflichen unsichtbaren Schwingungen. Wissen wollen, einmischen, überall reinstecken, sortieren, richten.

Übung:
Frage: Was kann ich nicht riechen, wen kann ich nicht riechen. Auf was muss ich achten? Was darf ich nicht versäumen? Wie kann ich meiner Nase nachgehen ohne zu stolpern und ohne jemand zu schädigen? Wie kann ich soziale Intelligenz verwirklichen ohne mich selbst zu vernachlässigen oder zu schädigen?

Die Zähne / Das Kinn / Die Geschichtshälften

Kauen, beißen, sich durchbeißen, etwas verbeißen.

Zähne sind die Teile des Knochensystems, die an der Oberfläche sind, sichtbar und konkret. Sie verteidigen unser

Inneres, wir „zeigen die Zähne". Ihr Verlust trifft uns tief, sie erinnern uns an den Alterungsprozess der unaufhaltsam fortschreitet und den wir nicht wahrhaben wollen. Das Gerippe, das Zeichen der Vergänglichkeit und des Todes schaut uns durch unsere Zähne an.

Übung:
Beiße deine Zähne auf einander. Frage: Was verbeiße ich und schlucke ich ohne es auszudrücken? Zeige ich meine Zähne zur rechten Zeit? Kann ich die Hinfälligkeit meines Körpers annehmen? Was bedeutet Tod für mich? Wer bin ich und wofür bin ich auf der Erde? Darf ich das Leben in mir verteidigen und zur Not auch mal beißen – wenn andere Wege der Verständigung und des Aufwachens nicht funktionieren oder verfallen sind?

Breite Backenknochen bedeuten – abgesehen von der Herkunft aus asiatischen Gebieten – ein starkes Gebiss, mit welchem viel „verbissen" worden ist und man viel verbeißen kann. Verbissen heißt: Das Problem, das man nicht ausdrückt noch veröffentlichen kann, zu kauen, zu verbeißen und zu schlucken.

Hier stellt sich auch dann immer die Frage: Kann das zerbissene Problem das hinuntergeschluckt worden ist, auch wirklich verdaut werden? Dazu ist der Verdauungsapparat zu betrachten: Wie wird verdaut, gibt es Stockungen, Durchfälle, Blähungen usw.?

Ein heftig vorspringendes **Kinn** zeigt den Willen sich durchzusetzen zu wollen. Wenn aber andere Körpersignale, z.B. schwache Unterschenkel und Fußgelenke das Gegenteil besagen, gibt es da Widersprüche. Oft wird das vorgeschobene Kinn auch durch ein Dauerlächeln abgeschwächt.

Auch die beiden **Gesichtshälften** sind meist unterschiedlich und entsprechen der inneren Verfassung, entweder entspannt, verkrampft, verzogen, grimassenhaft der eine Teil, während der andere das Gegenteil anzeigen kann. Wenn beide Gesichtshälften sich von einander unterscheiden, ist immer ein innerer Zwiespalt vorhanden.

Wir wissen alle, dass jeder Seeleninhalt einen Ausdruck hat und sich zu jeder Zeit und mit jeder Begegnung, jeder Berührung verändern kann. In jeder erstarrten Maske steckt der entgegengesetzte Gefühlskern, eine versteckte Erregung, ein verborgener, gefürchtet oder gehasster Inhalt.

◆ Hinter der Freundlichkeit steckt die Unfreundlichkeit.

◆ Hinter der Liebenswürdigkeit steckt der Hass.

◆ Hinter der Brummigkeit steckt die Angst seine Liebe oder Freundlichkeit zu zeigen.

◆ Hinter der Großkotzigkeit steckt der Minderwert.

◆ Hinter der traurigen Miene steckt die Wut.

◆ Hinter der Wut steckt die Resignation.

◆ Hinter Resignation stecken der Hass und die Sehnsucht nach Liebe und Begegnung.

Wenn Blickkontakt vermieden wird, steckt dahinter entweder die Angst erkannt zu werden oder etwas erkennen zu müssen was schmerzt oder unbequem ist.

Die Dauer-Minen provozieren natürlich genau die Antwort, die wir von den anderen erwarten und auch bekommen. So provoziert der verschlossene Ausdruck, den meist Chefs aufgesetzt haben, um bei ihren Untergebenen ihre Autorität zu unterstützen – entweder Unterwürfigkeit oder Rebellion. Devoter Ausdruck provoziert entweder Verachtung oder Sadismus, manchmal wird er mit Beförderung belohnt, es sein denn, derjenige wird für die Manipulation Anderer gebraucht und begnadigt.

Die obere Gesichtshälfte ist – wie auch bei den Körperregionen oben und unten – der geistigen Sphäre verpflichtet, wohingegen die untere Hälfte der Materie angehört. Oder: Oben – edel, unten – schmutzig.

16 Die Hände – Die Täter / Unsere Arbeiter

Hände sind die Symbole für Handeln. Sie sind die offensichtlichen Kontaktorgane, die die Welt „begreifen" wollen, im wahrsten Sinne des Wortes. Sie wollen körperliche Beziehung herstellen, sie sind die „Täter", die Arbeiter, die Organe, die unsere inneren Impulse und Entschlüsse umsetzen in Bewegung, in Taten, Handlungen, Lebendigkeit, Realität. Große Hände – im Vergleich zur übrigen Körpergröße – deuten auf gute Arbeiter hin, sie vertrauen auf ihre Fähigkeiten und Kräfte, handeln mit Verantwortung. Es kommt dabei auch darauf an, ob sie straff und muskulös oder schlaff sind, was etwas über ihre Handlungsfähigkeit aussagt.

Kleine Hände – im Vergleich zur Körpergröße – deutet oft Hilflosigkeit an, wie Kinder, die noch nicht wissen, wie sie in der Welt sein sollen und dürfen. „Ich bin viel zu zart, oder ich habe keine Kraft, oder man lässt mich nicht, oder Hilfe, wer hilft mir."

Aber auch kleine Hände können muskulös und energiegeladen sein, wie auch oft kleine Menschen mehr Energie in ihrem Körper gespeichert haben als Große (siehe Kap. 9 Die Körpergröße) und in oft übertriebene Tatkraft umsetzen: Chefs, Führungspersönlichkeiten, Manager etc.

Hände sind durch die Arme mit dem Schulterbereich verbunden und reagieren auf die Belastungen unseres „Rucksacks", unseres Nackens, allem was uns aufgetragen ist, uns schwerfällt, uns belastet. Sie sind miteinander verbunden durch den Brustraum, in welchem sich das Herz befindet und beteiligt ist, ob bewusst oder unbewusst. Bewusste Beteiligung des Herzens bringt einen Aspekt der Liebe in unsere Handlungen. Wenn das Herz zurückgehalten oder verschlossen wird, sind unsere Handlungen kalt, lieblos und unverbindlich. Kalt oft im wahrsten Sinne des

Wortes – von der Temperatur her! Die Hände sind aber auch als Aktionisten diejenigen, die oft spontan die Probleme beim Schopf packen und gestalten wollen. Sie sind wie die beiden Körperhälften links und rechts entweder männlich oder weiblich orientiert. Die linke Hand ist die empfangende, die Rechte die gebende. Alles was durch die linke Hand zu uns kommt – in uns einströmt – wird in den Körper transportiert, geht durch das Herz und wird durch die rechte Hand weitergegeben, wenn wir es erlauben!

Das Ur-Prinzip – geben und nehmen, oder nehmen und geben, denn wir können nur geben was wir bekommen haben – ist in allem Lebendigen zu erkennen. In ihm vollzieht sich das Gesetz der Lebendigkeit, die sich nur durch Kommunikation mit allem was ist, sowohl innen als auch außen, entfalten kann.

Die Hände sind die aktive Verbindung zur Welt. Dies gilt nicht nur für „Handwerker" sondern symbolisch für alles was wir arbeiten und gestalten. Die Arme sind die Querbalken des Kreuzes, das unser Körper darstellt, wenn wir die Arme seitlich ausstrecken (siehe Kap. 8 Das Skelett). Das Kreuz in unserem Ausdruck ist ein Zeichen des demütigen Empfangens oder der freudigen Bereitschaft zu empfangen und auch zu danken.

Wenn wir unsere Hände betrachten – schau sie dir an, was fällt dir zu ihnen ein? Magst du sie? Gehorchen sie dir? Sie sind deine Diener, die deine Aufträge übernehmen? Bist du zufrieden mit ihnen und – auch diese Frage solltest du ihnen stellen: Sind sie zufrieden mit dir? Frage sie, sie werden dir antworten, wenn du bereit bist Kritik anzunehmen und einen Rat zu befolgen, der schließlich aus deinem eigenen System kommt. Deine Hände sagen ihre Wahrheit, die wie alle Teile deines Körpers ein Teil deiner Wahrheit sind.

Auch sie sind die Spiegel der Seele. Sie sind einmalig, sie sind mit keiner anderen Hand zu vergleichen, nicht zu verwechseln und zeigen die unendlichen Möglichkeiten der Entwicklung und des Wachstums unserer Persönlichkeit.

Wenn die Hände verkrampft und in ihrer Beweglichkeit eingeschränkt sind, heißt das, dass sie leiden, dass sie nicht tun dürfen, was sie wollen. Oft ist es so, dass wir einen Beruf ausüben, der uns eigentlich nicht genügt, nicht gefällt, uns nicht ausfüllt. Das zeigt sich dann auch an den Händen, sie wollen nicht so wie sie sollen, sie werden womöglich steif oder krank, bekommen Ausschlag: Es kommt Gift aus unserem Körper über die Hände heraus, das heißt: Sie weigern sich zu funktionieren, sie können nicht mehr, sie sind ratlos, sie brauchen Hilfe, sie haben die Nase voll. Dann müssen wir uns fragen: Was kann ich ändern und wie? Worauf muss ich achten, um was geht es überhaupt?

An unseren Händen ist das Alter zu erkennen. Sie werden faltig, runzelig und sind nicht, wie unsere Gesicht vielleicht, durch Schönheitscremes zu verjüngen. Auffällig ist, dass ihre Außenseiten mehr altern, als die Innenseiten. Außen bekommen sie Runzeln, innen bleiben sie glatter, so dass es so aussieht, oder symbolisch so erscheint, als würde nur unser Äußeres altern, wohingegen unser Inneres alterslos scheint. Es zeigt zwar die Schicksalszeichnungen, aber dennoch eine unbeirrbare Vitalität, genau so, wie das innere Wesen, das Wesentliche eines Menschen, alterslos ist. Nur die Hülle, das Außen, der Körper unterliegt dem Alterungsprozess.

Übung:
Sieh dir deine Hände an. Magst du sie, gefallen sie dir? Gehorchen sie dir? Was bedeuten sie dir? Sprich mit ihnen, stell ihnen Fragen, sie werden antworten. Wenn sie schweigen, sind sie mit dir beleidigt, wie enttäuschte oder bockige Kinder. Hab Geduld mit ihnen und versprich ihnen, ab jetzt mehr auf sie zu achten, sie zu respektieren, ihnen zuzuhören, ihnen zu folgen. Bitte sie um gute Zusammenarbeit.

Übung:
Setze dich bequem hin, breite deine Arme etwas aus und öffne die Handflächen nach oben. Dann stell dir vor, deine linke Hand öffnet sich total und nimmt auf, was auf sie zukommt, bzw. in sie hinein strömt. Dann lasse diese Energie durch deinen Arm ganz langsam in deinen Körper fließen, bis zu deinem Herzen. Nimm dein Herz bewusst wahr, wie fühlt es sich an, was teilt es dir mit? Dann lasse diese Energie in deinen rechten Arm fließen und stell dir vor, dass du Liebe aus deinem Herzen damit weitergeben kannst. Dann lass eine dir nahestehende Person vor deinem geistigen Auge erscheinen und sende ihr einen Liebes-Strahl aus deinem Herzen

Der Daumen – Das Ego

Auch die Finger haben eine Bedeutung. Der Daumen symbolisiert das Ego. Die meisten Menschen sind mit ihrem Ego identifiziert, sie halten es für ihr unveräußerliches eigentliches Wesen und können nur schwer begreifen, dass es ein Werkzeug ist, ein Resultat und eine Mischung aus unseren Erfahrungen und den von den gesellschaftlichen Gesetzen oktroyierten Ideologien und Zwängen. Wir mussten es entwickeln, um unseren Willensbewegungen einen Platz zuzuordnen, aber wir sollten es nicht Herr über uns werden lassen. Wenn wir uns der Kraft unseres Daumens gänzlich mit allen seinen Konsequenzen bewusst werden, können wir diese Kraft handhaben und zu unserem Diener machen, um unsere Geschäfte zu erledigen. Aber es zur Räson rufen, wenn es sich zum Herrn über uns aufspielt.

Übung:
Drehe deinen linken oder rechten Daumen und beobachte, wie sich das anfühlt. Intensiver wird die

Erfahrung, wenn du dir deinen Daumen von einem Partner oder Freund drehen lässt. Dabei kannst du erleben, wie es sich anfühlt bestimmt, dirigiert oder überwältigt zu werden. Und wie du darauf reagierst: Zornig, gleichgültig, abweisend, scheinheilig. Diese Übung kann man mit jedem Finger machen.

Der Zeigefinger – Das Du

Der Zeigefinger symbolisiert das DU, die Du-Beziehungen. Mit ihm zeigen wir auf andere. Seine Richtung ist dabei von uns weg, was einen Hinweis darauf gibt, dass wir uns unter Umständen selbst vergessen, wenn wir in eine Beziehung treten. Wenn wir mit dem Zeigefinger auf jemand zeigen, sind die übrigen Finger eingezogen, sie zeigen auf uns zurück, was bedeutet: Geh immer von dir aus und schließ dich mit ein in den Beziehungsprozess. Du bist beteiligt und niemand ist alleine Schuld. Der Du-Finger ist oft gebieterisch, aggressiv, belehrend, drohend. Er ist der Diener des Ego und sollte aufmerksam beobachtet werden, damit er keinen Schaden anrichtet.

Dennoch ist er unserer Ehrlichkeit verpflichtet, er will die Dinge auf den Punkt bringen, aufzeigen was los ist, bewusst machen was unbewusst stattfindet.

Eine Gelegenheit ihn zu überprüfen ist: Wenn du vorhast mit jemandem zu reden oder jemand zur Rede stellen willst, wenn du jemand ganz bestimmten meinst und noch nicht weißt, wie du ihm begegnen sollst – schau dir zuerst deinen ausgestreckten Zeigefinger an und prüfe die Energie, die ihn durchdringt, beflügelt, hemmt oder unglaubwürdig macht.

Der Mittelfinger – Die Kommunikation und die Harmonie

Der Mittelfinger steht für Kommunikation, Ausgleich, Harmonie. Er ist meist der längste Finger. Er befindet sich in der Mitte und das mag bedeuten, dass er hervorragend geeignet ist, für Kommunikation und eine entwicklungsfördernde und lebensnotwendige Interaktion. Durch Kommunikation lernen wir im Austausch, wir machen Kontakte und Erfahrungen, wir erweitern unser Bewusstsein und lernen authentisch zu sein. Authentizität ist eine Bedingung für gegenseitiges Verständnis und Vertrauen, für unser Zusammenleben und für die Liebe (muss immer wieder bedacht werden).

Wenn du dir deinen Mittelfinger anschaust – ist er gerade, krumm, schief, welcher Seite neigt er sich zu? Auch ihn kannst du befragen, was er eigentlich will, wem er sich mehr zuneigt, dem Zeigefinger als dem Du-Finger oder dem Ringfinger als dem Kultur-Weltanschauungs-Finger? Ob er harmonisch eingeordnet ist in den Fingerzusammenhang, ob er herausragt oder sich klein macht, ist er dominant oder zur Zusammenarbeit bereit?

Übung:
Setze dich mit einem/r Partner/in oder Freund/in, gegenüber und legt die Handflächen zusammen. Schließt dabei die Augen und lasst die Hände miteinander sprechen. Beobachtet, wie sich das anfühlt, wer von den beiden Kontrahenten mehr Beweglichkeit oder Tatendrang in seinen Händen hat, welche Hände bestimmen wollen, welche eher dazu neigen mitzumachen und sich bestimmen lassen oder sich hingeben. Bei dieser Übung kann man viel über sich selbst und seine Partner erkennen und lernen: Wie verhalte ich mich im Kontakt, wie versuche ich zu wirken,

Oberhand zu gewinnen, zu verheimlichen, zu täuschen, oder einfach nur zu sein?

Der Ringfinger – Die Kultur und Weltanschauung

Der Ringfinger ist der Kulturfinger. Er ist derjenige, der oft am wenigsten von uns bewegt werden kann, was bedeutet: Die gesellschaftlichen, religiösen, moralischen Konditionierungen unserer Kultur und unseres Zeitalters bestimmen unser Sein und unser Handeln mit. Wenn wir diese Begrenzungen und Einengungen, diese Gesetze und Gebote erkannt haben, können wir sie überwinden und unsere eigenen und zeitgemäßen Gesetze finden mit Hilfe unserer Kreativität und unseres wachsenden Bewusstseins. Auch der Ringfinger hat meistens eine Neigung. Tendiert er richtungsmäßig mehr zum Mittelfinger, so ist ihm Kommunikation wichtig, Austausch, Mitteilung. Tendiert er mehr zum kleinen Finder, was übrigens äußerst selten vorkommt, ist zu fragen, was seine gesellschaftlichen Inhalte mit dem Prinzip – Spiritualität und Sexualität – zu tun haben.

Der kleine Finger – die Spiritualität und Sexualität

Der kleine Finger symbolisiert Spiritualität und Sexualität. Hier stellt sich natürlich die Frage: Was haben diese beiden Bereiche miteinander zu tun? Gerade diese beiden Bereiche sind von den gängigen und bekannten Religionen von einander getrennt worden. Religion und geistige Ebenen wurden für gut und edel geheißen, während die Sexualität verteufelt wurde. Heute ist zu fragen: Wie können höhere geistige Ebenen erreicht werden, wenn die Natur, die schließlich von Gott oder der Schöpfung geschaffen worden ist und in allen ihren Teilen heilig ist, wie kann sie sich irren? Wie kann die „Erleuchtung" oder das „Pfingstwunder" des heiligen Geistes geschehen, wenn die Schöpfung nicht in allen ihren Manifestationen angenommen wird?

Der sexuelle Orgasmus ist die unterste Stufe der Ekstase. Auf dem Wege zum Erwachen, können die Stufen nicht übersprungen werden. Der Weg in die Freiheit des Geistes führt durch die Freiheit der Erfahrungen, die uns zur Verfügung gestellt worden sind und die wir benutzen sollen. Dieser Weg muss gegangen werden, Schritt für Schritt. Gerade im 20 Jahrhundert wurde an dieser Problematik durch die sexuelle Revolution heftig gearbeitet. Sie ist noch nicht zu Ende, sondern mitten im Erkenntnisprozess befangen. Wenn wir diese Revolution in unseren eigenen Körper verlegen, können wir anhand der Energiefelder ablesen, wo wir stehen, wie die Energie in unserem Körper fließt oder stagniert und welche Bereiche von Blockaden befreit werden müssen.

Noch bis vor Kurzem haben feine Damen beim Heben einer Tasse oder eines Glases den kleinen Finger weit abgespreizt (auf alten Gemälden und Fotos zu sehen), was bedeutet: „Weg mit dem Unrat, wir sind anständige Menschen". Gleichzeitig wurde damit aber auch die geistigen Prozesse „abgespalten" und von der Realität ferngehalten.

Da Hände immer mit handeln zu tun haben, muss man Handeln auch im übertragenen Sinne verstehen, wozu ebenfalls die geistigen Entscheidungen zählen, die zum Handeln motivieren: Z.B. bei Führungspersönlichkeiten, Wissenschaftler usw. Es ist jedenfalls an diesem Potential immer zu sehen, ob jemand bewusst handelt und die Konsequenzen seines Handelns tragen will, oder ob jemand – durch überstarke Beweglichkeit der Finger, um nicht zu sagen unkoordinierte Fingerhaltung und Bewegung – eher dazu neigt, auszuweichen und die Konsequenzen seines Handelns nicht annimmt. Er sucht dann lieber jemand, dem er die Schuld in die Schuhe schieben kann mit: „Ich kann ja nichts dafür". Aber irgendwann können wir den Herausforderungen zu handeln nicht entkommen, denn wenn wir nicht handeln, wird für uns gehandelt. Wir haben immer die Entscheidung Täter oder Opfer zu sein und müssen erkennen, dass die Opfer nicht weniger verantwortlich sind, als die Täter, auch wenn die Provokation des Opfers unbewusst und weniger auffällig ist.

Wenn die Körpersprache eines Menschen zum Mitleid aufruft, ist immer auch eine Nötigung im Spiel und das Opfer braucht sich nicht zu wundern, wenn es dafür zahlen muss, schikaniert, missbraucht oder einfach verachtet wird. Die Masochisten ziehen die Sadisten magisch an und umgekehrt, sie brauchen einander.

Übung:
Lege deine Hände aneinander, wie zum Gebet. Frage:

Lasse ich meine Hände so handeln, wie sie es wollen? Kann ich meine Energie in Taten umsetzen und es verantworten? Wollen meine Hände lieber streicheln statt streiten, oder lieber kämpfen statt annehmen was kommt? Liebe ich meine Hände, kann ich mich bei ihnen bedanken für Zuverlässigkeit und Treue? Wie kann ich sie unterstützen?

Übung:
Frage deine Hände, ob sie mit dir als Auftraggeber zufrieden sind, frage sie, was sie „eigentlich" wollen. Lass die linke Hand mit der rechten sprechen und umgekehrt. Küsse deine Hände und danke ihnen für ihre Mitarbeit.

17 Die Füße / Beine – Unsere Beziehung zur Realität

Unsere Füße sagen etwas über unsere Erdung aus. Erdung bedeutet nicht nur auf dem Fußboden stehen, sondern, im übertragenen Sinn unsere Beziehung zur Wirklichkeit.

Die Wirklichkeit ist das, was wirkt und es ist lebensnotwendig, sie zu erkennen und nach ihren Gesetzen zu handeln, denn Einschränkung der Realität oder Realitätsverlust (wie in Psychosen) bedeutet: Die Wirklichkeit nicht sehen zu können, wie sie ist, sondern den eigenen Projektionen, Träumen, Vorstellungen, Phantasien zu unterliegen. Dann werden die Handlungen oft sinnlos und führen zu keinem oder einem ungewollten Ziel.

Die Füße – Flexibilität unseres Standes

Die Füße sind für die Flexibilität unseres Standes da: wie wir uns ausbalancieren und auf die Wirklichkeit einstimmen, auf die Anforderungen, die ununterbrochen auf uns zukommen und als Auftrag in uns wirken. Wenn die Füße Probleme machen, ist zu fragen:

◆ Kann ich ausbalancieren, was gerade auf mich zukommt oder schon das ist?

◆ Kann ich zu mir stehen?

◆ Oder muss ich mich „höheren" Gesetzen beugen, die ich eigentlich nicht anerkennen kann, gegen die ich aber machtlos bin.

♦ Wie stehen ich auf dem Boden der Tatsachen und wir stehe ich zu den Tatsachen?

Dies sind immer aktuelle Fragen. Die Füße sind die Hauptkontaktstellen zur Erde, zu ihrer Kraft und der Strahlung, die aus Erdinneren kommt, die unseren Körper, wie alle Materie durchströmt, nährt und unterstützt. Wir nehmen diese Strahlung nicht unmittelbar wahr, wir erleben sie als Anziehungskraft, als Schwerkraft. Wir können sie wahrnehmen, wenn wir uns auf sie konzentrieren und uns der aufsteigenden Erwärmung unserer Füße gewahr werden, die sich dem ganzen Körper mitteilen kann und ein angenehmes Lebensgefühl vermittelt.

Steckt in den Füßen die Botschaft: „Ich habe keine Basis unter mir, ich schwebe in unbekannten Zuständen oder in den Höhen des Geistes", so fehlt die Realitätsbezogenheit. Um auf den Boden, in die Wirklichkeit, zu kommen, ist „Erdung" notwendig. Erdung heißt nicht nur auf dem Boden der Wirklichkeit stehen, in der Realität, sondern hat auch eine geistige Dimension. Die physische ist: Die Ausstrahlung der Erde kann nur auf einen Körper einwirken, wenn dessen Kontaktpunkte, die Fußsohlen, zur Aufnahme bereit, das heißt entspannt sind. Die geistige Dimension bedeutet: Die Bedingungen der Erde und des Lebens, die Wirklichkeit annehmen. Träume sind oft wunderbare Hinweise auf unsere innere Wirklichkeit, auf das, was wir wünschen, hoffen, wollen, aber sie bleiben Träume, wenn wir nicht handeln und der Notwendigkeit des Augenblicks und der Erkenntnis der Realität entsprechen. Wie müssen unterscheiden zwischen Fantasie, Traum und Intuition. Intuition ist der Draht zu den geistigen Ebenen des kollektiven Unterbewusstseins, die sich öffnen, wenn entweder „die Not am größten" ist oder die Arbeit am Bewusstseinsprozess bereits einen Freiraum geschaffen hat, der es ermöglicht, neue heilsame Wege zu erkennen und zu beschreiben. Dann spricht die Erde – Erdung.

Eine lustige und interessante Übung, die viel Spaß machen kann:

Übung:
Setz dich mit Freunden zusammen auf den Fußboden, in einem Kreis, die Füße in der Mitte und lass die Füße miteinander kommunizieren. Sie sollen sich bewegen, sich gegenseitig berühren und streicheln und sich erzählen, was sie über dich, euch, ihre Besitzer zu klagen oder zu loben haben, so als wüssten sie nicht, dass ihr zuhört.

Die Fußgelenke/Fußsohlen – Der „Stand"

Die Chakren oder Energiefelder im Körper sind nur durchlässig, wenn das entsprechende Gelenk oder auch der entsprechende Körperteil entspannt ist.

Ist die Beziehung zur Realität eingeschränkt oder verloren, wird das an den Füßen, ganz besonders an den Fußgelenken sichtbar. Sie sind dann zart, dünn im Verhältnis zum übrigen Körper, sie erscheinen nicht tragfähig, sind eingeknickt, abgesunken, meist kommen Plattfüße dazu, die Füße zeigen Schwäche und die Schwierigkeit den Körper zu tragen und auszubalancieren. Sie machen Probleme. Es ist anzunehmen, dass das Gewicht der kindlichen Probleme zu schwer war, so dass die Füße überfordert worden sind und auch so aussehen. Dieser unsichere Stand, dieser etwas kraftlose Standpunkt, wirkt mitbestimmend auf die Fähigkeit zu sich zu stehen, etwas durchzustehen und durchzusetzen. Dieser Mensch hat Mühe seinen Weg zu realisieren, er glaubt Hilfe zu brauchen und läuft nicht selten Autoritäten oder – wie heute so oft

– Erleuchteten hinterher, in der Hoffnung, nicht auch noch verantwortlich gemacht zu werden für seine Schwäche, Kraftlosigkeit und Antriebsblockade. Oder er versinkt in Opferbereitschaft in der Hoffnung auf Dank, Anerkennung und Liebe, die er häufig nicht bekommt, weil entweder seine Aufwendungen für den Anderen zu lästig werden oder weil sie eine Dankbarkeit erheischen, die nicht geleistet werden will. Helfer, die ihren Preis nicht offenlegen, machen misstrauisch, schuldbewusst, ärgerlich, gehen auf die Nerven oder werden ausgebeutet.

In solchen Fällen ist oft eine abgrundtiefe Unsicherheit zu bemerken, diese Menschen haben es schwer zu sich zu stehen und zu dem, was sie tun, leisten oder wollen. Hier ist es ratsam, mit den Füßen bei jeder Gelegenheit zu arbeiten: Bewegen, massieren, hinterfragen: „Was ist euch jetzt gerade zu schwer? Was braucht ihr, oder was kann ich für euch tun?"

Sind die Fußgelenke im Verhältnis zum übrigen Körper massiv, so wurde hier viel Energie aufgewendet, um durchzustehen und zu überleben. Es ist, als ob derjenige am liebsten Wurzeln geschlagen hätte, um sich festzuhalten und zu stabilisieren. Wenn die Zehen auch noch Verkrümmungen aufweisen, deutet das auf den Versuch hin, sich festzukrallen, wie Vögel an Ästen oder wie Tiere aneinander. Dann besteht auch weiterhin die Tendenz zu klammern, bis eine innere Haltung entwickelt worden ist, die den Halt in sich selbst finden lässt. Das ist besonders in Beziehungen notwendig und kann da auch am besten erkannt und gelernt werden (Beziehungen sind die wichtigsten und hauptsächlichsten Lernfelder für soziales, partnerschaftliches und persönliches Verhalten und für persönliches Wachstum). Man kann beobachten, dass sich im Laufe einer Therapie und bei intensiver Bewusstseinsarbeit die Zehen strecken und die Schuhnummer sich vergrößert, weil sich die Füße entspannt haben und eine seelische Stabilisierung stattgefunden hat. Der Fuß nimmt mehr Platz ein, man kann zu sich mehr stehen.

Die Zehenballen – „Fuß fassen"

Wenn die Ballen der großen Zehe übermäßig herausragen ist zu vermuten, dass der Embryo schon im Mutterleib wahrgenommen hat, dass er nicht gewünscht wurde, dass er überflüssig ist, ja womöglich überhaupt keine Lebensberechtigung hat. Dann hat dieses Kind Entscheidungen getroffen, die ihm einen Stand oder eine Basis versprechen, um dennoch zu existieren und in diesem Leben „Fuß zu fassen". Diese Menschen habe es besonders schwer zu vertrauen, denn das Urvertrauen ist angeschlagen, sie haben das Gefühl alles alleine machen zu müssen ohne Beistand, und keine Basis für ihren Selbstwert zu haben. Das Selbstwertgefühl, das in jedem Fall bei der Geburt vorhanden war (sonst hätte das Kind nicht überlebt), wurde dann durch viele unbewusste Verhaltensweisen der Eltern und deren Erziehungsmethoden mit Unwertgefühlen überschwemmt und verstärkt und musste durch besondere Leistungen aufgebaut und bestätigt werden. Sie heischen nach Lob und tun alles, oft über ihre physischen und psychischen Grenzen hinaus, um Bestätigung ihrer Wertes zu bekommen.

Hier ein Fall-Beispiel: Während eines Vortrages stellte sich eine Frau zu einer Körpersprache-Demonstration zur Verfügung. Ich bemerkte sofort ihre übergroßen Zehenballen und nach einigen einführenden und besänftigenden Worten, was die Bedeutung der Körpersprache betrifft sprach ich diese Ballen der großen Zehen an. „Es sieht so aus, als ob du nicht gewünscht worden wären. Du bist dennoch geboren worden, weil in dir zugleich ein unbändiger Lebenswillen entstanden ist." Diese Frau begann zu weinen und sagte: „Mein Vater war Priester und musste verheimlicht werden". Damit war ihr Problem natürlich noch nicht gelöst. Dennoch war diese Konfrontation ein Anlass, sich noch einmal darauf zu besinnen: „Was habe ich damals beschlossen und wie bin ich bis jetzt damit umgegangen? Und was kann ich jetzt tun?"

Die Fersen – Laufen oder Bleiben

Die Fersen haben mit weglaufen oder dableiben zu tun, das schöne Wort „Fersengeld" für Fliehen zeigt den intuitiven Zusammenhang von Körperzonen und Sprache. Hier sind auch die Reflexzonenpunkte für die Erdung und für die Sexualität zu finden. Erdung und Sexualität sind nah bei einander. Was die Zehen betrifft, so haben sie dieselbe Bedeutung wie die Finger (siehe Kap. 16 Die Hände).

Da in den Füßen, in den Fußreflexzonen, alle Organe vertreten sind und durch entsprechende Druckpunkte ihre unmittelbare Nähe zum Gesäß und dem Beckenboden beweisen, beeinflussen sie auch deren Funktionen.

Die Waden - Durchhalten

Die Muskulatur der Waden sagt etwas über durchhalten, Überforderung und Stabilität aus. Wenn sie im Verhältnis zum übrigen Körper dünn sind, also Schwäche zeigen oder Unentschlossenheit oder Wankelmut, als die Nachfolgeerscheinungen von Schwäche, ist abzulesen, dass diese Person schnell aufgibt, das Handtuch wirft und sich zurückzieht.

Die Oberschenkel - Durchstehen

Die Oberschenkel helfen uns dabei etwas durchzustehen. Verspannte Oberschenkel und verkrampfter Beckenboden bedingen einander. D.h. wenn die Selbsterhaltung durch mangelnden Selbstwert geschwächt ist und die Muskulatur sich verspannt, müssen die Oberschenkel sich anspannen, um dies durchzustehen. Diese Schwäche kann sich auch als Erschlaffung auswirken, dann wirkt das ebenfalls auf die Oberschenkel.

Ebenso ist es mit der Arterhaltung, die ein Zeugungsauftrag der Schöpfung ist. Werden diese Funktionen durch Moral und Sitte blockiert, weil sie ja notgedrungen mit der Sexualität zusammenhängen und diese – jedenfalls in unseren Regionen einer kulturbedingten „Neurose" unterliegen, gibt es Blockaden, die entweder den Orgasmus verhindern oder verfrühen. Beide Phänomene sind ein Zeichen für geistige Einflüsse, die den natürlichen Prozess beeinflusst und verfälscht haben.

Die „Neurotische Einstellung zur Sexualität drückt sich heute nicht mehr in Verboten und verklemmten Darstellungen im Kino und Theater aus, sondern z.B. in der Werbung – Zigaretten, Waschmittel, Bohnerwachs, einfach alles, was verkauft werden soll, wird mit Erotik oder Sex verbrämt.

Der so genannte „knackige Arsch" ist zwar reizvoll, aber er zeugt von Schwierigkeiten auf dem Gebiet des Loslassens und der Lustentfaltung.

In Fettansammlungen von Oberschenkel und Po sitzt der Trotz. Trotz entsteht, wenn das Kind nicht aufstampfen darf und zu oft daran gehindert wird, seine Ziele durchzusetzen und sich zu artikulieren. Besonders Mädchen setzen dann später am Po und an den Oberschenkeln Fett an. Fett setzt sich besonders gerne an Stellen fest, die nicht genug durchblutet und durch mangelndem Lymph-Fluss nicht von Ablagerungen gereinigt worden sind.

Außerdem ist Trotz immer eine Bremse für die Lernfähigkeit, denn er ist nicht bereit etwas einfach mal anzunehmen, sondern sagt auf jeden Fall zuerst mal NEIN. Er behindert Hingabe und Demut, die besten Voraussetzungen für Erfolg, ob nun im sozialen, beruflichen oder sexuellen Bereich. Damit meine ich Hingabe an die Sache, nicht an eine Person sowie Demut vor den unabänderlichen Naturgesetzen. Zu beachten ist auch hier die Verbindung von Knie und Oberschenkel, denn ihre

Kommunikation, ihre Zusammenarbeit ist notwendig, um einen gesunden Aufbau von Körper, Seele und Geist zu erlangen.

Übung:
Stell dich auf deine beiden Beine, nimm den Boden wahr auf dem du stehst, spüre deine Füße, deine Beine, deine Knie, deine Oberschenkel, dein Becken, deinen Bauch, deine Brust, deine Schultern, deinen Hals, deine Arme, deine Hände, deinen Kopf. Stell dir selbst die folgenden Fragen: Wie stehe ich da? Wie stehe ich zu mir? Wie stehe ich zu dem, was ich tue, was ich bin? Wie stehe ich vor der Welt? Wie stehe ich etwas durch? Wie stehe ich etwas aus? Wie steht es mit mir? Wie geht es? Wie gehe ich? Wohin gehe ich und darf ich mich fortbewegen nach meinen Impulsen?

Hier ist der Ort an welchem unser Körper die Energien aufnehmen kann, die von der Erde in unseren Körper fließen und an welchem die Energien, die von oben kommen in die Erde fließen. Wenn Blockaden in den Füßen bestehen, ist der Energieaustausch gefährdet, was sich auf alle Lebensbereiche negativ auswirken kann. Erdungsübungen wie Stampfen und Boxen sind hier brauchbar.

Und hier gleich eine einfache, aber sehr wirkungsvolle Erdungsübung:

Übung:
Stell dich auf beide Beine und beginnen zu stampfen und dabei zu rufen: „ich will" oder „ich will nicht". Dabei lass in dein Bewusstsein kommen, was du willst und was du nicht willst.

18 Die Haut – Kommunikator mit der Umwelt und „Überwelt"

Die Haut ist unser größtes, wichtigstes, hauptsächlichstes Kontaktorgan im Umgang mit der Umwelt. Sie schützt uns, sie hält den Körper zusammen, sie ist empfindlich und aufmerksam und leitet jede Berührung, unverzüglich nach innen. Nach außen zeigt sie „in welcher Haut wir stecken", ob wir Berührung erlauben und wie wir dieselbe verhindern. Auch welcher Alterungsprozess stattgefunden hat, was nicht immer mit dem tatsächlichen Lebensalter zu tun hat, sondern mit der inneren Spannkraft und der Einstellung, mit der wir dem älter werden begegnen, es akzeptieren. Körperstellen, an denen die Haut Absonderlichkeiten zeigt, wie z.B. Rauheit, Schrumpeligkeit, Verhärtungen, Warzen oder eine dem Alter unangemessene Faltenbildung oder Verzerrung der Oberfläche zeigen an, dass hier Probleme bestehen. An Ellenbogen beispielsweise sagt es etwas über unsere Fähigkeit aus sich durchzuboxen, Platz zu schaffen. An den Fußsohlen etwas über unseren Standpunkt und wie wir uns vertreten und zu uns stehen. Raue Haut weist auf rauhe Erfahrungen mit dem „sich Platz schaffen" hin. Auch die unterschiedlichen Färbungen an Händen und Füßen, die sich oft vom übrigen Körper unterscheidet, sind Anzeichen, dass der Energiefluss vom Zentrum zu den Extremitäten nicht stimmt, was wiederum darauf hinweist, dass wir das nicht auf den Weg bringen, nach außen bringen, was wir wollen und nicht in die Tat umsetzen trauen, was notwendig wäre.

So sagt beispielsweise eine Rötung der oberen Brustplatte etwas über den inneren Zustand dieser Region. Das heißt, hier hat sich Energie angesammelt und gestaut, die keinen Abfluss und keinen

Ausdruck findet. Diese Reaktion passiert oft in akuten peinlichen oder schmerzlichen Situationen, wie zum Beispiel auch das Erröten im Gesicht.

An der Brustplatte sitzen Angst, Verzweiflung und Hoffnungslosigkeit , die auf unverarbeitete Wunden aus der Kindheit hinweisen: Nicht angenommen worden sein, nicht wissen wie es weitergeht, keine Zukunftsaussichten haben, weil niemand da ist, der einem über die Ängste weghilft (siehe Kap. 13 Der Brustkorb, Das Manko-Loch). Diese Thematik ist nicht so ohne weiteres zu erlösen und bleibt oft lebenslang als Energiebremse erhalten.

Die Haut, als das Kontaktorgan Nr. 1, kann nicht handeln, sie ist passiv, sie äußert sich durch Oberflächenspannung, Färbung, Falten, Flecken, durch Absonderungen, Beizungen, Ausschlag usw.. Ausschlag ist ein sicheres Zeichen dafür, dass etwas, das unerträglich geworden ist, das für den inneren Raum zu viel ist, nach außen schlägt. Dies ist unter anderem auch als ein Ausdruck von Gewalt-Abfuhr zu verstehen, die sich zunächst gegen den eigenen Körper gerichtet hat, dann aber abgegeben wird, nicht als Aggression sondern als Signal, das verstanden werden will. Sie ist Werbung und Abschreckung zugleich, sie vermittelt: „Komm mir nah" oder „bleib weg", oder „ich bin krank, hilf mir", oder „mir ist nicht zu helfen", oder „ich brauche kompetentere Hilfestellungen und Institutionen". Hautkrankheiten zeigen an, dass Angst vor Berührung, vor Übergriffen und Gewalt vorhanden ist.

Wenn ansteckende Hautkrankheiten bestehen, kann das durchaus auf versteckte Aggressionen hinweisen, dass nämlich derjenige etwas weitergibt, um den anderen zu erreichen, zu bestrafen, aber keine Verantwortung für seine Aggression übernimmt.

Alles was uns „unter die Haut geht" wirkt auch auf die Haut: Sie fröstelt, sie zieht sich zusammen, sie verfärbt sich, die Haare stellen sich auf. Rot werden ist eine der Reaktionen die zeigt, dass eine innerliche Wunde oder Peinlichkeit getroffen worden ist, die zu zeigen wir nicht bereit sind und derentwegen wir uns womöglich schämen. Scham ist eine von der Gesellschaft auferlegte Reaktion auf „Unanständigkeit", die wir verinnerlicht haben, das heißt zu unserem eigenen gemacht haben. Hier ist immer ein Ansatzpunkt um zu fragen: „Stimmen die gesellschaftlichen Regeln und Tabus für mich und muss ich mich immer danach richten, oder darf ich endlich auch mal nach meinen eigenen inneren Regeln handeln? Muss ich mich schämen, weil ich nicht so bin, wie es von mir erwartet wird? Muss ich mich schämen, weil ich einen Körper habe, weil meine Sexualität nach Ausdruck verlangt? Weil ich überhaupt Sexualorgane habe?"

Die Frage nach der Notwendigkeit von Intimität ist immer wieder zu stellen. Intimität ist kein natürliches Verhalten sondern ein Gebot, eine von Kirche und Staat geforderte Einschränkung aus machtpolitischen Gründen (eingeschränkte Menschen sind leichter zu regieren) und ein Mittel zur Isolierung der Persönlichkeit. Diese Isolierung fördert die Angst und Angst ist ein Auslöser von Anpassung.

Alle Anzeichen und Eingeständnisse von Schwäche durch nonverbalen körperlichen Ausdruck sind unbewusste Aufforderungen, eines schwach entwickelten Selbstbewusstsein, doch mit Rücksicht behandelt zu werden oder doch wenigstens Hilfestellen zu bekommen. Aufforderungen, die auch oft eine Erpressung darstellen und das Gegenüber entwaffnen wollen, es verunsichern oder Schuldgefühle machen können, die schließlich auch Sadisten anlocken, die ein gefundenes Fressen für das Ausagieren ihrer Machtgelüste und Gewaltbedürfnisse suchen. Um uns in unserer Haut wohl zu fühlen, muss innerhalb dieser Haut Frieden und Sicherheit herrschen. Dies kann aber nur entstehen, wenn wir uns unseres Wertes bewusst sind.

Wenn der Selbstwert in der Kindheit nicht genug gefördert worden ist, kann das Bedürfnis sich wert zu fühlen auch in übermäßigen Leistungsbeweisen ausarten, in grotesken Versuchen, etwas ganz besonders darzustellen, zu bewirken, zu erreichen, womöglich sogar in absonderliche Krankheiten oder Kränklichkeit, ja sogar in Gebrechen, die eine Eigenbeteiligung an diesem Schicksal auszuschließen scheinen und auf jeden Fall ganz besondere Aufmerksamkeit fordern.

Auch übermäßige Verschönerungen, die Unfähigkeit ohne Schminke auch nur dem Briefträger die Tür zu öffnen, sind ein Zeichen von mangelndem Selbstwert. Es scheint auch heute noch so zu sein, dass die Frauen es nötiger haben, sich zu verschönern, als Männer.

Auch Sommersprossen haben eine gewisse Bedeutung. Sie zeigen an, dass eine gesteigerte Lichtempfindlichkeit besteht, und das heißt: Etwas soll nicht als Licht kommen. Nach außen gerichtet signalisieren sie: Komm mir nicht zu nah, es sei denn, du akzeptierst meine Zartheit und meine besondere Empfindlichkeit.

Wie begegnen sich Menschen heute und vor allem wie sind ihre Hautkontakte? Es gibt Bereiche, die dürfen geküsst werden z.B. linke und rechte Backe. Aber schon bei Umarmungen ist zu sehen, dass sich nur die Arme und oberen Brustbereiche (bestenfalls) berühren, der gesamte Unterkörper aber nach hinten gehalten wird – bloß keinen Kontakt mit Becken oder Sexualorganen, das könnte gefährlich werden, das könnte missverstanden und falsch interpretiert werden – das wirft ein schlechtes Licht auf mich usw. Das hängt mit der immer noch bestehenden Sexualfeindlichkeit oder Angst zusammen, sich nicht mit allen seinen Bedürfnissen und Gefühlen zeigen zu dürfen. Sexualität gehört in den Intimbereich und der hat privat zu sein. Das haben Menschen sich ausgedacht, bei Tieren ist das ganz anders und total natürlich.

Aber gerade die Sonderstellung von Sexualität und damit von Gefühlen hat bewirkt, dass auf diesem Gebiet viel gelogen, vorgemacht, vertuscht und missbraucht wird und worden ist. Wenn auch heute viel Haut gezeigt wird, besonders von jungen Frauen, heißt das nicht, dass dies eine Einladung ist, sondern nur eine Schaustellung von Schönheit, die aber keine Konsequenzen haben darf, jedenfalls nicht die, die „geile" Männer sich erträumen. Dass dies oft zu bedrohlichen Konsequenzen führt, muss uns nicht wundern. Nicht aus Versehen verhüllen sich Nonnen und Muslime-Frauen bis zur Nasenspitze. Aber auch die Verhüllung kann reizvoll sein, wenn wenig Haut und Fleisch gezeigt wird, macht das neugierig darauf und die Sehnsüchte und Gefühle werden eher angeheizt, ganz besonders wenn aus moralischen Gründen oder gesellschaftsbedingt die Vereinigung hinausgeschoben wird. Damit steigt der Anreiz und auch die Liebe, oder das, was wir als Liebe bezeichnen – oft nur die Gier und das besitzen wollen.

Indessen kann „Hautkontakt" eine sehr angenehme Sache sein, die dazu führen kann, dass wir uns intensiver wahrnehmen, dass sich das Vertrauen verstärken kann zwischen den sich Umarmenden und der Mut zum originalen bzw. authentischen Austausch steigt.

Wenn sich allerdings Politiker ab jetzt mit totalen Umarmungen des ganzen Körpers begegnen würden, wäre das ein Schock für ihre Völker, das „ginge einfach zu weit", würde auf Kontakte hinweisen, die der Sexualität nahekommen – und das ist in der Politik nicht gestattet.

Um für sich selbst zu sorgen und auf sich zu achten ist es wichtig, die Haut zu pflegen, sie zu streicheln, aber nicht nur um sie zu besänftigen, sondern durch Kontakt herauszubekommen, woran es ihr mangelt und was sie sich wünscht. Es ist heilsam, sich selbst zu streicheln und die überstrapazierten Hautstellen zu liebkosen. Sei dein eigener Liebhaber – Liebhaberin, deine Haut wird es dir danken.

Wenn etwas „unter die Haut" geht, sind wir besonders betroffen, unser Schutz hat versagt, wir sind überwältigt und gezwungen, den Gegenstand des Schocks oder den Anlass zu betrachten. Unsere Haut ist in ihrem Ausdruck zuverlässig, sie reagiert immer, es ist nur die Frage: Nehmen wir es wahr? Reagieren wir darauf und wie? Als unsere Grenze ist sie nicht nur ein Kommunikator mit der Umwelt sondern auch mit der „Überwelt", mit den unsichtbaren und feinstofflichen Signalen, die durch Licht (Sonne) und Schwingungen auf uns wirken. Die Haut ist ein sehr feines und empfindliches Instrument, sie ist unser Schutz und unser Schutzengel, sie will beachtet, ernst genommen, geliebt und geehrt werden, als das Kontaktorgan zwischen innen und außen, zwischen Gott und der Welt, zwischen Himmel und Hölle. Sie durchlässig werden zu lassen ist ein Gebot der Reife, das heißt auch innerlich durchlässig zu werden. Dies bedeutet, dass wir uns innerlich reinigen, von Mustern und Wunden befreien, um den Strom des Geschehens durch uns hindurch fließen zu lassen ohne Aufenthalt und ohne Urteil. Das ist eine Voraussetzung für das Angeschlossen sein an die Schöpfung und sich der eigenen Schöpferkraft bewusst zu sein und mitzuwirken am Bewusstseinsprozess unserer Welt.

Übung:
Stell dich mit dem Rücken an einen Baum. Geh mit deiner Aufmerksamkeit in deine Haut. Vergleiche deine Haut mit der Borke. Lasse die Borke zu dir sprechen. Lasse deine Haut zu dir sprechen. Lasse Borke und Haut mit einander reden.

Hier kann die Frage aufkommen, wie die Hauterkrankungen von Babys und Kleinkindern zu erklären ist, die schließlich erst am Anfang ihres Lebens stehen und noch keine großen negativen Erfahrungen machen konnten. Ihre Erkrankungen verhindern den

Hautkontakt, statt ihn zu provozieren. Antwort: Ein großer Prozentsatz von Hauterkrankungen ist der Vergiftung der Umwelt zuzuschreiben. Übersensible Wesen wie Babys und Kleinkinder brauchen nicht nur den Hauptkontakt von Eltern und Erziehern, sondern reagieren auf das, was über die Luft von außen kommt. Sie vermitteln mit dieser absoluten Ablehnung von Kontakt, dass es um viel einschneidendere Probleme geht, sie geben uns und der ganzen Welt die Botschaft: „Hört auf mit der Vergiftung der Erde und der Atmosphäre".

Wie ist es mit deiner eigenen Haut, spürst du sie? Schützt du sie besonders? Welche Stellen sind verfärbt oder haben eine andere Oberflächenspannung als die übrige Haut? Das sind dann die Stellen, die du danach untersuchen oder hinterfragen kannst, was sie fürchten, verbergen, schützen. Auch hier kommt es auf den Körperbereich an und auf die dahinter liegenden Organe.

Übung:
Spüre deine Haut – wo immer du jetzt bist. Spüre die Luft auf deiner Haut, deine Kleider, deine Haare, deine Schminke (falls du hast), deinen Bart, deinen Schmuck. Spüre die Bewegung der Luft, oder die Sonne auf der Haut. Geh mit deiner Aufmerksamkeit über deine Haut hinaus und spüre deine Umgebung, spüre deine Ausstrahlung, das geheime Licht, das als Energiepartikel aus dir herauskommt und einen gewissen Raum um dich schafft, deine Aura. Genieße deine Grenze und sage ihr Dank.

Und dann geh mit deiner Aufmerksamkeit nach Innen, in dein Zentrum, da wo du zuhause bist. Wenn du dich innerlich wahrgenommen hast und dich wohl fühlst, geh wieder an deine Peripherie, deine Haut – und wieder über deine Haut hinaus in deine Aura und wenn du magst, von da aus in den Raum, der dich umgibt.

Nimm dir Zeit für diese Übung und geh ein paarmal hintereinander von Innen nach Außen und von Außen nach Innen.

Dies ist eine Übung um deinen Wahrnehmungsraum zu erweitern. Wenn du mit deinem Bewusstsein über dein Haut und auch über deine Aura hinausgehst, vergiss nicht, dich durch deinen Nabel zu „erden". Du kannst dir das so vorstellen: Du bleibst durch eine Silberschnur, von deinem Nabel ausgehend, mit der Erde verbunden (siehe den Faden der Ariadne, die Theseus wieder in die materielle Ebene führen kann).

19 Das Haar –
Ausdruck von Lebenskraft

Ausdruck von Lebenskraft – Fülle – Schönheit – Selbstdarstellung. Kräftiger Haarwuchs zeugt von großem Durchhaltevermögen.

Ob wir die Geschichte von Samson und Dalilah noch auf unsere heutige Situation beziehen können, müssen wir noch untersuchen. (Samson hatte lange Haare und Dalilah hatte sie ihm im Schlaf abgeschnitten und ihm damit die Potenz genommen)

Glatzen sind ein Hormonproblem, so sagen die Ärzte. In der Psychomythologie, so sagen besonders asiatische Lehrer, sollen sie auf zu viel Sex hindeuten und eine Aufforderung darstellen, ab dem 40 Lebensjahr beim Sex nicht mehr zu ejakulieren, sondern die Energie nach oben steigen zu lassen, um einen Ganzkörperorgasmus zu erlangen, der die Ejakulation nicht mehr braucht und die wertvollen Stoffe den eigenen Körper übergeben kann.

Die Haarfarbe sagt zunächst etwas über die Rassezugehörigkeit aus, da sie aber so leicht verändert werden kann, sagt sie auch etwas über Eitelkeit bzw. Selbstdarstellung aus.

Rote Haare wurden im Mittelalter Hexen zugeschrieben, bzw. Rothaarige wurden als solche verdächtigt und verbrannt. Sie sind etwas Besonderes, eine Ausnahme und wer auffallen will, will auch etwas bewirken.

Überlege mal, welche Erfahrungen du mit Rothaarigen gemacht hast und was du über sie denkst. Und wie wirken Sommersprossen auf dich, magst du sie oder fühlst du dich abgestoßen oder irritiert?

Um über Eros zu wirken werden oft große Anstrengungen vollbracht, Haare vergewaltigt oder Kopfhaut massakriert. Haare lassen – Energieverlust, Verlust von Selbstwert und Ansehen.

Menschen mit kräftigen Haaren haben meist mehr Durchhaltevermögen, als die mit den feinen Haaren.

Aufbau von Bedeutung durch Äußeres, Frisur – oder Glatze – Herausforderung: Bin ich von Bedeutung und stehe ich zu mir, ich will wirken, mich zeigen, zur Schau stellen, auffallen.

Eine „haarige" Angelegenheit bedeutet - kompliziert, undurchschaubar, gefährlich.

Eine starke Körperbehaarung spricht für Schutzbedürfnis und Leidensfähigkeit.

Haare sind auffällige Signale, sie umrahmen unser Gesicht - oder auch nicht - und wirken auf unser Gemüt, wir reagieren gefühlsmäßig auf ihren Anblick.

Der Haarverlust bei Männern kann auch eine Antwort sein, sich dennoch und trotz allem den Aufgaben zu stellen, um „jemand" zu sein, der Beachtung verdient – auch ohne die verschönernden Attribute des Körpers.

Übung:
Streichle deine Haare oder deine Kopfhaut. Frage: Wie kann ich durch mein Äußeres meine Umwelt beeindrucken – und muss ich das auf diesem Weg? Darf ich schön sein oder muss ich das hässliche oder vergessene Entlein spielen? Steh ich zu meinem Image? Darf ich mich herausstellen?

NACHWORT

Die Entdeckung der Körpersprache ist weder zufällig entstanden, noch ist sie absolut neu. Ihre Deutung hat viele Stadien durchlaufen, wie jede Wissenschaft, die „Wissen schafft". Sie hat in den Anfängen des 20. Jahrhunderts einen neuen Anlauf genommen mit der Psychologie und ihren großen Forschern Wilhelm Reich und Alexander Lowen.

Im heutigen Zeitalter des Wassermanns ist es möglich dieses intuitive Wissen zu beweisen, es an der materialisierten Erscheinung festzumachen und es damit aus dem ominösen Bereich des Unerklärlichen und Geheimnisvollen in eine Realität zu holen, die uns zugleich tiefe Einblicke in die Geheimnisse und Gesetze der Natur und des Universums gestatten. Dies zu verstehen ist eine ereignisreiche Erfahrung, der uns wunderbare Einsichten in den Schatz unserer eigenen Kreativität geben kann. Aber genauso wie das Universum unendlich ist, sind auch die Erfahrungen unendlich. Das heißt, es gibt keinen Endpunkt, kein endgültiges Resultat, sondern immer nur Stationen, die viele und unterschiedliche Wege in alle Richtungen freigeben und erlauben. Nach jeder Erkenntnis kommt eine Neue und womöglich ganz anders lautende, denn jedes Zeitalter hat seine eigenen Kanäle, die seinem Wesen und seinem Niveau entsprechen und die nur in diesem geschichtlichem Augenblick möglich sind und auch nur für diesen zutreffen.

Wenn wir bedenken wie sehr heute Konflikte zwischen Glaubenslehren, Religionen und Ideologien die Wirtschaftslage beeinflussen und Machtpositionen verteilen, können wir uns nicht auf ominöse Ratschlüsse eines Gottes berufen, sondern müssen erkennen und verstehen, dass Ideen und Gedankenkräfte seit Jahrtausenden unsere Welt bestimmen, formen und schließlich auch in der Sprache unserer Körper als sichtbare Manifestation in der Wirkung des Zeitgeistes einen Ausdruck finden. Denn wie außen so innen, wie oben so unten.

Jede Geistesverfassung setzt sich um in Charakter und Charaktere bestimmen die Handlungen und Schicksale. Haltungen werden zur Körpersprache, die auf die Umwelt – wenn auch meist unbewusst – wirken und Reaktionen herausfordern. So ist dieser Kreislauf auch immer eine Botschaft der Existenz, die von Menschen gerade noch verstanden werden kann, denn wie soll „Gott" oder das „Sein" mit uns anderes reden, als in der Sprache, die wir verstehen? So wie Eltern sich auf das Fassungsvermögen ihrer Kinder einstellen müssen um sie zu erreichen, so spricht der Geist der Schöpfung mit uns, in unserer Sprache, in unseren Bildern, auf unserer Bewusstseinsebene.

„Achte auf deine Gedanken, denn sie werden Worte.

Achte auf deine Worte, denn sie werden Taten.

Achte auf deine Taten, denn sie werden Gewohnheiten.

Achte auf deine Gewohnheiten, denn sie werden dein Charakter.

Achte auf deinen Charakter, denn er wird dein Schicksal."

So heißt es in der Kabbala und so wird auch Moses die Mitteilungen seines Gottes verstanden haben, so wie sie in diesem geschichtlichen Augenblick für ihn und sein Volk nützlich und verständlich waren. Vieles davon, was in der Kabbala, dem Talmud und im Alten Testament aufgezeichnet ist, gilt für uns heute noch. Aber vieles kann uns nicht mehr erreichen, weil die Problematik unserer Zeit eine andere ist als vor zwei- oder dreitausend Jahren. Wir müssen zu jeder Zeit und immer wieder neu hinhören und wahrnehmen, was für uns heute notwendig ist. Dabei können uns die Erkenntnisse und Errungenschaften, die seitdem erarbeitet worden sind nützlich sein, wie z.B. die Psychologie und die Entdeckung der Sprache unserer Körper. Ebenso die aus dieser Erkenntnis kommenden Möglichkeiten unsere Haltungen zu hinterfragen, zu verändern und damit neue Verhaltensweisen zu entwickeln, die mehr unserem Sein entsprechen, als Vorstellungen und Gesetze aus alten Zeiten und überalteten Dogmen. Eine neue Welt braucht neue Einsichten und neue Entschlüsse, die aus der Kreativität eines wachen Geistes und aus der Intuition eines sensitiven Organismus erwachsen.

Wenn wir erkennen und bedenken, dass unser Leben eine Kontinuität hat, die von unseren Entscheidungen abhängt und bestimmt wird, ob bewusst oder unbewusst, können wir daraus den Schluss ziehen, dass jedes Schicksal eine Ursache, ein Ziel und eine Aussage hat, die wichtig ist im Erkennungsprozess der zur Wahrheit führt. Dann ist an jeder Klippe immer wieder die Frage zustellen: Was habe ich gerade jetzt wieder zu lernen?

Lernprozesse sind der Sinn unseres Daseins, sie fordern Intelligenz und die Bereitschaft zur Veränderung unserer Einstellungen und Prinzipien.

An dieser Stelle kann uns nur die Hinwendung an die unerforschlichen Mächte, an Gott oder das Göttliche, helfen. An jene Instanz, der wir nur mit Demut, Gebet und der Bitte um Beistand, Kraft und Erkenntnis nahekommen können. Dabei kann es nützlich sein, sich bei unserem „Computer" für sein promptes Reagieren zu bedanken, und ihn gleichzeitig zu bitten, uns ein bisschen Zeit für Entscheidungen zu lassen, die dem Zeitpunkt unseres Seins angemessen sind. In diesem Prozess sollen weder neue Mechanismen ausgedacht und eingeübt werden, noch Automatismen entstehen, die uns wieder in Handlungszwänge bringen, sondern Wachsamkeit muss geübt werden, damit wir zu jedem Zeitpunkt und in jeder Situation unserer inneren Wahrheit gemäß handeln. Nur dann werden wir der Situation gerecht und bleiben in der Wirklichkeit. Wer von alten Mustern besetzt ist, bleibt seinen Träumen, Projektionen und Fantasien verhaftet, steht nicht auf dem Boden der Tatsachen, handelt unklug und schadet letztendlich sich selbst.

Neuerdings wird immer mehr behauptet, dass die Aufarbeitung von Vergangenheit nicht notwendig sei. Wie aber sollen Schlüsselsätze und Glaubensmuster aufgelöst oder verändert werden, wenn wir sie gar nicht kennen oder für unseren so kostbaren Charakter halten? Wenn Ferency sagt, Charakter ist eine „Miniatur-Psychose" meint er damit, dass wir, wenn wir an überalteten Glaubenssätzen eigensinnig festhalten, der Grundstein für psychotisches Verhalten gelegt ist. Charakter zu haben ist in unserer Gesellschaft etwas Hochangesehenes. Doch gerade die Sturheit mit der Glaubenssätze und Einstellungen durchgedrückt werden, sind der Nährboden für Unfrieden und Krieg. Auf der Meinungsebene sind wir Feinde. Nur auf der Seelenebene können wir uns wirklich begegnen, denn die Seele hat keine Meinung, sondern ist dem Sein verpflichtet, das sich unabwendbar und konsequent immer wieder verändert. Kommunikation ist notwendig. Sie ist ein Grundprinzip geistigen Wachstums.

Auch in der Astrologie (bzw. der griechischen Mythologie) kommt beim Aufbau von Persönlichkeits- und Schicksalsfaktoren die Kommunikation in Gestalt von Merkur ins Spiel – und das als beste Möglichkeit mit den mitgebrachten Anlagen und Potentialen intelligent umzugehen. Der Merkur steht für das Lernen, den Verstand und die Kommunikation. So wie Organe in einem Körper nur durch Kommunikation mit anderen bestehen können, so ist auch zwischen Menschen, als Organe der Lebendigkeit auf diesem Planeten, Austausch lebensnotwendig. Die Begegnung mit der Welt und den Anderen muss mit dem Kontakt zu unserem eigentlichen Wesen Hand in Hand gehen, so wie es von der Existenz gemeint ist, um gerade diesen unseren Weg zu finden und zu gehen.

Aber nicht nur unsere persönlichen Erfahrungen bestimmen unser Sein, sondern auch die Erfahrungen der gesamten Menschheit, die im kollektiven Unterbewusstsein gespeichert sind. Dies wäre, außer der Wiedergeburtslehre, ein anderes Erklärungsmodell für „außersinnliche" oder „übersinnliche" Wahrnehmung. Diese Fähigkeit der Wahrnehmung, die ich als Gnade bezeichnen möchte, kann jeder Mensch zu einem bestimmten Zeitpunkt seines Entwicklungsprozesses erlangen. Es beginnt mit der Selbsterkenntnis. Wir haben dafür Beweise.

Es ist gewiss nicht einfach seine eigenen Mechanismen und Haltungen zu erkennen. Wir halten sie für unseren Charakter und meinen dieser sei vererbt oder angeboren, oder eigenhändig entwickelt, jedenfalls unveränderbar. Indessen ist er vorwiegend das Resultat unserer Erfahrungen aus einer Zeit, in der wir keine Wahl hatten. „Ja", höre ich sagen „aber unsere Gene sind doch vererbt, wie die Vererbungslehre beweist." Sie ist eine der Erklärungen, die den Verstand befriedigt.

Im persönlichen Unterbewusstsein sind alle persönlichen Erfahrungen gespeichert. Im kollektiven Unterbewusstsein sind die Erfahrungen der gesamten Menschheit versammelt, mit all ihren Errungenschaften, Erkenntnissen, Bildern, Symbolen, Gleichnissen und Möglichkeiten. Symbole sind die in Bilder umgesetzten Erkenntnisse und Erfahrungen, die allerdings in den verschiedenen Kulturen auch unterschiedliche Formen und Aussagen gefunden haben. So kommen aus dem kollektiven Unterbewusstsein der Asiaten andere Leitfiguren und Symbole als in christlichen Zivilisationen. Figuren wie beispielsweise der Teufel erscheinen in östlichen Bildern als Dämon. Dennoch sind die Ur-Bilder wie z.B. die Schlange oder das Ei in allen uns bekannten Symbolbildern und Deutungen vertreten.

Das kollektive Unterbewusstsein ist die Basis von Intuition. Je tiefer wir in unser eigenes Sein eintauchen, ohne von Projektionen und Phantasiebildern gestört zu sein, umso näher kommen wir dieser Ebene der Verbundenheit allen Seins.

Im Psychodrama, oder in Familienaufstellungen ist das Phänomen der stellvertretenden Identifikation ein aussagefähiger Beweis für die „unterirdische Verbundenheit" aller beteiligten Personen mit dem kollektiven Wissen zwischenmenschlicher Situationen.

Das bedeutet, dass bestimmte Konstellationen in einem Raum dementsprechende Verhaltensweisen kreieren und dass diese Konstellationen im menschlichen Unterbewusstsein als Erinnerung oder wenigstens als Bild vorhanden sind und auftauchen, wenn sie angesprochen oder aufgerufen werden. So wie jeder Mensch bei der Übung „Schultern hochziehen" daran erinnert wird, dass es Angst bedeutet, so spürt jeder Mensch wenn zwei Leute sich in einer bestimmten Weise gegenüberstehen, was zwischen diesen beiden abläuft.

Ein Beispiel ist auch die Erfahrungen mit Sternzeichen. Wir setzen oder stellen die Teilnehmer auf die gemalten Symbole von Stern- oder Planetenzeichen. Binnen weniger Minuten werden diese Personen, auch wenn sie keine Ahnung von Astrologie oder griechischer Mythologie haben, genau schildern, was sie wahrnehmen. Diese Wahrnehmungen kommen der Bedeutung der Zeichen sehr nahe. Um ein solches Resultat zu erreichen, muss eine gewisse meditative Einstimmung auf das persönliche Sensorium stattgefunden haben und es muss eine Bereitschaft vorhanden sein, sich auf das Unerklärliche einzulassen.

Beispiel: Bei einer Horoskopaufstellung platzierten wir einen kräftigen und stabilen Mann, jemand der normalerweise nicht so schnell bereit war seine Gefühle zu zeigen, auf das Zeichen des Neptuns, dicht neben dem Zeichen der Sonne. Schon nach kurzer Zeit sagte dieser Mann:" Ich weiß nicht was los ist. Meine Knie fangen an zu zittern und es ist, als ob ich nicht mehr klar sehe. Alles verschwimmt und wird unsicher." Das neptunische Prinzip ist einerseits eine Verunsicherung und Auflösung von Standpunkten und Weltbildern, auf der anderen Seite eine Unterstützung der Hingabefähigkeit an Intuition und Wahrnehmung feinstofflicher Zustände und morphogenetischer Schwingungsfelder. Da dieser Mann noch nicht ganz bereit war, sich auf diese Schwingungen einzulassen, spürte er zunächst einmal die Unsicherheiten, die ihm Angst machten und denen er seine Willenskraft entgegensetzte, um zu „bestehen". Allerdings hat diese Erfahrung eine wesentliche Veränderung seiner Lebenssicht herbeigeführt.

Die Religionen arbeiten schon immer mit Symbolen. Das Christentum zum Beispiel mit dem Zeichen des Kreuzes und der Buddhismus mit dem OM-Zeichen. Auch die Nutzung von Erdstrahlen oder die Ausrichtung von Kirchenschiffen nach den Strahlungsgesetzen von Himmelsrichtungen usw. ist bekannt. Wir wissen heute, dass alle Materie eine Schwingungsfrequenz aufweist, die gemessen werden kann. Auch in vergangenen Zeiten, als es noch keine Instrumente gab, ist die von Sehern oder Medizinmännern erkannt worden. Wenn also Formen und Substanzen eine gewisse Ausstrahlung haben und etwas aussagen, so tun das natürlich auch menschliche Körper.

In der Körpersprache und Körperhaltung geht es nicht um Veränderung des Ausdrucks. Es soll nichts vertuscht oder verheimlicht werden. Verändern kann sich der Ausdruck nur, wenn die innere Haltung, die Einstellung sich verändert hat. Dabei ist zu verstehen, dass alles einen geheimen Zusammenhang hat und dass es kein Zufall ist, wie wir sind, wie wir uns verhalten und was uns geschieht.

Dazu eine Geschichte: Ansumala, ein Weiser aus dem Morgenland, sagte einmal, als er gefragt wurde:" Wieso gibt es keinen Zufall? Es kann doch ein Stein vom Dach fallen und dich erschlagen?" Er sagte: "Ich bin da nicht, wo der Stein fällt!". Das heißt, er vertraute seinem Sensorium, das ihn führt und begleitet und dem er sich überlässt. Und er war sich seines intuitiven Wissens bewusst.

Auch das ist ein Kapitel der Körpersprache: Dem Körper zuzuhören – auch wenn es – und gerade wenn es um den Tod geht. Auch hier geht es darum loszulassen, wenn die Lernprozesse keine Erfahrungsbasis mehr haben und die Bewusstseinsprozesse aus technischen Gründen in diesem Körper abgeschlossen sind. Viele Menschen wissen das. In Todesnähe kommt häufig dieses Gewiss-sein, auch wenn es oft, den Angehörigen zuliebe, nicht ausgedrückt wird. Aber gerade dann würde mehr Offenheit zu ganz neuen, tiefen und berührenden Bewusstseinsprozessen beginnen, die sowohl den Übergang in eine andere Ebene, als auch den Abschied und das Weiterleben der Hinterbliebene erleichtern könnten. Bewusst Abschied nehmen, auch von liebgewonnenen Gewohnheiten und veralteten Entscheidungen ist notwendig – wendet die Not, um Schritte zu finden in eine hellere Zukunft und in eine lebendigere Auseinandersetzung mit den Widersachern in Körper, Geist und Seele. Wider die Sache sein ist ein Aspekt „Satans", jenes berühmten, ja berüchtigten Widersachers und bedeutet: Gegen die Sache, gegen die Wirklichkeit, gegen die Wahrheit sein. Dieses „wider die Sache sein" heißt einfach, dass wir die Wirklichkeit, das was wirkt, nicht erkennen, nicht annehmen oder nicht benutzen wollen. Und es bedeutet, dass wir den verführerischen Träumen und eigenwilligen Entscheidungen unseres Egos mehr Glauben und Lebenskraft schenken, als der Realität. Der Boden auf dem wir mit unseren Füßen stehen, die Wirklichkeit unserer Situation, Fähigkeiten und Möglichkeiten, ist die einzige und verlässliche Grundlage von Bewussten und verantwortlichem Handeln. Erst dann werden wir aufhören Schuldige zu suchen und zu bestrafen, werden wir aufhören Gott und die Welt anzuklagen und die Rettung von außen zu erwarten. Der „Satan" ist nicht im Außen vorzufinden, sondern in uns selbst. Er ist der innere „Neinsager", der sich in den tiefen Schichten unseres Unterbewusstseins festgesetzt hat und meist unbemerkt sein Gift verstreut.

Niemand rettet dich. „Hilf dir selbst, dann hilft dir Gott", sagt ein Sprichwort. Das meint allerdings nicht, alles im Alleingang und ausschließlich zum eigenen Vorteil zu machen, sondern soziale Intelligenz zu entwickeln. Ein Verhalten, das einen wachen Verstand und ein lebendiges Herz braucht.

Dies sind nur Bilder und Darstellungen eines Sachverhaltes, der viele Seiten hat, die mit unserem Sensorium nicht alle auf einmal wahrnehmbar sind. Wir können z.B. einen Gegenstand nicht gleichzeitig von allen Seiten sehen. Wir müssen darum herum gehen, um unsere Wahrnehmung zu vervollständigen. Ähnlich ist es mit dem Unsichtbaren, das was wir mit physischen Augen nicht wahrnehmen können. Im geistigen Raum können wir nur mit unserem gesamten Sensorium wahrnehmen, wenn wir bewusst mit unserem feinstofflichen Körper die Materie durchdringen. Wir können immer nur Gleiches erkennen. Je sensitiver wir werden, um so sensitiver erleben wir die Materie. Je mehr Bewusstsein wir von unserer Feinstofflichkeit bekommen, umso klarer und durchsichtiger erkennen wir Dinge und Zusammenhänge und um so charismatischer wird unsere Ausstrahlung.

Die Wiedererweckung unserer Wahrnehmungsfähigkeit ist das Hauptziel unserer Existenz. Dieses Buch soll eine Hilfe sein, um verschüttete Kanäle wieder zu öffnen. Es gibt unterschiedliche Betrachtungsweisen und Systeme. Aber es sind eben nur Betrachtungsweisen und keine davon ist die einzige und letzte Wahrheit. Aber jede kann ein Stück weiterführen auf dem Weg zum Ganzen. Es gibt viele Wege und jeder Mensch muss seinen eigenen Weg finden. Das heißt, er muss alle Wege ausprobieren.

Und wir sind aufeinander angewiesen, wir müssen miteinander kommunizieren, so wie unsere Organe aufeinander angewiesen sind, um einen Körper gesund zu erhalten. Wir sind die Organe der Schöpfung, durch deren Zusammenarbeit sich Bewusstsein entfalten kann. Jeder Mensch, jedes Wesen hat eine bestimmte Botschaft, die nur durch ihn und seine Einmaligkeit vermittelt werden kann. Dies ist eine alte und unauslöschliche Weisheit, die sich durch die Jahrtausende der Menschheitsgeschichte bewahrheitet hat und gerade jetzt, in diesem Erdzeitalter eine besondere Wichtigkeit gewinnt. Die Erde braucht uns.

Alle Religionen und Geheimwissenschaften haben den Weg gesucht, auf ihre eigene und spezielle Art und Weise, die aus dem Kulturgefüge einer Gesellschaft entsteht. Jedes Kulturgefüge ist ein Überbau und bildet bestimmte Formen und jede Form hat eine Gegenform – oder, wenn man so will – „Lücken", durch die eine andere Wirklichkeit herein scheint. Und der Suchende wird diese Kanäle finden. So ist im Laufe der Jahrtausende ein riesiges „Lückennetz" entstanden. Unser Weltbild hat sozusagen eine Menge Risse bekommen und zahlreiche Kanäle können uns in eine neue, unbekannte und wunderbare Welt führen. Noch nie gab es eine Zeit, in der die Weisheit der Völker so zugänglich war, wie heute. Noch nie gab es eine Zeit, in der es so dringend wurde, diese Weisheit zu verstehen und zu nutzen. Noch nie war die Welt in einem solchen Zustand – seit Menschengedenken. Jetzt ist die Zeit reif, jetzt ist der Augenblick da. Jetzt lassen sich die Steine des großen „Puzzlespiels" zusammensetzen, wie noch nie.

Die Überlieferung gibt uns viele Schlüssel, die für unser heutiges Verständnis brauchbar sind. So wie die Meister früherer Epochen ihre Schüler in der Reinigung ihres Körpers und ihres Geistes unterwiesen haben, um die kosmischen Energien einzulassen, so haben wir heute Methoden gefunden, ausgegraben, zusammen gestellt, die sozusagen den „Teufel" austreiben, den Widersacher, das heißt, den der zuwider ist. Das große „NEIN" in uns, das Widerstreben, ist eine Verneinung der Verantwortung für unser Dasein und unser Handeln. Ein delegieren damit an das „Schicksal". Wir treten einfach die Verantwortung ab.

Alle Begebenheiten in unserem Leben passieren, weil wir so sind, wie wir sind. Wir können sie vorübergehen lassen als „Schicksal", wir können sie verdrängen oder an ihnen leiden, wir können aber auch aufwachen, erkennen, daraus lernen und daran reifen. Wenn wir unseren individuellen Beitrag an unserem persönlichen Schicksal und auch am Schicksal unserer Mitmenschen und der Völker dieser Erde erkannt haben, werden wir Verantwortung übernehmen für unsere Vitalität, und unser Handeln – und Vertrauen gewinnen in das was IST, auch in das Unbegreifliche.

Wir haben die Wahl zwischen „erleiden" und „erleben". Es ist unsere Entscheidung, wie wir die Dinge sehen wollen. Wenn wir die Prägungen unserer Vergangenheit gelöscht haben, wenn wir begriffen haben, dass wir immer nur im JETZT leben und in jedem Augenblick neu beginnen können, ohne Vorurteil, ohne Urteil, ohne Plan – einfach lebendig.

Je mehr Menschen an der Erkenntnis ihres wahren Selbst arbeiten, umso weniger Krieg wird es geben auf dieser Erde, diesen wundervollen Ort der Selbst-Erkenntnis.

Anhang

Schlüsselworte für Organe:

Augen:	Öffnen, die Wirklichkeit sehen.
Ohren:	Akzeptieren, ohne Urteil.
Mund:	Aussprechen was not-wendig ist.
Nase:	Dem „Riecher" vertrauen, Intuition.
Kehle:	Kommunikation, Authentizität.
Herz:	Liebe um jeden Preis, Mitgefühl.
Magen:	Verarbeitung, Prüfung.
Milz:	Aufbau, Unterstützung.
Lunge:	Gefühle erlauben, Selbstwert.
Leber:	Prüfstelle, Konfrontation.
Galle:	Zersetzen, Unbedingtheit.
Darm:	Verarbeiten von Gefühlen, einlassen.
Nieren/Blase:	Überflüssiges loslassen.
After:	Kommen – gehen – verstehen.
Gebärmutter:	Was darf ins Leben kommen.
Vulva:	Hingabe.
Penis:	Ekstase als Erkenntnis.
Prostata:	Unausweichliches begreifen.
Blut:	Woher komme ich – wohin gehe ich.
Zähne:	Zähne zeigen, sich wehren.
Drüsen:	Impulsen vertrauen.

Die Körpertypen/Strukturen:

Nach Wilhelm Reich & Alexander Lowen zusammengestellt und um eigene Erfahrungen ergänzt.

Schlüsselsätze der einzelnen Strukturen:

Die schizoide Struktur:	Nähe tötet. Ich lasse mich nicht ein.
Die orale Struktur:	Ich sterbe, wenn du mich verlässt.
Die psychopatische Struktur:	Ich bin zu schwach für diese Welt.
Die masochistische Struktur:	Ich tue alles um geliebt zu werden.
Typ Sado	Ich räche mich
Die rigide Struktur:	Ich bin stolz, frei und stark.
Typ Phallisch:	Ich krieg dich rum
Tp Hysterisch:	Ich gebe nicht auf. Ich gebe nicht nach

Körpertyp/Struktur

Bei der folgenden Typisierung ist zu bedenken, dass jede Form auch ihr Gegenteil und jede Haltung ihre Gegenhaltung beinhaltet. Das bedeutet, dass in den Schwachpunkten, den zartesten und verformtesten Teilen gerade auch die Kraft zu entdecken ist, die ans Licht kommt, wenn diese Haltung verstanden und verarbeitet worden ist. Das heißt, in den „Wunden" offenbaren sich die Wunder. Wenn Wunden geheilt worden sind, entfalten sie sich zum Gegenteil ihrer ursprünglichen Verzerrung und können zum Segen werden. Es soll hier auch deutlich gemacht werden, dass die angewöhnten Haltungen damals eine Schutzfunktion hatten, sie dienten der kreativen Überlebenstechnik, und sie beinhalten als Kern das tiefe Wissen eines jeden Wesens um seine spirituellen Herkunft und sein spirituelles Ziel.

Zu beachten ist ferner, dass es keinen reinen „Typ" gibt, sondern sich in jedem Menschen mindestens zwei Typen mischen, die unter Umständen sogar ganz gegengesetzte Inhalte haben. In jeder Haltung ist aber sowieso ein Widerspruch enthalten, nämlich das Gegenteil. So hat jede Struktur eine Chance, sich auszugleichen oder zu Höchstform, zu Vollendung, aufzulaufen. Die Entscheidung wird von jedem Menschen individuell getroffen, wenn er erkannt hat, welche Möglichkeiten in seiner Eigenart verborgen sind und was ihm dient und vor allem, was der Auftrag der Schöpfung an seine Einmaligkeit ist: Authentisch sein.

Letztlich muss verstanden werden, dass Typisierungen der Versuch sind, im Zusammenhang der Wesenskräfte einen Sinn zu finden, der uns ahnen lässt, worum es eigentlich geht. Wo viel Schatten ist – ist auch viel Licht, beides gilt es zu ergründen.

Körpertyp: Schizoid

Zustand:	Geladen, gewöhnlich schmal, zusammengezogen, lang unkoordiniert, Kopf, Rumpf und Beine stehen im Winkel zueinander. Kühle Haut, gespannte Gelenke. Rückgrat dreht sich nicht frei, linke und rechte Hälfte passen nicht zusammen, sehr starke Spannung an der Schädelbasis. Gebrochene Körperlinie, Fragmentation.
Innere Tendenz:	Gewalt.
Entstehungszeit:	Vor, während oder direkt nach der Geburt.
Haltung:	Versucht sich abzuwenden. Zusammenhalten der Körperstruktur und der Impulse. Innere Haltung: Das Recht zu sein, wird als Feindseligkeit erlebt.

Bewegungsmuster:	Gebrochen, mechanisch, abgehackt, fragmentarisch.
Augen:	Abwesend, ausdruckslos, aufgerissen, gefroren, kontaktschwach, oft Ausdruck von Entsetzen und Schrecken. Blickkontakt wird vermieden.
Schultern:	Kleine Schultern, nach innen festgenagelt, uneffektiv.
Arme:	Lang, hängend, schwingen nicht, ungewöhnlich gewinkelt.
Brust:	Zusammengehalten, von „Ringen" zusammengeschnürt.
Beine:	Lang, oft spillerig, hohe Fußbögen, zusammengezogen, oft nach außen gedreht, kalt, manchmal Hammerzehen.
Becken:	Zusammengezogene Hüften, festgenagelte Gelenke.
Rücken:	Rückgrat kann verdreht sein.
Atem:	Paradoxes Atemmuster, z.B. beim Einatmen den Bauch einziehen.
Eigenschaften:	Bedürfnisse werden versteckt, Feindseligkeit ist hinter Starrheit verborgen. Offiziell oft überfreundlich – Maske.
Konflikte:	Um zu überleben werden Konflikte unterdrückt. Bedürfnisse geopfert.
Ängste:	Vernichtung, Auflösung, Verschwinden, Auslöschung.
Illusionen:	Verstand ist alles.
Gefühle:	Hingabe wird als Auflösung, als Tod erlebt.
Beziehungsmuster:	Wenig Bindung, „Komm-geh – Prinzip", Anziehung-Abstoßung.

Inneres Prinzip:	„Mein Verstand ist mein Sein. Ich kann existieren, wenn ich keine Bedürfnisse habe. Mit mir ist etwas verkehrt. Wenn ich meine Lebenskraft zeige, werde ich vernichtet. Ich lebe auf dem falschen Planeten. Ich kann meinem Körper nicht vertrauen. Ich gehöre nicht hierher. Ich bin nicht willkommen."
Analogien:	Hexen, Tod.
Ursache.	Vor, während und nach der Geburt differenziert das Kind nicht zwischen Selbst und Mutter. Es fühlt sich abgelehnt. Entweder lehnt die Mutter das Kind schon vor der Geburt ab oder die Geburt verläuft traumatisch und wird nicht von Mutterliebe begleitet. Die Mutter ist kalt und hasserfüllt, seelisch nicht anwesend, kein Blickkontakt mit dem Kind. Das Kind kann zu viel allein gelassen oder missbraucht worden sein. Die Mutter bestraft die Lebensenergie des Kindes. Das Kind ist äußerst sensibel aber die Umwelt ist rau. Das Kind bekommt keine sanfte, liebevolle Behandlung.
Wirkung:	Das Gefühl für das Selbst ist verwundet, behandelt das Selbst mechanisch. Autistische Tendenzen sind möglich. Denken und Fühlen werden getrennt.
Mangel:	Vertrauen.
Therapiemethoden:	Erdung, Arbeit an den Füßen und Gelenken, Kontakt mit dem Körper und

	mit Gefühlen, Bewusstmachung von Wut und Gewalt.
Spiritueller Hintergrund:	Die Seele weiß, dass sie auch eine Aufgabe hat, ihre Aufmerksamkeit ist nach oben gerichtet, sie sucht die höheren Ebenen und letztlich das göttliche der Existenz, um die Gewissheit der eigenen Wichtigkeit und Trost zu finden. Sie weiß, dass es ihr Aufgabe und auch ihre Qualität ist, diese Ebenen zu vermitteln.
Negatives Verhalten:	Isolation.
Eigentliches Ziel:	Sinnfindung.

Körpertyp: Oral

Zustand:	Lang, schmal, dünn, schlaff, schwache innere Ladung, Muskulatur unterentwickelt, schlaff, Hände, Füße, Augen, Genitalien schwach geladen. Blass, geringe Erregungsfähigkeit, wenig Körperbehaarung, kleine Hände und Füße, kindlicher Körper. Rasch verströmende Energie, schwacher Fluss zur Peripherie,
Tendenz:	Bettler.
Entstehungszeit:	Während der ersten beiden Lebensjahre.
Haltung:	Das Recht zu sein wird als Abhängigkeit und Unsicherheit erlebt: „Ich bin nur, wenn du mich haben willst." Spannung zwischen Abhängigkeit und Unabhängigkeit. Äußeres erscheint lahm und willenlos, festkrallend, charmant, verführend.

Bewegungsmuster:	Labil, langsam, kraftlos, zögernd.
Augen:	Ansprechend, werbend, Unterstützung suchend. Bettelblick, abwechselnd mit Pseudounabhängigkeit, saugend, fragend, ungläubig, Tendenz zur Kurzsichtigkeit.
Hals:	Vorgestreckt.
Schultern:	Nach vorne abgerundet.
Arme:	Schlaff, machtlos.
Brust:	Eingesunken, Energieloch (Manko-Loch).
Beine:	Lang, durchgedrückte Knie, flache, zusammengefallene Füße.
Becken:	Klein, vom Rückgrat abgewinkelt, Hohlkreuz.
Rücken:	Gebrochen, alle Biegungen sind übertreiben.
Atem:	Flach, kann nicht genug kriegen, kann nicht hereinnehmen.
Eigenschaften:	Pseudounterwürfigkeit, werbend: „Ich tue alles, wenn du bei mir bleibst." Charmant, schmollend, Erwartungshaltung, Klammern, Einengen.
Konflikte:	Dem Bedürfnis nach Symbiose wird die Unabhängigkeit geopfert.
Ängste:	Verlassen zu werden, verlassen zu sein, Abhängigkeit. Bei Trennung: Angst zu sterben. Alleinsein wird als Verlassensein erlebt, Verstossenwerden.
Illusionen:	Symbiose: "Ich brauche dich, ich gehe zugrunde, wenn du mich verlässt."

Gefühle:	„Ich bin allein", „Gewogen und für zu leicht befunden." Gefühle werden oral kompensiert.
Beziehungsmuster:	Unterwerfung: „Du bist stark, ich bin schwach." Appel an Unterstützung.
Inneres Prinzip:	„Ich bin abhängig, ich brauche." Gier, Erpressung. „Es ist niemand für mich da, alle werden mich verlassen." Misstrauen und Vertrauensmangel. Hang zur Depression und zur Untertreibung des Selbstwerts.
Analogien:	Wüste, leere Orte, ein Mensch allein in der Wildnis.
Ursache:	Während der ersten beiden Jahre wird die Sehnsucht nach der Mutter unterdrückt, bevor die Bedürfnisse befriedigt werden. Das Kind fühlt Entbehrung, die Mutter lehnt es ab. Zu wenig Aufmerksamkeit, zu wenig Kontakt, zu wenig Unterstützung. Das Kind kann kein Vertrauen entwickeln. Die Mutter fühlt sich nicht zuständig, hat eigene Probleme.
Wirkung:	Innere Leere, Unfähigkeit allein zu sein, Suchtanfälligkeit. Sucht nach Versorgung, will nachholen. Leicht entmutigt, gibt schnell auf, ermüdet schnell. Braucht viel Aufmerksamkeit, wird aber nicht gesättigt. Entwickelt übertriebene Selbstständigkeit, die schnell zusammenbricht.
Mangel:	Eigenständigkeit, Selbstwert.

Therapiemethoden: Konfrontation mit der Angst vor Wut. Wut als Energiequelle erleben lassen. Verantwortung, Selbstbehauptung und Willensentfaltung entwickeln.

Spiritueller Hintergrund: Dieser Seele geht es um die Liebe, sie weiß von der Liebe und ist auf der Suche. Da sie sich zunächst im Netz des „Brauchens" verfangen hat, muss sie nach Unterstützung schreien und alle Welt auf den schmerzvollen Untergrund des Verlassensein und Ausgeliefertsein aufmerksam machen, denn dies ist der Weg durch die Hölle, den jeder Mensch einmal gehen muss, um zu erkennen.

Negatives Verhalten: Gier.

Eigentliches Ziel: Liebe.

Körpertyp: Psychopathisch *(Typ 1 / Typ 2)*

Zustand: Spannung im Schulter- und Halsbereich. Dominanz der oberen Köperhälfte (muskulös oder aufgeblasen), manchmal verfetteter Brustkasten. Kein Zusammenhang zwischen oben und unten, schwach geladene, dünne Beine. Impulse aufwärts strebend, als ob der Körper schwebt. Es kann auch sein, dass der Körper regelmäßiger ist, dann ist er verführerisch rund oder in V-Form. Oberflächenmuskulatur weich, tiefe Muskulatur gespannt.

Tendenz: Herrscher.

Entstehungszeit:	Vor dem Alter von 4 Jahren. Das Kind entwickelt Autonomie, braucht aber noch Hilfe.
Haltung:	Frei erscheinen. Um frei zu sein, muss er/sie unterdrücken, manipulieren, von oben herab behandeln.
Bewegungsmuster:	Starre im Oberkörper, Disharmonie zwischen oben und unten. Bei Ärger rötet sich das Gesicht, hoher Blutdruck.
Augen:	*Typ 1:* Zwingend, durchdringend, fixierend. *Typ 1:* Soft, verführend, Intrigant, einwickelnd.
Schultern:	Hochgezogen, waagrecht.
Becken:	*Typ 1:* Schmal oder dünn, unterladen, fest. *Typ 2:* Überladen, nicht verbunden.
Rücken:	*Typ 1:* Mächtig. *Typ 2:* Hyperflexibel.
Atem:	Atmet in die Brust, kann sie aufblasen und so halten.
Eigenschaften:	Manipulierend, verführend, stur, bestimmend, zuverlässig, wertend, intrigant, rationalisierend, cholerisch, explosiv, unausgeglichen.
Konflikte:	Beziehungen auf gleicher Ebene sind nicht möglich, opfert Intimität für Unabhängigkeit. „Ich liebe dich, wenn du tust was ich will." Vergleiche: „Ich bin besser als du."
Ängste:	Angst vor Unterwerfung, Unterordnung, benutzt werden, versagen, Unterdrückung, Hingabe, Verlust,

	geschlagen werden, manipuliert werden, machtlos sein.
Illusionen:	Wille ist alles. Verlust der Selbstachtung bei Versagen oder Sichnichtdurchsetzen.
Gefühle:	Werden stark rationalisiert und zurückgehalten. Stolz und Verantwortung werden mit Macht kompensiert, Innen explosiv, cholerisch. „Komm mir nicht zu nahe. Dräng mit nichts auf. Du kannst mich nicht verletzen. Ich werde es ihnen zeigen. Du kannst mir nah sein, solange du zu mir aufschaust. Ich brauche niemanden. Ich werde niemals meine wahren Gefühle, meine Verletzungen zeigen." Besondere Verletzlichkeit, fühlt sich entfremdet und sehnt sich gleichzeitig nach Nähe. Tiefsitzende Oralität. Fehlen von Schuldgefühlen.
Beziehungsmuster:	Vergleich: „Ich bin besser." Dominanz, Kontrolle, kann enge Beziehungen nicht aushalten.
Inneres Prinzip:	„Ich muss stark sein." Supermann, Held, Erlöser sein. Freiheit.
Analogien:	Totale Freiheit, Supermann, Held, Erlöser.
Ursache:	Druck von den Eltern, Machtmissbrauch, Herumgestoßenwerden. Die Mutter setzt das Kind herab, manchmal überwältigend. Die Mutter kann dem Kind gegenüber verführerisch agieren, um es an sich zu binden. Das Kind wird schwach gehalten und darf keinen Beitrag

leisten. Kontakt befriedigt die Bedürfnisse der Mutter und nicht die des Kindes. Das Kind wird nicht ernst genommen. Die Mutter ist übermächtig und verführerisch.

Wirkung: *Typ 1:* Neigt zur Ignorierung eigener und fremder Gefühle. Blockiert die Machtfrage indem er sich nett und freundlich verhält und den inneren „Mörder" versteckt. Passt seinen Stil der Situation an. Opportunistisch, impulsiv, zukunftsorientiert. Verkauft ein Bild von sich als Wirklichkeit. Hat Probleme mit Status, verlangt Respekt. Kann asozial sein und sich schlecht einfühlen. *Typ 2:* Überhöflich, zuvorkommend, kooperativ, raffiniert, untergräbt Andere, oberflächliche Unterwerfung, indirekt dominant.

Mangel: Mitgefühl.

Therapiemethoden: Erdungsübungen, Entspannung der Beine, ebenso Oberkörper, Gesicht, Hals. Bewusstmachung, dass Schwäche zeigen nicht tödlich ist.

Spiritueller Hintergrund: Sein geheimer Auftrag ist zu helfen. Zunächst versteht er dies als Machtausübung oder Überwältigung der „unterentwickelten" Seele. Seine Tendenz zur Einmischung beinhaltet jedoch die Entfaltung von Mitgefühl und macht ihn endlich zu einem weisen und liebevollen Helfer, der durch die

	Präsentation seiner eigenen Energie ein Vorbild ist.
Negatives Verhalten:	Herrschsucht.
Eigentliches Ziel:	Hilfsbereitschaft.

Körpertyp: Masochistisch *(Typ 1 maso / Typ 2 sado)*

Zustand:	Innere Spannung, voll geladen aber festgehalten. Energie hat sich in Masse verwandelt, festgefahren.
Entstehungszeit:	In dem Alter, in dem das Kind lernt zu laufen, sich frei zu bewegen, sich selbst zu behaupten.
Körper:	Kompression, Kollaps, kurz, dick. Kollaps in der Taille. Zwischenraum zwischen Becken und Rippen relativ kurz. Hohe innere Ladung, weiche Peripherie. Kopf eingezogen, ebenso Arme, Beine und Gesäß. Starke Umhüllung, "Schwanz eingezogen".
Tendenz:	Manipulativ.
Bewegungsmuster:	Zusammengedrückt, stecken geblieben, eher langsam. *Typ 1 maso:* Weich, traurig, leidend, oft maskiert mit einem Ausdruck von Konfusion, geheimes inneres Nein. *Typ 2 sado:* Schmal, hart, offenes Nein.
Schultern:	Vornübergerollt, schwer gebaut, Anschein von Niederlage.
Arme:	Stark.
Brust:	Zusammengestaucht, gepresst.
Beine:	Schenkel vorne schwer, hinten gespannt.
Becken:	Flaches Gesäß, Becken eingezogen.

Rücken:	Sieht belastet, besiegt aus, nach Niederlage.
Atem:	Kann viel seufzen.
Eigenschaften:	Weint und klagt gern. Manchmal untertänig. Viel Aufmerksamkeit für Essen und Trinken. Gerät unter Druck wenn etwas von ihm verlangt wird. Innen: Unterdrückte Wut, geheimes Nein, verächtliche Negativität, Sabotage.
Konflikte:	Opfert seine Freiheit für Intimität. Durch Unterdrückung des Selbstausdrucks: Depression und Trotz.
Ängste:	Vor Demütigung, Erniedrigung, Geringschätzung, Scham.
Illusionen:	Zu gefallen – oder jemandem zu gefallen: „Ich gebe nicht auf, was immer du tust." Durchhalten, aushalten.
Gefühle:	Werden innen gehalten. Verwechselt Hingabe mit Unterwerfung. Hoffnungslosigkeit, angestaute Wut, Trotz, Verlustangst, Verachtung, Schuldgefühle.
Beziehungsmuster:	Opposition, nicht nachgeben, Streit.
Inneres Prinzip:	Hartnäckigkeit, nicht nachgeben, aushalten, leiden.
Analogien:	Gefangener, niemals nachgeben.
Ursache:	Die Mutter ist überfürsorglich, der Vater unterwürfig. Das Kind fühlt sich unter Druck. Die Mutter schubst und nörgelt. Zuwendung ist von Gehorsam abhängig. Starke Aufmerksamkeit ist auf Essen und Ausscheidungen gerichtet. Die Mutter ist ehrgeizig, das Kind soll erfolgreich sein,

darf nicht spontan reagieren. Die Mutter setzt Schuldgefühle ein: „Sieh mal, wie weh du mir tust." Widerstandsversuche werden im Keim erstickt. Trotz und Jähzorn als Kind.

Wirkung:	Hoffnungslosigkeit, festgefahren sein, Gefühl von Niederlage, Schuldgefühle, Überkontrolle. Leiden wird deutlicher wahrgenommen als Lust. Gefühle von Ausweglosigkeit, Durchhaltenmüssen.
Mangel:	Mut.
Therapiemethoden:	Positive Einstellung, Konfrontation mit der Furcht vor Selbstbehauptung und Selbstverwirklichung. Tanzen, spielen, Körperarbeit, Streching.
Spiritueller Hintergrund:	Ihm geht es insgeheim um Aufarbeitung von Schuld, er sucht zu erkennen, wozu Umwege und Fehler begangen werden müssen. Es geht seiner Seele nicht um Selbstbestrafung, sondern vorwiegend um Erkenntnis der Ursachen im eigenen Wesenskern und um Verwandlung seiner Einstellung und seiner Haltung. Auch er will wie alle ein Beispiel sein und am Bewusstseinsprozess aller Menschen mitarbeiten.
Negatives Verhalten.	Erpressung.
Eigentliches Ziel:	Vergebung.

Körpertyp: Rigid (Typ 1 Phalliker / Typ 2 Hysteriker)

Zustand:	Harmonisch, Hohlkreuz, Hauptspannung in den lang gestreckten Muskeln, Ladung außen, stark

zurückhaltend.

Typ 1 Phalliker: Gute, hohe Energie aber kein spontaner Fluss, stark, fest, spricht schnell, bestimmt, energetisch, schnell.

Typ 2 Hysteriker: Gute Energie, explosiv, unregelmäßig, übermäßig, ausdrucksvoll, kann schrill sein, spricht schnell.

Entstehungszeit:	Wenn das Kind alt genug ist, um sich sexueller Unterschiede bewusst zu werden.
Haltung:	Moral, Urteil, Verbot, Verantwortung, aufrecht, Hohlkreuz, straff, überkontrolliert, wachsam, spezialisiert, ausdauernd, konzentriert.
Bewegungsmuster:	Unflexibel/flexibel, starr, Selbstdarstellung.
Augen:	*Typ 1 Phalliker:* Streng, groß, manchmal fordernd, mit unergründlicher Traurigkeit, hell, bei Problemen kurzsichtig. *Typ 2 Hysteriker:* Erschreckt aufgerissen.
Schultern:	*Typ 1 Phalliker:* Breit, zurückgezogen und hoch, „Soldatenschultern", sehen verantwortlich aus. *Typ 2 Hysteriker:* Eng, knochig, schmal, manchmal abfallend.
Arme:	*Typ 1 Phalliker:* Ansehnlich, wohl geformt. *Typ 2 Hysteriker:* Uneffektiv, schwach, dünn
Brust:	*Typ 1 Phalliker:* Wohl geformt, fest. *Typ 2 Hysteriker:* Schmal, eng, oft kleine Brüste.

Beine:	*Typ 1 Phalliker:* Stark, manchmal krumm, gut proportioniert, Rückseite gespannt. *Typ 2 Hysteriker:* Starr, schwer.
Becken:	*Typ 1 Phalliker:* Geladen aber „spastisch", Hohlkreuz, „Revolverhahnspannung", Po wohl gerundet, knackig. *Typ 2 Hysteriker:* Breit, ausladend, manchmal schlaff.
Rücken:	*Typ 1 Phalliker:* Hohlkreuz, starke Strecker, zusammengezogene Schulterblätter. *Typ 2 Hysteriker:* Unbeugsam, steif, Hohlkreuz.
Atem:	*Typ 1 Phalliker:* Neigt zur Bauchatmung. *Typ 2 Hysteriker:* Atmet nicht vollständig aus.
Eigenschaften:	Stolz, Durchsetzungskraft, nicht fühlen wollen, Reserviertheit, Kontrolle, sich zeigen.
Konflikte:	Opfert seine Wünsche für seine Freiheit, verkleidet seine Wünsche, Authentizität.
Ängste:	Verrat, verlassen zu werden, aufgeben zu müssen, erkannt zu werden, schwach zu werden.
Gefühle:	*Typ 1 Phalliker:* Furcht vor Kontrollverlust, Frustration, Furcht nicht akzeptiert zu werden, Furcht nicht bestätigt zu werden, Furcht vor Verletzungen des Herzens. Sehnsucht nach der Liebe des Vaters. Furcht vor starken und weichen Gefühlen. *Typ 2 Hysteriker:* Furcht vor Enttäuschung, vor nicht beachtet und

verloren zu sein. Sehnsucht nach Schutz und Liebe. Furcht vor emotionalem Einlassen und Verrat, Trennung. Hingabe wird als Auflösung, als Tod erlebt, Symptome werden verschoben.

Beziehungsmuster:	Herausforderung.
Illusionen:	Zur Schau stellen ist alles.
Inneres Prinzip:	Stolz, Eigenständigkeit.
Analogien:	Feen, Prinzen.
Ursache:	*Typ 1 Phalliker:* Hauptproblem ist der Vater. Er weist das Kind zurück, akzeptiert es nicht. Das Kind kämpft um den Erwachsenenstatus. Das Kind fühlt sich verraten, wenn es Liebe ausdrückt. Fühlt sich frustriert beim Versuch Lust zu gewinnen. Die Liebe des Vaters hängt von der Leistung ab. Das Kind wird angetrieben ein „kleiner Mann" oder eine „kleine Dame" zu sein, darf nicht Kind sein.
	Typ 2 Hysteriker: Die Eltern behandeln das Kind nicht als eigenständige Person, nehmen seine Gefühle nicht ernst, hören nicht zu. Das Kind muss die Lautstärke erhöhen. Der Vater war zunächst liebevoll, erstarrt aber dann vor der Sexualität des Kindes, stößt es weg. Der Vater hat Angst vor seinen eigenen sexuellen Gefühlen dem Kind gegenüber. In unserer Kultur ist der Typ Hysteriker meist weiblich.
Wirkung:	Reserviertheit, Angabe, Kontrolle: „Ich darf nicht wünschen."

Mangel:	Hingabe.
Therapiemethoden:	*Typ 1 Phalliker:* Entspannung, Meditation, Atmen, Körperarbeit. *Typ 2 Hysteriker:* Alles was Energie und Handeln fördert: Entspanntes Atmen, übertriebene Ausatmung, asiatische Kampfsportarten. Fallenlassen von Vorurteil und Moral, Bewusstmachung der Wünsche und Ziele.
Spiritueller Hintergrund:	Dem Rigiden geht es vor allem um Kommunikation. Er weiß, dass wir hauptsächlich durch Kommunikation = Mitteilung lernen. Der männliche Teil will auch verstanden werden. Hier geht es um Selbstbewusstsein. Der weibliche Teil buhlt um Akzeptanz. Es geht um die Vereinigung von so genannten „hohen" und „niedrigen" Energien, von Geist und Materie. Und es geht um Hingabe, die nicht mit Unterwerfung verwechselt werden darf, sondern um die Hingabe an sich selbst und an das Leben. Es geht aber auch um Demut, jener Eigenschaft, die unterscheidet zwischen unabänderlichen und ewigen Gesetzen, und dem, was von uns verändert werden kann und soll. Hier entstehen soziale Intelligenz und Intelligenz des Herzens.
Negatives Verhalten:	Egozentrik.
Eigentliches Ziel:	Authentizität.

Glossar

Aura (lat. Hauch, Fluidum, Ausstrahlung): Das feinstoffliche Spiegelbild von Körper, Geist und Seele, das als elektromagnetisches Fluidum jeden Körper umgibt, schützt und beeinflusst. Sie kann gesehen und gemessen werden. Die Aura reagiert auf innere und äußere Einflüsse.

Chakren: Energiefelder im Körper, die meist als Energiespirale dargestellt werden. Jedem Chakra wird eine bestimmte Energie und Eigenschaft zugeordnet. Diese Verbindung sowie die Möglichkeit, sich dieser bewusst zu werden, hat einen bedeutenden Einfluss auf die Gesundheit und das Bewusstsein.

Channeln: Der Versuch, mit Geistwesen aus anderen Dimensionen einen Kontakt herzustellen und deren „Durchsagen" weiterzugeben.

Morphogenetische Felder: Kraftfelder, die vom englischen Biochemiker und Naturphilosophen Rupert Sheldrake entdeckt und beschrieben wurden. Diese geistigen Kraftfelder, an die wir alle angeschlossen sind, übermitteln Erfahrungsinhalte nonverbal. Beispiel: Auf einer kleinen Insel entwickelten Affen die Technik des Kartoffelwaschens, bevor sie das Gemüse gegessen haben. Nach einiger Zeit begannen auch die Affen auf dem Festland damit, obwohl nie ein direkter Austausch stattgefunden hat.

Satori: Gotteserfahrung. Ursprüngliche Bezeichnung für „Erleuchtung" im japanischen Zen-Buddhismus. Der Satori-Zustand beschreibt den universalen Zustand der Einheit mit allem, was ist.

Tantra: Lebenshaltung aus dem Taoismus, bei der es nicht um die biologischen Sensationen der Sexualität geht, sondern durch bestimmte Techniken den transzendentalen Zusammenhang von Partner, Gefühlen und Einsichten beinhaltet. Die Sexualität als Weg zur Einheit mit Gott und dem Universum.

www.ingramcontent.com/pod-product-compliance
Lightning Source LLC
Chambersburg PA
CBHW020845270326
41928CB00006B/553